엉덩이즘

BUTTS: A Backstory by Heather Radke

This Korean edition was published by RH Korea Co., Ltd.
in 2024 by arrangement with the original publisher, AVID READER PRESS,
an imprint of Simon & Schuster, LLC. through KCC(Korea Copyright Center Inc.), Seoul.

엉덩이즘

섹시, 맵시, 페티시 속에 담긴 인류의 뒷이야기

BUTTS: A Backstory

헤더 라드케 지음
박다솜 옮김

일러두기

- 책에 등장하는 인명 · 지명 · 용어는 외래어 표기법에 따라 적었으며, 심의한 바가 없는 단어는 현지음에 가깝게 표기했다. 유명인 · 브랜드 등은 국내 미디어에서 두루 쓰이는 것으로 적었다.
- 단행본은 《 》, 간행물 · 논문 · 앨범 · 영화 · 드라마 · 프로그램은 〈 〉로 표기했다.

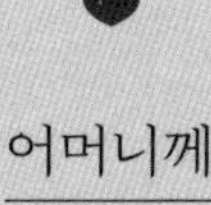

어머니께

프롤로그

있는 그대로의 엉덩이

내 기억 속 첫 번째 엉덩이는 내 엉덩이가 아니라, 우리 엄마의 엉덩이다. 일곱 살의 나는 화장실 변기에 푹신한 커버를 깔고 앉아, 거울 앞에 속옷 차림으로 선 채 몸에 로션을 바르며 나갈 채비를 하는 엄마를 바라보곤 했다. 머리 위쪽에 단 굵은 롤은 분홍색, 옆머리에 단 작은 롤은 초록색. 갈색 단발머리에 벨크로 헤어롤을 매단 엄마가 샤워 부스를 가득 메운 수증기를 내보내려고 창문을 활짝 여는 순간, 차가운 미시간의 아침 공기에 정신이 번쩍 들었다. "눈 감아." 내가 눈을 감자 엄마는 자기 머리카락에 대고 헤어스프레이를 잔뜩 뿌렸다. 잘못 들이마셨다간 컥컥거릴 걸 알기에 나는 숨을 참았다. 이윽고 엄마는 안경을 벗고 몸을 거울 쪽으로 바짝 기울인 채 속눈썹을 말기 시작했다. 허리를 굽히자 엉덩이가 뒤로 불룩하게 튀어나왔다.

꼬마였던 내가 유일하게 본 어른의 나체는 엄마의 몸이었다. 그래서 나는 모든 여자의 몸이 엄마 몸처럼 생긴 줄 알았다. 맵시 있고, 짤막하고, 가슴은 풍만하고, 어떤 바지를 입어도 꽉 낄 정도로 큰 엉덩이가 달린 몸. 언젠가 내 몸도 저렇게 되리라고 생각하면 기분이 나쁘지 않았다. 키가 크는 일이나 생리를 시작하는 일처럼, 불가피하게 나를 찾아올 숙명처럼 느껴졌다. 몸을 단장하는 아침의 엄마는 아름답고 자유로웠다.

나는 어린아이 특유의 담백한 시선으로 엄마의 엉덩이를 있는 그대로 볼 수 있었다. 여느 신체 부위와 다르지 않은 몸의 일부. 그 주인을 사랑하니까 덩달아 사랑하게 되는 것. 엉덩이는 문제도, 축복도 아니었다. 그냥 그 자리에 존재할 따름이었다.

그때의 나는 몰랐지만, 엉덩이는 그렇게 단순한 존재가 아니다. 팔꿈치나 무릎 같은, 생리학적 기능 외에 별다른 의미가 없는 신체 부위와는 다르다. 엉덩이는 보기엔 우스울지 모르나 의미와 뉘앙스로 범벅이 된 대단히 복잡한 상징이며, 그 안에는 유머·성·수치·역사가 한가득 품어져 있다. 그중에서도 여성의 엉덩이는 인종적 위계를 만들어내고 강화하는 수단이자, 근면한 노동이라는 미덕의 잣대이자, 성적 욕망과 이용 가능성의 척도로 기능해왔다. 외과적 수술 없이 엉덩이의 모양을 극적으로 바꿀 방법은 거의 존재하지 않지만(혹은 바로 그 이유로), 엉덩이의 형태와 크기는 고릿적부터 그 엉덩이를 가진 여성의 천성 자체를 뜻하기도 했고 도덕성과 여성성과 심지어는 인간성을 보여주는 증거로도 여겨졌다.

하지만 인간은 자신의 엉덩이를 똑바로 보기 어렵다. 몸 뒤쪽에 달린 엉덩이는 남들에겐 아주 잘 보이지만 정작 본인에게는 다소 낯선 부위다. 자기 엉덩이를 보려면 사방이 거울인 탈의실에 들어가거나, 침실에서 손거울을 들고 삼각 측량 비슷한 번거로운 일을 시도하거나, 스마트폰을 기묘한 각도로 들이대야 한다. 그렇게 해서 영접한 엉덩이의 모습은 (적어도 내 경우에는) 얼마간 놀라움을 일으킨다. "내 뒤에 이런 게 붙어 있다고?" 어떨 땐 희미한 굴욕감마저 인다.

다른 사람이 우리 엉덩이를 볼 때, 그들이 정확히 무얼 보는지 우리는 알지 못한다. 그래서 우리는 약해진다. 우리는 엉덩이를 남에게 넘겨준다. 엉덩이는 가진 사람보다 보는 사람에게 속한 존재니까. 엉덩이는 타인이 비밀스럽게 관찰하고, 은근슬쩍 곁눈질하고, 기분 나쁘게 훑어보는 대상이다. 내가 내 엉덩이를 스스로 볼 수 없으니, 바지가 잘 맞는지 확인하려면 매장 직원에게 엉덩이가 괜찮아 보이냐고 물어야 한다. 길거리에서 여자가 지나갈 때, 남자는 고개를 따라 돌리며 그녀의 엉덩이를 본다. 거리의 모든 사람이 남자의 탐욕스러운 시선을 알아차려도, 엉덩이의 주인인 여자만은 알지 못한다. 자신이 평가받고, 비평되고, 대상화되고, 탐해지고 있다는 사실을 눈치채지 못한다.

엉덩이를 일컫는 단어들조차 명쾌함에 저항한다. 우리가 엉덩이를 부를 때 사용하는 용어들은 언제나 구체적인 단어가 아니라 완곡어법에 속한다. 어린 시절에 나는 내 골반 뒤쪽에 붙은 살덩어리 두 개를 '궁둥이butt'라고 불렀다. 아이가 쓰는 말, 못된 오빠가 동생을 기분 나쁘게 놀릴 때 쓰는 말이다. "궁둥이 대가리!" "궁둥이 얼굴!" 얼굴이 있어야 할 자리에 궁둥이가 대신 붙어 있다니, 퍽 재미있는 발상이지만…. 이런 모욕은 길어봐야 열 살이 끝이고 그 이상을 넘어가면 별 효력이 없다. '궁둥이'라는 단어는 우스꽝스러우며, 친숙하고 무해하며 순한 유머를 담고 있다. 길 가던 사람이 미끄러져 궁둥이를 찧는다. 주위 사람들이 키득거린다. '궁둥이'라는 단어에서 소리가 난다면 광대의 삑삑이 나팔 소리, 아니면 방귀 소리일 테다.

나이가 들면서 나는 엉덩이를 차츰 다른 단어로 부르는 실험을 해나갔다. 'Ass'는 좀 더 어른스럽고 그만큼 음란하게 느껴졌다(우리가 "욕"이라고 부르는 범주에 속하는 단어였다). 하지만 욕치고는 가벼웠고 못되기로는 꼴찌였다. TV에서도 'Asshole'은 안 되지만 'Ass'는 말해도 된다. 이 문제의 신체 부위를 부르는 말은 다양하다. 영국에서는 'Bum'이라고 부른다. 이디시어로는 'Tuchus'라고 부른다. 다소 젠체하고 싶을 땐 프랑스어로 'derrière'라고 한다. 오늘날 식료품점 계산대 옆에 꽂혀 있는 타블로이드 잡지와 TV 토크쇼에서는 힙합과 컨트리 장르 음악에서 사용하던 단어를 빌려 'booty' 아니면 'badonkadonk'라고 부른다. 여기엔 섹시함, 우스꽝스러움, 인종적 의미가 담겨 있다. 그 밖에도 엉덩이의 신체적 위치를 일컫는 단어만도 한 다발이다. 뒤behind, 뒤쪽backside, 후방부posterior, 후미rear end, 아래bottom까지.

그런데, 진짜 **적절한** 단어는 뭘까? 그러니까, 기본적인 단어 말이다. "우리가 깔고 앉는 지방과 살이 많은 신체 부위"를 의미하는 중립적인 용어는 뭘까? 우리는 가슴을 'boobs' 'tits' 'jugs' 등으로 부르지만 어쨌든 올바른 공식 단어는 "가슴breasts"이란 걸 안다. 남성 성기를 평소에 'dick'이나 'schlong'이라고 부르더라도 **정확한** 단어는 "음경penis"이라는 걸 안다. 엉덩이에 대해서는 "둔부buttocks"라는 뻔한 선택지가 있긴 한데, 실생활에선 거의 쓰지 않는다. 땀 흘려 운동하고 나서 "둔부가 아리군"이라고 말하는 사람을 보았는가. "이 바지를 입으니 둔부가 안 예뻐 보여"라고 말하는 사람은 또 어떤가. 나는 의료 용어에서 가장 실용적인 단어를 찾을지도 모른다는 생각에서, 외과 의사인 친구에게 의사들은 엉덩이를 뭐라고 부르는지 물어보았다. 그는 직장 결장을 전공한 의사들(아마 엉덩이에 관해 이야기하는 시간이 제일 많을 사람)은 'rear(어떤 것의 뒤쪽, 궁둥이)'나 'bottom'을 쓴다고 알려줬다. 그가 아는 한 외과 의사는 엉덩이 사이 틈을 대단히 과학적인 '볼기틈새'라는 용어로 부른다고 한다. 또 다른 외과 의사는 문제의 신체 부위를 항상 'tush'라는 속어로 부른다고 한다. 진료실 안에서도 몇 겹으로 쌓아올린 완곡어법이 사용된다. 엉덩이 근육에는 큰볼기근이라는 과학적 명칭이 있으나, 이는 골반뼈에서 허벅지까지 이어지는 늘씬한 근섬유 다발만을 일컫는다. 그 위에 붙은 지방층은 엉덩이 넓적다리 지방이라고 불린다. 글쎄, 엉덩이를 이런 이름으로 부르는 사람은 없을 것이다.

우리와 엉덩이가 이루는 완곡한 삼각관계에서, 엉덩이에 관한 생각들은 엉덩이 자체보다 그걸 보는 사람에 관해 더 많은 것을 말해준다. 엉덩이를 본다는 것의 의미는 누가, 언제, 왜 보는지에 달렸다. 역사학자 샌더 길먼Sander Gilman은 이렇게 표현했다. "엉덩이는 끊임없이 변하는 상징적 가치를 가진다. 재생산 기관·배설 구멍·걸음걸이를 통한 운동 메커니즘과 연관된다. 엉덩이는 제 모습을 있는 그대로 보여주는 법이 없다."[1]

엉덩이는 제 모습을 있는 그대로 보여주는 법이 없다. 바로 그 이유로 엉덩이는 특이하며, 또한 강렬한 연구 대상이 된다. 엉덩이는 워낙 변덕스러운 상징이라서, 그 풍부한 의미들을 헤집어 살펴보고 조사하면 우리는 아주 많은 것을 알 수 있다. 예를 들어, 사람들이 무엇을 정상으로, 무엇을 바람직한 것으로, 무엇을 불쾌한 것으로, 무엇을 관습을 거스르는 것으로 인식하는지 알 수 있다. 엉덩이에 대한 우리의 느낌은 거의 언제나 다른 느낌(사람마다 천차만별인 인종·젠더·성에 대한 느낌)을 가리킨다.

⌣

성인이 된 자기 몸을 지금과 같이 느끼는 이유는 사람마다 다를 것이다. 나는 스크랩북에 붙인 사진들처럼, 남들이 내 몸을 본다고 느낀 순간들의 파편적인 기억으로부터 내 몸을 처음 느꼈다. 하지만 내 몸에 관한 첫 기억은 그보다 더 빠르다. 사춘기 직전, 내 팔다리와 근육을 남에게 평가받는 대상이 아닌, 그저 유용하고 탄력 있는 신체 부위라 여겼던 시기. 그 시기에 나는 자전거를 타고 온 동네를 돌아다녔다. 속도를 높여 내리막길을 내달릴 때면 여름의 습한 바람이 코로 들어오는 게 느껴졌다. 그러던 어느 날, 나는 그만 넘어지고 말았다. 자전거 손잡이 너머로 몸이 날아가 얼굴부터 아래로 떨어지는 바람에 시멘트 바닥에 뺨과 이마가 긁혔고, 입술과 잇몸을 잇는 피부 조각이 터지고 인도로 핏방울이 후두둑 떨어졌다. 이윽고 우리 집 부엌도 피투성이가 되었다. 내가 부엌 카운터에 발을 달랑거리며 앉아 있는 동안, 엄마는 입에 얼음을 대주었다. 이튿날 아침, 나는 다시 자전거를 탈 준비를 마치고 보라색 폴리에스터 소재의 발레리나 옷차림으로 식탁에 앉아 시리얼을 먹었다. 아빠는 신이 나서 웃고 있는 내 모습을 사진으로 남겼다. 내가 특별히 용감한 건 아니었다. 하지만 나는 내 몸이 자라고 치유되어 나를 어딘가로 데려다줄 거라고 믿었다. 아빠가 찍은 필름이 현상되었을 무렵엔 이미 상처가 아물고 딱지 몇 개만 남아 있을 뿐이었다.

여덟 살이 된 해에 나는 수영을 하러 친구 부모님이 운영하는 체육관에 갔다. 라커룸은 헐벗은 여자들로 가득했는데 생전 그런 광경은 처음이었다. 그 안에는 너무나 다양한 몸들이 있었다. 몸을 어떻게 분류하는지, 좋고 나쁜 순서나 높고 낮은 순위가 있는지 몰랐던 그때의 나는 두 눈을 동그랗게 뜨고 마냥 관찰했다. '가슴이 저렇게 생길 수도 있는 건가?' 엄마와는 다른 모양의 가슴을 보고 나는 생각했다. '골반이 저렇게 좁을 수 있다니, 엉덩이가 저렇게 앙상하다고?' 라커룸의 몸들은 다들 기이해 보였다. 옷을 입었을 땐 친숙해 보이던 사람들이, 옷 아래엔 별의별 특이점들을 감추고 있었다.

열 살이 되던 해의 어느 날, 나는 몇 년째 자전거를 타고 다닌 길을 친구와 함께 달리고 있었다. 그때 덤불 뒤에서 남자애 둘이 우리를 향해 불쑥 외치는 소리가 들렸다. "엉덩이 죽이는데!" 그 말에선 약간의 잔인함도 느껴졌지만, 그게 다가 아니었다. 나는 거기서 새롭고 위험한 어떤 느낌을 감지해냈다. 이제는 그 느낌이 낯선 남성에게 내 몸을 보이고 평가받는 것에 대한 불안임을 안다.

남자애들이 우리 엉덩이에 대해 시키지도 않은 말을 했다는 게 불편하고 괴이쩍게 느껴졌다. 그때까지 나는 엉덩이가 '죽여줄' 수 있는 신체 부위인 줄 몰랐다. 어떤 신체 부위들이 아름답고, 섹시하고, 남들이 탐하는 대상이 될 수 있다는 건 알았다. 하지만 엉덩이도 그럴 수 있다고는 생각하지 못했다. 바지가 내려간 모습을 남에게 들킨 기분이었다. 우스꽝스럽고 굴욕적인 실수를 저질러 남에게 맨엉덩이를 보여준 것처럼. 우리는 자전거를 타고 집으로 돌아가 부모님에게 방금 있었던 일을 이야기했고, 어떤 수를 썼는지는 몰라도 부모님은 기어코 그 남자애들을 찾아냈다. 헤비메탈 티셔츠를 입고 스케이트보드를 타는 십대 초반 남자애들을 세워놓고, 부모님은 캣콜링을 한 거냐며 따져 물었다. 남자애들은 불안한 기색으로 "'자전거' 죽여주는데"라고 말한 거라고 맹세했다. 그때 다시 수치심이 훅 끼쳤다. 그래, 엉덩이가 '죽여주는' 것일 리 없었다. 엉덩이를 보고 길거리에서 그런 말을 외칠 리 없었다.

중학생이 된 나는 라커룸에 들어갈 때마다 별종이 된 기분이었다. 정확히 말해, 나는 뚱뚱하지는 않았다(학교의 먼지투성이 복도에서 가장 심한 낙인이 찍히는 형용사는 피한 것이다). 하지만 내 몸은 어딘가 글러 먹은 것 같았다. 내 몸은 서서히 엄마 몸의 젊은 버전에 가까워지고 있었다. 엉덩이가 커지고, 골반이 넓어졌다. 어두운 주황색 라커룸 거울 앞에 선 나는 이제 전처럼 신체의 다양성에 경이를 느끼지 않았다. 신체에는 분명히 올바른 모양이 존재했다. 그리고 내 몸은, 우리 엄마의 몸은, 올바른 모양이 아니었다.

체육 시간에는 성별을 나누어 수영 수업을 진행했다. 장소는 염소를 엄청나게 풀어 소독한, 가장자리가 부스러지기 시작한 교내의 수영장이었다. 학교에서는 우리에게 신축성이 거의 없는 검은색 면 수영복을 나눠주었다. 내가 생각하기엔 학교 측에서 계급 차이가 드러나지 않게 하려고 웬일로 손을 쓴 것 같았다. 불안한 소녀들은 수영장 가장자리에서 덜덜 떨며 치수별로 분류된 수영복을 회색 플라스틱 통에서 하나씩 꺼내들었다.

산업용 세탁기를 수없이 거친 수영복들은 제법 낡아 있었다. 치수는 자수로 표시되었다. 제일 작은 노란색 자수 수영복은 아직 몸이 어린이 같은 애들이 입었다. 다들 탐내는 주황색 자수 수영복은 적당히 성숙했지만 살찌진 않은 애들 용이었다. 빨간색 자수는 큰 사이즈, 흰색은 그보다도 큰 치수였다. 둘 다 가슴과 엉덩이와 허벅지와 배가 있는 애들, 즉 몸에 **질량**이 있는 애들이 입는 것이었다. 겨드랑이부터 허벅지 중간까지 가리는 검은 천은 물에 젖으면 늘어나서 헐렁해졌다. 나는 빨간색 자수 수영복을 입었고, 흰색 자수 옷으로 갈아타야 할지도 모른다는 불안에 몸서리쳤다. 그게 내 몸에 대해, 내 매력에 대해, 세상에서의 내 위치에 대해 무엇을 의미할지 걱정되었다.

고등학교에 올라간 나는 내 몸이 글러 먹었다는 더 구체적인 증거를 맞닥뜨렸다. 그때 내 달리기 실력은 1.6킬로미터를 겨우 뛰는 수준이었지만, 10학년 크로스컨트리팀 애들과 친하게 지냈다. 그 애들은 경기 전에는 꼭 스파게티를 먹으면서, 병에 담긴 붉은 소스를 부은 끈적끈적한 파스타 더미를 앞에 두고 학교에 대해 수다를 떨곤 했다. 그러다가 한 친구가 나를 슬쩍 자기 쪽으로 끌어당기더니 비밀 하나를 속삭였다(발설해서는 안 되는 종류의 비밀이었다). 팀원 하나가 연습 중에 자꾸 살이 찐다고, 엉덩이가 너무 커졌다고 불평하자 다른 여자애가 웃으면서 이렇게 말했다는 것이다. '그래도 헤더만큼은 아니잖아.'

나는 충격에 휩싸였다. 크로스컨트리팀의 호리호리하고 예쁘장하게 생긴 금발 여자애들이 그들 사이에서 통하는 진실을 두고 배꼽을 잡으며 웃는 모습을 상상했다. '헤더 라드케 엉덩이 엄청 크잖아. 아, 나는 걔 같지 않아서 다행이야.'

나와 내 몸이 맺은 관계 이야기가 그리 극적인 편은 아니다. 그 이야기가 내 흥미를 잡아끄는 건, 오히려 상당히 전형적으로 느껴지기 때문이다. 끊임없는 따돌림이나, 심한 섭식장애나, 모든 7학년 여자애들의 뇌를 감염시킨 수치심을 넘어서는 극단적인 감정은 없었다. 이것들은 모두 어른이 되려면 거쳐야 하는 끔찍한 통과 의례였다. 몸의 순위를 정하는 건 (그리고 뒤따르는 굴욕감과 회의감은) 일상적이고도 자연스러운 일처럼 느껴졌다. 더 낫고 더 못한 몸이 실제로 존재한다는 듯이.

처음으로 누군가에게 엉덩이가 섹시하다는 말을 들은 건 2003년이었다. 스무 살 여름, 나는 중서부의 한 대학 도시 커피 바에서 에스프레소 샷을 내리고 있었다. 폴리에스터 소재의 군청색 플리츠 스커트와, 중고로 구매해 좀 더 힙해 보이려고 목을 잘라낸 노란색 티셔츠 차림이었다. 머리는 뒤로 넘겼다. 땀으로 끈적해진 목에 커피 가루가 들러붙었다. 고등학교 이래로 엉덩이는 더 커져 있었다. 입는 바지마다 허리는 헐렁한데 엉덩이는 꽉 끼는 기묘한 핏을 보여줬다. 나는 사이즈 8에서 시작해 사이즈 10, 12, 14까지 치수를 늘려갔다. 다 같이 어딜 가느라 차 뒷좌석에 네 사람이 앉아야 할 경우, 나는 내 엉덩이가 너무 커서 안 될 테니까 누가 내 무릎에 앉는 게 나을 거라고 말하곤 했다. 하루는 커피 바에서 함께 일하는 동료(여자 꼬시기에 도가 튼, 키 크고 조용한 싱어송라이터였다)가 물었다. "'캘러피지언callipygian'이 무슨 뜻인지 알아?" 난 알고 있었다. SAT 공부를 할 때 단어 카드를 보면서 얼굴이 화끈거렸던 기억이 났다. 이 단어는 그리스어로 "둔부가 예쁜"이라는 뜻이다. 미술사학자들이 조각상을 묘사할 때 쓰는 형용사일 거라 짐작했다. "너를 위해 만들어진 단어야." 싱어송라이터 남자애가 말했다. 대사가 하도 어색해서 연습한 것 같았다. 평소 안 쓰는 낯선 어휘를 써보려고 애쓰는 티가 났다. 그렇다 쳐도, 솔직히 감동했다. 놀림 받는 게 아니라 진심으로 칭찬받는 느낌이었다.

싱어송라이터 남자애를 시작으로, 20대와 30대에 걸쳐 내 푸짐한 엉덩이를 단점이 아니라 미덕으로 여기는 사람들이 제법 있었다. 내 엉덩이는 캣콜링의 단골 주제였고, 연인이 귓가에 사랑의 말을 속삭일 때 내뱉는 단어였고, 낯선 사람들의 한 번 더 시선을 두게 하고 직장 남자들이 말을 걸게 만드는 신체 부위였다. 다시 말해 나는 내 엉덩이가 다른 사람들이 (모두는 아니고 몇몇 사람이) 욕망하는 성적 대상이 되고 있다는 걸(또는 내가 모르는 사이에 이미 되어버렸다는 걸) 알아가고 있었다.

그 몇몇 사람은 거의 언제나 남자였다. 퀴어인 나는 지금까지 다양한 성별과 사귀어봤지만, 내 엉덩이에 대한 재평가는 주류 이성애자 문화에서 기인하는 듯했다. 내 엉덩이를 입에 올린 여자들도 적지 않았으나 그들 대부분은 이성애자였으며, 내겐 미용 잡지의 말을 앵무새처럼 따라 하는 걸로 보였다. 나처럼 엉덩이가 크지 않아 다행이라고 말했던 크로스컨트리팀 여자애를, 시류에 맞게 반전시키고 업데이트한 버전이랄까.

나는 다른 사람들(특히 남자들)이 내 몸에 대해 뭐라고 생각하든 상관없다고 스스로 타일렀다. 그건 거짓말이었다. 상관없을 리 없었다. 수치스럽고 흉측하게 느껴졌던 내 몸의 일부가 갑자기 누군가가 제일 마음에 들어 하는 부분이 되었다. 나는 오로지 몸을 내세워 칭찬받고 싶진 않았지만, 그래도 분명히 몸을 칭찬받고는 싶었다. 다른 사람들처럼, 나도 남에게 갈망받기를 갈망했다. 한때 내게 수치심을 안겨준 사람들에게 갈망받는다는 건, 기분 좋은 일이었다.

이제 나는 궁금하다. 고등학교 친구들은 어떻게 내 몸이 **좋은** 몸이 아니라는 결론에 이르렀고, 10년 뒤에 그들과 별반 다르지 않은 사람들이 어떻게 이와 정반대로 느끼게 된 걸까? 엉덩이의 의미가 어떻게 이렇게 빠르게 전복될 수 있는 걸까? 엉덩이는 기껏해야 하나의 신체 부위일 뿐인데, 어째서 이렇게 다양한 사람들에게 다양한 의미를 지닐 수 있는 걸까? 이 책의 핵심을 이루는 연구는 바로 이런 질문들에서 싹텄다.

작가가 되기 전에 나는 시카고에 있는 제인 애덤스 헐하우스 박물관에서 큐레이터로 여러 해 일했다. 역사적 건물을 박물관으로 활용 중인 그곳은 현대미술 공간이자 도시의 활동가들이 모이는 장소였다. 헐하우스에서 전시가 열릴 때, 내 업무는 적절한 이야기와 문화적 경험을 엮어 더 큰 역사적 변화와 주제를 설명하는 것이었다. 나는 이 책이 그와 비슷한 역할을 해내길 바란다. 나는 이 책에서 과거와 현재의 인물들을 소개하고, 지난 두 세기 동안 미국과 서유럽에서 엉덩이의 의미가 어떻게 달라졌는지 보여주는 구체적인 이야기들을 들려주려 한다.

이 책은 수수께끼 같은 엉덩이를 둘러싼 생각과 의미들의 실타래 몇 개를 따라가 보면서, 그것들이 어떻게 발전했고 어떻게 지금까지도 계속 울림을 일으키는지 탐구하려는 시도다. 나는 이 책 전체에서 역사적 사실을 연대기처럼 접근해나갈 것이지만, 우선은 기초적인 과학적 사실부터 시작할 것이다. 해부학적으로, 생리학적으로 엉덩이는 정확히 무엇인가? 그 역사적 시작점은 또 언제인가? 엉덩이야 한참 전부터 존재했지만, 내가 설정한 틀에서는 한때 "비너스 호텐토트"라고 불린 세라 바트만의 이야기를 역사적 시작점으로 삼는다. 살아서도 죽어서도 선정적이고 자극적으로 전시되었던 그의 삶이, 지난 두 세기 동안 우리가 엉덩이에 갖는 인식의 밑바탕을 이루기 때문이다. 거기서부터 나는 20세기와 21세기를 거쳐 확장되는 여러 주제를 탐구해나갈 것이다. 패션·인종·과학·건강·대중문화의 역사를 들여다보면 엉덩이에 관한 생각들을 빚은 사람들의 긴 행렬을 마주할 수 있다. 늘씬한 신

여성 패션을 결정한 일러스트레이터, 시장에서 판매되는 거의 모든 바지의 옷본에 엉덩이를 제공한 모델, 가장 **정상적인** 인간이라는 조각상을 만든 우생학주의자 예술가, "강철 엉덩이" 운동 루틴을 만든 남자, 엉덩이 패드를 디자인하는 드래그퀸, 에어로빅을 저항의 수단이자 즐거움을 찾을 길로 삼는 뚱뚱한 피트니스 강사들까지. 이들을 모두 만나본 다음 나는 큰 엉덩이가 점점 주류에 편입되고 백인 기준의 미적 이상과 흑인 신체 및 문화의 전유가 다시금 정점을 찍은 지난 30년 동안, 엉덩이를 대하는 우리의 태도가 어떻게 달라졌는지 탐구할 것이다.

이런 프로젝트는 결코 모든 사람의 바람을 만족시킬 수 없다. '모든 엉덩이의 역사와 의미가 무엇인가?' 이런 질문에 답하는 건 시도조차 못 한다. 이 책에서 내가 엉덩이 중에서도 여성의 것에 집중한 건, 단순히 내가 여자라서다. 이 프로젝트는 여성의 정체성이 시간의 흐름에 따라 어떻게 구성되고, 재구성되고, 강화되는지에 관한 관심에서 시작되었다.

말해두건대, 나는 한눈팔지 않고 오직 엉덩이에만 초점을 맞출 것이다. 허리와 허벅지 사이에 불룩 튀어나온, 근육과 지방의 덩어리 두 개 말이다. 항문과 직장, 그에 담긴 무수한 연상과 기능들을 탐구하는 훌륭한 책이 여럿 있지만 그것들은 내 연구 대상이 아니다. 항문과 엉덩이의 상징적 의미가 서로 관련될 때도 있다. 하지만 여성의 엉덩이는 보통 저만의 개별적 상징을 지니며, 성적인 차원에서나 다른 차원에서나 항문의 다양한 기능과 반드시 연결된 건 아니다.

내가 가장 관심을 기울이는 건 패권을 잡은 주류 서구 문화, 즉 정치와 경제에서 권력이 있는 사람들, 대중문화를 지배하는 사람들, 광범위한 기준과 트렌드를 만들어내고 영속시키고 강요해온 책임이 있는 사람들에 의해 엉덩이가 해석되고 표현되는 방식이다. 내 탐구 대상은 백인·남성·이성애자들이 여러 인종 여성들의 엉덩이에 갖는 이해(또는 오해)와, 그에 관한 기준·선호·이데올로기를 사회에 강요하는 방식, 그 과정에서 그들이 여성의 신체에 결부시킨 의미들이다. 물론 백인·남성·이성애자라는 건 일반적 분류로서(이분법이 존재하지 않는 곳에 이분법을 들이밀기도 한다), 어떤 신체 안에서 살아간다는 경험은 언제나 서로 교차하는 다수의 정체성을 만들어낸다. 하지만 지금까지 엉덩이의 의미를 결정할 수 있었던 건 보통은 백인이거나 이성애자 남성(혹은 둘 다인)이었다. 이는 그들의 손에 권력이 있기 때문이다.

내가 여성의 엉덩이에 관한 주류 관념에 집중하기로 한 건, 엉덩이에 관해 웬만하면 언급되지 않는 생각과 편견들이 어디서 오는지 이해하고, 그 역사를 분명하게 밝혀내고 싶기 때문이다. 과학·정치·미디어·문화에서 오랫동안 권력을 쥐어 온 백인·남성·이성애자는, 몸에 따라붙는 의미들에 과도한 영향력과 통제권을 행사해왔다. 무엇이 정상이고 무엇이 일탈인지, 무엇이 **주류**이고 무엇이 변두리인지에 관한 생각들을 발명하고 강요했다. 권력자들이 어떻게 이런 생각들을 만들어냈는지 면밀하게 살펴봄으로써, 나는 우리에게 잘 보이지 않는 무언가를 좀 더 명징하게 만들기를 희망한다. 여성이 자신의 엉덩이에 대해 지나치게 많은 (그리고 너무나 모순적인) 감정을 느끼게 만든, 역사상의 깊은 뿌리를 캐낼 수 있길 바란다. 나는 아무것도 아닐 수 있는 엉덩이가 지금처럼 많은 의미를 함축하게 된 이유를 이해하고 싶었다.

연구하는 동안 나는 엉덩이에 관한 대화가 거의 언제나 인종에 관한 대화이기도, 특히 흑인다움과 백인다움에 관한 대화이기도 하다는 사실을 꾸준히 깨달았다. 아프리카 식민지를 개척하던 초기부터 유럽 탐험가들과 과학자들은 인종 위계와 고정관념을 만들어내고 강화하기 위해 '엉덩이가 큰' 흑인 여성에 대한 유사 과학 이론을 내세웠다. 그들이 만들어낸 관념들은 세라 바트만이 사망한 이후 더 증폭되고 강화되었다. 흑인 여성성과 백인 여성성은 둘 다 18세기와 19세기 과학자들에게서 유래한 몸과 엉덩이의 고정관념에 영향을 받는데, 이 고정관념들은 확장되어 모든 인종의 여성에 영향을 미친다. 바로 그런 이유로 이 책에서는 흑인다움과 백인다움을 구체적으로 탐구하러 나서기도 한다.

물론 내가 유색인종 사회나 다른 민족, 과거 문화에서 엉덩이가 지닌 의미에 관해 알아본 바는 직접 경험이 아니라 타인의 기록과 연구에서 기인한 것이다. 한편 내 몸에 관한 내 경험은 구체적이며, 내가 엉덩이로 인해 느낀 수치심은 내가 성장한 특정한 맥락에서 온 것이기에 절대 보편적이라고 할 수 없다. 이 책을 쓰면서 대화를 나눈 사람 중 대다수가 나와 달리 자기 엉덩이를 좋아하고, 이상적인 몸에 대해 나와는 딴판으로 생각하며 성장기를 보냈다. 나는 나와 다른 경험을 한 사람들의 목소리도 이 책에 충분히 담아내려 노력했다. 책의 기틀이 되는 핵심 자료를 조사할 때 상이한 배경을 지닌 다양한 여성들, 성별 이분법에 들어맞지 않는 사람들과 인터뷰를 진행했다. 하지만 이 책에는 특이성이 있다. 시작부터가 엉덩이에 관해 나라는 개인의 흥미를 자극하는 질문들에서(젠더·인종·통제·건강·패션·과학의 질문들에서) 뻗어나오지 않았는가. 그러니 이 책은 엉덩이에 대한 백과사전이 아니다. 엉덩이에 관한 종합적 내용을 담으려는 시도조차 하지 않았다. '엉덩이에 관한 종결판'이라는 수식어와는 거리가 멀다는 뜻이다.

이쯤에서 엉덩이에 관해 내가 다룬 것 외에도 매혹적인 연구 분야들이 많다는 점 역시 짚고 넘어가야겠다. 내가 이 책에서 바라는 건, 역사적 맥락을 탐구하는 동시에 내 개인적인 경험과 느낌을 또박또박 적어나가면서 내 몸과 직접 맞붙는 일이다. 나아가 그럼으로써 다른 이들에게 우리가 굳이 이름 붙이지 않는 것들, 말하지 않고 넘어가는 것들에 엄청난 힘이 있다는 사실을 보여주는 일이다. 이런 의미에서 이 책은 정치적 프로젝트로도 읽힐 수 있다. 눈에 잘 띄지 않는 권력의 지렛대를 밝혀내고 들여다보는 방법이니까.

"개인적으로 내 엉덩이가 섹시하다고 생각하진 않아요.[2] 너무 크다는 게 자꾸 의식되거든요. 내 엉덩이가 어떻게 생겼는지 속속들이 아는 사람이 있다고 상상하면 섬뜩해요. 많은 낯선 남자들에게 섹시한 엉덩이라는 말을 들었죠. 온 남자들이 내 엉덩이를 좋아한다는 건 어렸을 때부터 알았어요. 아, 그렇다고 해서 모두 다는 아니에요. 말라깽이 백인 남자들은 예외더라고요." 30대 중반의 백인 여성이 내게 말한 내용이다.

"내가 백인이었으면 이 엉덩이가 아주 마음에 들었을 것 같아요." 엉덩이가 작은 50대 흑인 여성이 입을 연다. "나라는 사람의 많은 부분이 그렇지만, 이 엉덩이도 나를 뭐랄까, 진정한 흑인이 아닌 사람으로 만들어요. 이렇게 말하면 사람들이 긴장하는 게 느껴지더군요. 내가 나 자신을 싫어한다고 생각하는 거예요. 그게 아니라, 어릴 적부터 항상 충분히 '흑인답지' 못하다고 평가받는 게 힘들었던 것뿐인데요."

또 다른 30대 백인 여성이 갖고 싶은 이상적인 몸에 관해 설명한다. "최대한 중성적이되 여전히 여성적인 몸. 가슴은 작고 골반도 좁은, 중성적으로 보이는 고전적인 레즈비언 스타일이요. 예를 들면 제니 시미즈Jenny Shimizu 같은." 하지만 그녀가 끌리는 건 엉덩이가 큰 여자다. "처음 사귄 여자친구는 엉덩이가 컸는데 거기에 확 꽂혔죠. 보기도 좋고, 만지기도 좋고, 잡고 있기도 좋아요. 내 몸이랑 정반대였어요." 최근 그는 자신이 꿈꾸는 '이상적인 몸'에 문제가 있는지 의심하기 시작했다. "내가 가진 이상 중에 내면화된 여성혐오에서 비롯한 게 얼마나 되는지 궁금해지더라고요. 여성스러운 몸에는 우수한 정신과 빈정거리는 태도가 한꺼번에 깃들 수 없다고 느끼는 이유는 뭘까요? 성차별적인 서사를 내가 이토록 그대로 수용하고 있는 건 또 왜일까요?"

20대의 중국계 미국인 여성은 자기 엉덩이를 "납작한 몸에 달린 괜찮은 돌출부"라고 묘사한다. 하지만 그녀는 이렇게도 말한다. "내 몸을 누가 성적으로 볼 때마다 마음속으로 놀라요. 내 성적 매력이 어린애 같은 몸매에서 나오는 건 아닐까 두려워서 그런 것 같아요. 내게 섹시함을 느끼는 게, 일종의 페도필리아일까 봐 걱정되는 거죠. 나한테 관심을 가지는 게, 여학생을 성적 대상으로 삼는 거랑 같을까 봐서요." 연인에게 대놓고 이야기한 적은 없지만, 그녀의 머릿속엔 항상 이런 생각이 깔려 있다.

나는 연구 과정에서 하나의 신체 부위가 이토록 다양한 의미를 지닐 수 있다는 것에 몇 번이고 놀랐다. 하지만 여성들이 들려준 이야기는 비슷비슷했다. 어떤 이들은 어머니와 할머니와 이모들에게서 몸을 가리고 다니라는 말을 들었다. 반면 그 말을 똑같이 했던 어머니와 할머니가, 굴곡 있는 몸매를 즐기는 법을 가르쳐줬다고도 했다. 학창 시절에 또래들에게 받은 놀림이나 캣콜링을 통해, 그들은 자기 몸이 사회 전체에서 어디쯤 위치하는지 알게 되었다. 엉덩이의 크기와 형태와 관계없이 거의 모든 여성이 탈의실에서 겪은 경험에 관해, 딱 맞는 바지를 결코 찾을 수 없을 거라 깨달았을 때 심장이 내려앉는 느낌에 관해 이야기해줬다.

엉덩이는 우리더러 시선을 돌리라고, 낯 뜨거운 수치심을 느끼지 않는 척 키득키득 웃으라고, 눈을 굴리며 딴청을 피우라고 요구한다. 이 책을 쓰기 시작했을 때 나는 반대로 굴어보고 싶었다. 엉덩이에 온전히 주의를 기울이면, 그 역사를 샅샅이 살펴보면 어떨까? 다방면의 엉덩이 전문가와 애호가들, 과학자, 드래그퀸, 댄스 강사, 역사학자, 기록관리 전문가에게 엉덩이가 무엇이며 그 의미는 또 무엇인지 진지한 질문을 던지면 어떤 일이 일어날까? 그 결과 나는 비극과 분노, 억압, 탐욕, 기쁨의 이야기들을 발견했다. 그리고 우리의 몸에 역사가 새겨져 있음을 알게 되었다.

차 례

5장 탄탄하여라

6장 아이콘

7장 움직임의 시대

1장

기원

Origins

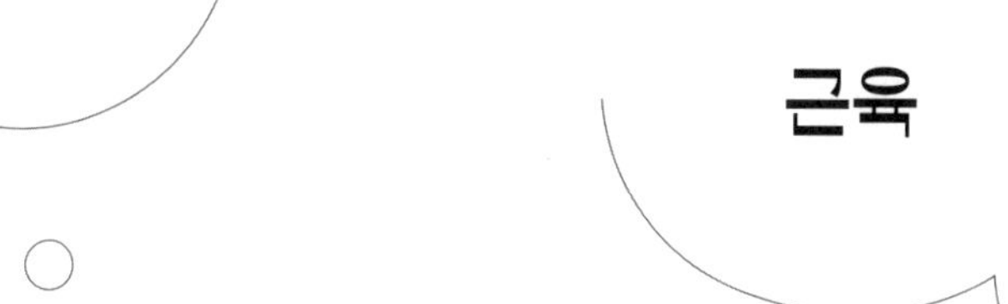

근육

만일 당신이 190만 년 전 어느 날 케냐의 한 메마른 호숫가 앞에 서 있었더라면, 최초의 엉덩이 달린 고인류라 알려진 존재를 마주쳤을지도 모른다.[1] 그는 유인원보다는 현대 인간에 더 가까웠다.[2] 머리에 구멍 두 개가 뚫린 듯한 유인원의 코를 가진 게 아니라, 얼굴 나머지 부분과 구별되도록 튀어나온 연골로 된 코가 달려 있었다. 얼굴은 납작했고, 두 눈은 앞을 향했다. 뼈가 돌출된 안와상융기가 있었으며 이마는 뒤쪽으로 가파르게 깎였다. 그는 두 다리로 걷기도, 달리기도 했다.

양쪽 골반 위에는 불룩 튀어나온 볼기근이 달려 둥글고 강한 엉덩이를 지탱해주었다.

그가 살았던 지역은 탁 트인 초원이 펼쳐진 지금의 아프리카 사바나와 비슷했다.[3] 환경이 바뀐 건 비교적 최근의 일이다. 호모 에렉투스의 조상들은 풀이 무성하고 빽빽한 밀림 같은 숲에서 수백만 년을 살면서, 나무에서 살기 알맞은 몸으로 적응해나갔다.[4] 기어오르기에 적합한 민첩하고 유연한 다리와 발, 유인원 같은 콧구멍, 털복숭이 몸, 엄청난 양의 식물을 씹어 삼킬 수 있게 해주는 큼직한 아래턱까지. 다만 엉덩이는 납작하고 작았다(엉덩이라고 부르기도 뭐할 정도였다). 그러나 호모 에렉투스가 등장했을 즈음에 고인류의 신체는 평지 지형에 새롭게 적응한 상태였다. 사바나에서 살아남으려면, 커다란 볼기근이 반드시 필요했다.

그로부터 수백만 년이 지난 1974년 여름, 버나드 응게네오Bernard Ngeneo는 투르카나 호수의 동쪽을 천천히 거닐며 짙은 색 모래가 깔린 땅을 열심히 들여다보고 있었다.[5] 그는 논란을 몰고 다닌 유명한 고인류학자이자 환경 보호 활동가 리처드 리키Richard Leakey의 원정에 참여한 한 케냐인이었다.[6] 동료들과 그는 애정을 담아 자신들을 "고인류 갱단"이라고 불렀다. 고인류 갱단은 바위 깊숙이 묻혀 있거나 뼈와 조개껍데기에 뒤덮여 잘 보이지 않는 인류 화석을 찾아내는 데 탁월한 능력을 발휘해 이름을 날렸다. (불과 2년 전 응게네오는 동물 화석 더미 아래에 묻혀 있던 두개골을 발견해냈는데, 그것이 사람 속屬에 전혀 새로운 종이 있었다는 증거가 되었다.)

응게네오는 수백만 년 동안 조약돌과 조개껍데기 등의 퇴적물이 쌓였을, 고대 호수의 바닥 찌꺼기들로 뒤덮인 바위를 예리한 눈으로 훑어보았다. 바로 그때 잘 보존된 해양 생물의 유해들 사이에서 바위 위로 튀어나온 흥미로운 것이 그의 눈에 들어왔다.[7] 유심히 관찰해보니 더더욱 확실해졌다. 고인류 발견 전문가가 또 한 번 일을 낸 것이다. 응게네오가 발견한 건 화석 KNM-ER 3228이라는 이름이 붙은, 190만 년 전 호숫가를 걸었던 남성 고인류의 오른쪽 골반뼈였다. 이는 그때까지 발견된 것 중 가장 오래된 골반뼈였으며 그 뒤로도 이 기록은 깨지지 않았다. 발굴 당시 연구팀에서 이 뼈에 특별히 관심을 기울였다는 기록은 남아 있지 않지만 (그해 여름엔 고인류 뼈가 여럿 발견되었다) 응게네오의 발견은 이후 과학계에서 인간 엉덩이의 목적과 진화를 이해하게 돕는 핵심 도구가 된다.

⏝

나를 화석 KNM-ER 3228로 안내한 사람은 하버드대 인간진화생물학과 학과장이자 생명과학 교수인 대니얼 리버먼 Daniel Lieberman 박사였다.[8] 19세기 과학자들은 인종 위계를 만들어내고 강화하는 대형 프로젝트를 진행하면서, 그 일환으로, 엉덩이에 관해서도 견고한 유사 과학을 만들어냈다. 다만 20세기에는 엉덩이에 관해 풍부한 연구가 이루어지지 않았다. 그러나 지난 20년 사이, 엉덩이에 관한 생물학적 궁금증을 해소해줄 믿음직한 과학자가 학계에 등장했다. 그가 바로 대니얼 리버먼이다. 아마 화석 KNM-ER 3228에 가장 열렬한 관심을 가진 과학자이기도 할 것이다.

그는 1990년대에 처음 만난 이 화석에서 지금껏 진화생물학자들이 가벼이 여겨온 질문에 대한 답을 찾았다. 그 질문은 이후 몇 년 동안 리버먼이 가장 초점을 맞춘 연구 주제가 되었다. 엉덩이에 관한 질문은 아니었다. 적어도 처음엔 그랬다. 그 질문은, 달리기에 관한 것이었다.[9]

하버드 대학원을 다닐 때 리버먼은 "인간의 첫 달리기는 그 실력이 형편없었으며, 달리기는 인류 진화의 역사에서 비교적 중요하지 않은 적응"이었다고 배웠다. 생물학자들은 인간의 달리기를 조금 더 빨라진 속보 정도로, 아주 적합한 형태는 아닌 이족보행의 부산물 정도로 이해했다.[10] 동물계 최고의 달리기 선수들은 영양과 치타 같은 날렵한 네발짐승으로, 네 발 전부를 땅에서 떼고 '갤럽'으로 달리거나 앞으로 튀어나갈 수 있어서 잠복과 신속한 기동이 가능했다. 이족보행으로는 두 발을 전부 떼고 갤럽으로 달릴 수 없으므로, 인간이 아무리 빨라봤자 네발짐승을 당해낼 수 없다.[11] (예를 들어

우사인 볼트는 초당 10미터 속도로 몇 초 동안 뛸 수 있지만[12], 영양이나 말은 초당 15미터 속도로 몇 분 동안 뛸 수 있다.[13]) 인간이 잘하는 게 많긴 해도, 진화생물학자들이 보기에 달리기는 인간의 특기가 아니었다. 그런데 리버먼은 연구를 해나가던 중, 학계에서 오랫동안 굳어진 이 생각이 틀렸을지도 모른다고 믿게 되었다.

그런 결론에 이른 계기는 실험실 돼지들이 러닝머신에서 빠르게 걷는 모습을 관찰하는 실험이었다. 돼지 운동 연구를 하고 있던 어느 날, 동료 데니스 브램벌Dennis Bramble이 실험을 보러 연구실에 들렀다. 브램벌은 돼지들이 달릴 때 머리가 제멋대로 양옆으로 돌아가는데, 그건 아마 움직일 때 머리를 고정하는 특별한 인대(목덜미인대라고 부른다)가 없어서일 거라고 지적했다. 동물계의 뛰어난 달리기 선수들에겐 모두 이 인대가 있다. 말, 개, 치타, 토끼까지도. 반면 유인원이나 침팬지처럼 잘 뛰지 못하는 동물들에겐 이 인대가 없다. 리버먼과 브램벌은 이야기를 나누다가 한 가지 사실을 기억해냈다. 달리기 실력이 형편없다고 알려진 어느 동물에게 이 인대가 있었다. 바로 인간이었다.

브램벌과 리버먼은 안 그래도 달리기가 단순히 이족보행의 부산물이 아니라 인간 진화의 핵심적인 부분이었다고 주장하는(당시 많은 생물학자에게 무시당한) 논문을 읽은 참이었다.[14] 목덜미인대에 대해 생각할수록, 거기에 뭔가 있는 게 분명하다는 직감이 들었다. 호기심이 일었다.

그 뭔가를 알아내려 작정한 브램벌과 리버먼은 하버드 박물관으로 향했다. 목덜미인대가 언제, 어쩌다가 인간 진화의 이야기에 들어오게 되었는지 알려줄 만한 화석을 찾아 헤매기 시작했고 목덜미인대가 인류 진화의 결정적인 순간에 화석 기록에 등장한다는 걸 발견했다. 이는 대략 2백만 년 전, 호모 에렉투스가 처음 나타난 시기였다. 호모 에렉투스는 최초로 두 다리로 걸은 인류의 조상이자, 최초로 큰 두뇌를 지닌 인류였다.

화석 기록을 계속 살펴보던 리버먼과 브램벌은 인간을 달리게 만들어주는 거의 모든 신체 특징이, 인류의 조상들이 이족보행을 시작한 시기 전후에 나타났다는 사실을 포착했다.[15] 이 사실을 두고, 그들은 고인류가 '달리기를 하기 위해 이족보행을 했을지도' 모른다고 해석했다. 호모 에렉투스는 발가락이 짧아서 발가락을 앞뒤로 구부리며 몸을 앞으로 내던질 수 있었던 최초의 고인류였다.[16] 아치 있는 발바닥과 긴 아킬레스건이 일종의 스프링과 완충기로 작용할 수 있었던 것도, 골반을 돌릴 수 있었던 것도, 달릴 때의 묵직한 중량을 감당할 무릎을 지녔던 것도 호모 에렉투스가 처음이었다. 그는 엉덩이를 지닌 최초의 고인류이기도 했다.[17]

이 발견을 시작으로 리버먼은 인간이 달릴 때 엉덩이가 하는 역할에 관한 폭넓은 연구에 돌입했다. 그는 인간과 가장 가까운 유인원 친척들의 엉덩이와 인간 엉덩이의 해부학적 차이를 유심히 들여다보았고[18], 인간 피험자들의 엉덩이에 전극을 붙이고 러닝머신 위에서 달리게 한 뒤 조깅할 때 큰볼기근이 정확히 어떤 일을 하는지 알아내려 했다. 2013년에는 엉덩이 연구로 유명해진 덕에 〈콜베어 르포The Colbert Report〉에 출연해 엉덩이의 진화상 목적을 설명하기도 했다. "침팬지의 엉덩이는 딱 봐도 작습니다. 엉덩이가 정말 정말 볼품없어요."[19] 반대로 인간의 엉덩이는 아주 크다. 우리의 큰볼기근은 몸에서 가장 큰 근육이며, 큰볼기근이 이렇게 큰 생물은 지구에서 우리뿐이다.[20] 눈의 흰자[21]와 발의 아치처럼, 큰볼기근도 인간에게만 고유한 특질이다. 리버먼은 콜베어에게 손바닥을 양쪽 볼기에 딱 붙이고 걸으면서 근육이 얼마나 처져 있는지 느껴보라고 한 다음, 달리면서 똑같이 손을 대보라고 했다. "근육이 조이는 게 느껴지시죠?"[22]

리버먼은 대화하러 온 내게도 똑같은 실험을 권했다. 다만 내 경우에는 근육이 움직이는 걸 느끼려면 손바닥을 더 꾹 눌러야 했는데, 내 엉덩이엔 근육 말고도 많은 게 달려 있어서였다. 아파트 안에서 원을 그리며 달리자 발가락이 내 몸을 앞으로 떠밀고, 골반이 돌아가고, 엉덩이가 조여지는 게 느껴졌다. 느리게 조깅하는 속도로 블록 두 바퀴만 돌아도 힘들어하는 내게 리버먼은 말했다. 내 몸은 달리기를 위해 설계되었다고, 그 증거를 애리조나의 사막에서 찾을 수 있다고.

1983년 이래 매년 10월이면 애리조나 프레스컷시의 엷은 공기 속에서, 활기찬 블라인드 판매원 론 배럿Ron Barrett이 개최하는 경주가 열린다. 경주의 이름은 단도직입적으로 〈인간 대 말〉이다. 배럿에 의하면 이 경주는 지역 시의회 의원과 애마인인 경찰관이 술을 마시다가 시작한 내기에서 비롯되었다고 한다. 술이 거나하게 취한 한 시의회 의원이, 잘 훈련된 인간은 말을 달리기로 이길 수 있다고 주장했다. 경찰관은 이에 동의할 수 없다며 의견을 굽히지 않았고, 결국 돈을 건 내기를 제안했다. 두 남자는 경주 코스를 만들었고, 그 뒤 무려 40년 동안 경주는 시의 연례행사가 되었다. 발상은 단순하다. 한 무리의 인간과 말이 하루 동안 사막에서 장거리 경주를 한다. 짐승 대 짐승으로, 인간 대 인간으로, 무엇보다도 짐승 대 인간으로 맞붙는 시간이다.

오늘날 인간과 말이 정면승부를 펼치는 장소는 시 경계에서 50킬로미터가 조금 안 되게 떨어진 밍거스산이다. 해발 2.3킬로미터 높이로 우뚝 솟은 이 산에는 소나무가 무성하게 자라 있다. 배럿은 20킬로미터와 40킬로미터 경주를 개최하지만, 진짜 경주는(세계 최고의 장거리 주자들과 장거리 기수들이 이곳으로 모여드는 이유는) 80킬로미터짜리 '울트라런'이다. 나는 인간이 말과 경주한다는 개념이 여전히 미심쩍었지만, 결국 호기심을 이기지 못하고 리버먼이 "원초적 전투"라고 부른 경주를 구경하러 밍거스산으로 향했다. 말들은 680킬로그램이나 되는 몸을 (기수를 태우면 더 나간다) 앞으로 던지며 좁은 돌투성이 길을 나아간다. 인간의 손보다도 작은 말굽 네 개가 그 육중한 몸을 지탱한다. 주자들은 같은 길을 따라 마라톤 풀코스를 달리고 나서, 론 배럿이 "무릎을 뺨까지 올려야 한다"라고 묘사하는 가파른 2.3킬로미터 높이의 산을 오른다.[23] 그게 끝이라 생각하겠지만, 아직 반밖에 오지 않은 것이다(결승선에 다다를 때까지 거의 30킬로미터를 더 달려야 한다). 온종일 원시적인 대결을 펼친 다음엔 모든 인간이 바비큐 파티를 연다.

경주 장소에 도착해보니, 행사의 시작 지점인 메마른 평지에 캠프가 차려져 있었다. 주자들과 기수들이 전날 세운 것이었다. 작은 시냇물 한 편이 말의 땅이었다. 말들은 한 마리씩 거대한 트레일러를 타고, 녀석들을 보살피는 데 필요한 모든 물건과 함께 도착했다. 건초, 발굽 주걱, 안장, 거친 지형에서 작은 발굽을 보호해줄 크록스crocs처럼 생긴 특별한 신발까지. 기수들은 울타리를 둘러 말들이 쉬고 먹을 임시 방목장을 만들었다. 말들은 사막의 선명한 푸른색 하늘을 배경으로 대담한 실루엣을 드러낸 채 계속 '히힝' '푸힝' 소리를 내며 킁킁거렸다.

시냇물의 다른 편은 주자들의 땅이었다. 그들은 연비 좋은 스바루 차량을 타고 와서, 파우치에 담긴 비건 유동식을 먹고, 주먹 크기의 가방으로 접을 수 있는 옷을 입고 있었다. 장거리 기수 한 사람은 주자들을 두고 "작은 엉짱"이라고 했는데 정말이지 묘사 그대로였다. 주자들 대부분이 키가 작고, 유연하고, 말랐으며, 엉덩이는 늘씬하면서도 근육질이었다. 과연 시냇가에서 풀을 뜯고 있는 크고 힘센 동물들과 맞붙을 만한 엉덩이였다.

극악의 확률로 보이지만 실제로 〈인간 대 말〉 경주에선 매년 말을 이기는 주자가 적어도 한 사람은 나왔다. 리버먼 본인도 승자였다(그의 기억으로는, 그가 참여한 해 거의 모든 말을 이겼다고 한다). "저는 중년 교수일 뿐인데 말이죠!" 그가 덧붙였다. 모든 말을 이긴 인간 주자는 아직 없었다.[24] 그런데 내가 참석한 해에는 캠프 내에서 어떤 주자에 대한 입소문이 떠돌았다. 피닉스시에서 온 소프트웨어 엔지니어 닉 쿠리라는 사람이 세계 최고의 울트라 마라토너로 손꼽히며, 인류의 궁극적 승리를 선언할 능력자라는 얘기였다.

닉을 만난 건 경주 날 아침이었다. 그는 해치백 차량 트렁크에 걸터앉아 눈을 비비며 하품하고 있었다. 전날 피닉스에서 밤늦게 운전해 이곳에 온 그는 소시지 피자 한 판을 흡입한 뒤 차에서 잤다고 한다. 그에게 말들을 전부 이길 수 있을 거 같냐고 묻자 그는 미소 지으며 겸손하게 답했다. "저 자신보다 앞서 나가고 싶지 않군요." 이윽고 그는 반바지를 입고 신발끈을 묶더니 이동식 화장실로 급히 뛰어갔다. 80킬로미터 달리기가 흔한 울트라 러닝의 세계에서도, 〈인간 대 말〉 경주는 어려운 축에 속했다. 늰은 온도가 급변하는 미로 같은 산길 속, 흔들거리는 바위틈에서 힘겹게 발 디딜 곳을 찾아가며 850미터를 올라야 할 것이었다. 그것만으로도 힘든데, 옆에서는 씩씩거리는 거대한 말들이 함께 달릴 테고.

경주는 오전 6시에 시작이었다. 공기는 바싹 말라 있었다. (그날 나는 고산 사막 지대 기후의 영향을 조금이나마 누그러뜨리고자 온종일 얼굴에 바세린을 치덕치덕 바르는 시지프스적 노력을 했다.) 이른 아침 하늘은 맑고 분홍빛을 띠었다. 나는 매섭게 집중한 기수를 태운 말들이 말굽으로 땅을 차고 히힝, 소리를 내며 위풍당당한 출발대를 형성하고 있는 모습을 상상했지만, 실제로 말과 기수들은 차분한 출발을 선호하는 모양이었다. 기수들은 제자리에서 스트레칭과 뜀뛰기로 몸을 풀었다. 말들은 커다랗고 느슨한 원을 그리며 활보하고 있었다. 출발선은 땅에 작은 깃발을 꽂아 표시한 게 다였다. 다른 경주처럼 권총으로 출발 신호를 보내는 일조차 없었는데, 말들을 겁주지 않기 위해서였다. 론은 그냥 고래고래 외쳤다. 효율적으로 보이진 않았다. "인간 대 말 경주가 지금 시작합니다! 출발하세요!" 그렇게 경주가 시작되었다.

말들은 갤럽으로 달려서 경주로로 나섰지만, 산기슭에 다다르자 넘어지지 않으려고 천천히 신중하게 움직이기 시작했다. 느리게 조깅하는 속도로 경주를 시작한 닉과 다른 인간들은 경쟁자가 남기고 간 흙먼지를 들이마시는 신세가 되었다. 하지만 말에게 속도가 있다면, 인간에게는 다른 강점이 있었다. 지구력이었다. 리버먼에 의하면 이것이야말로 인간 진화의 핵심이었다.

리버먼은 장거리를 달릴 수 있는 인간의 능력이, 호모 에렉투스가 숲에 머물러 살다가 초원을 돌아다니는 것으로 생활양식을 바꾸었을 때 생겨났다고 설명한다. 생활양식이 바뀌자 요구되는 능력도 달라졌다. 오늘날의 고릴라처럼 나무에서 사는 동물들은 먹을 게 많다. 숲에는 벌레, 베리류, 식물이 풍부하다. 섬유질이 많고 씹기 어려운 식품이지만, 고릴라는 신진대사가 낮아서 그것만 먹고도 살 수 있다. 영양부족에 대한 걱정을 접어두고 온종일 그것만 먹으면서 보낼 수도 있다.

숲 밖으로 나선 호모 에렉투스는 정반대의 상황이었다. 이제 고갈되지 않는 숲의 선물이 없어도 살아남을 방법을 찾아내야 했다. 그들은 베리와 잎사귀를 한 아름 따다 먹는 대신, 초원에서 구할 수 있는 음식으로 눈을 돌렸다. 숲에서 제공하는 질 낮은 음식과 달리, 동물의 살은 한 입만 먹어도 상당량의 열량과 단백질을 섭취할 수 있었다. 사바나에는 영양분이 풍부한 영양과 쿠두가 여기저기 흩어져 살고 있었다. 하지만 움직임이 비교적 느린 호모 에렉투스가 어떻게 빠르게 달리는 네발짐승을 따라잡아 사냥할 수 있었을까?

다윈을 비롯한 진화 생물학자들은, 호모 에렉투스가 몸이 빠른 사바나의 동물들을 사냥할 수 있었던 것이 이족보행의 이점 덕분이라고 추정했다. 호모 에렉투스는 손이 자유로워 창과 활과 화살 같은 사냥 도구를 만들고 사용할 수 있었다. 하지만 최근 고고학 연구에 의하면 호모 에렉투스가 도구로 사냥했을 가능성은 적다. 질긴 동물 가죽을 꿰뚫는 건 생각보다 어렵고, 빠르게 달리는 300킬로그램짜리 영양을 쓰러뜨릴 상처를 입히는 건 더 어렵다. 그러려면 돌촉창이나 화살을 써야 하는데, 호모 에렉투스가 쓸 수 있었던 도구는 기껏해야 나무 방망이와 끝을 뾰족하게 만든 꼬챙이가 전부였다. 이런 도구로 동물을 죽이려면 아주 근접한 거리까지 다가가야 한다. 그렇다면 세련된 무기가 없었던 초기 인간들은 대체 뭘 썼을까? 그들은 엉덩이를 썼다.

리버먼에 의하면 닉 쿠리가 〈인간 대 말〉 경주에서 승리할 가능성이 손톱만큼이라도 존재하는 이유는 초기 인류가 많은 네발짐승에겐 없는 특별한 이점을 지니도록 진화해서다. 네발짐승은 아주 빠르게 달릴 수 있지만, 빠른 속도를 오랫동안 유지할 수는 없다. 말을 비롯한 네발짐승은 갤럽으로 달릴 때 헐떡거리지 못한다. 속보로 걷거나 그냥 걸을 때에만 헐떡거릴 수 있다. 이는 빠르게 달릴 때 체온을 내리지 못한다는 뜻이다. 10~15킬로미터를 갤럽으로 뛰고 나면 몸이 뜨거워져서, 체온을 조절하기 위해 속도를 늦출 수밖에 없다. 밍거스산보다 훨씬 덥고 평지였던 사바나라는 환경에서 고대 인류가 사냥한 동물들도 똑같았다. 최고 속도로 달리는 영양은 몸이 뜨거워져서 속도를 오래 유지하지 못했을 것이다. 반면 인간은 속도가 느리긴 해도 몇 시간씩 달릴 수 있다. 인간이 달리는 속도는 네발짐승 대부분이 속보하는 속도보다 아주 살짝 빠르다. 우리의 두 다리 위에 붙은 밀도 높은 특수한 근육의 집합체 덕분이다.

인간의 엉덩이 근육은 복잡한 안정화 도구에 속한다.[25] 인간의 큰볼기근에 해당하는 침팬지의 근육은 기본적으로 다리를 몸에서 멀어지게 해줄 뿐이지만, 인간의 큰볼기근은 신장성이 있는 펴짐근이다(몸을 똑바로 세우고 팔다리를 바깥으로 펼칠 수 있게 해주는 근육이라는 뜻이다). 이는 우리가 뒤쪽 발을 박차고 앞으로 나서며 달리기를 시작할 때 굴러 넘어지지 않게 해주는 중요한 역할을 하며, 발이 땅에 닿을 때 속도를 살짝 늦춰서 우리가 걸음을 계속 통제하도록 도와준다. 엉덩이는 인간이 꾸준히, 장거리를, 다치지 않고 달리게 해주는 필수적 적응의 결과다.

진화가 서서히 진행되면서 호모 에렉투스의 두뇌도 점점 커졌다. 뇌 조직을 유지하는 데에는 많은 열량이 필요하다. 게다가 모유 수유를 하는 여성은 매일 2,500칼로리를 섭취해야만 했다.[26] 사바나에서 이 목표는 달성되기 어렵다. 사냥과 달리기는 점점 발달하는 인간의 장기에 영양을 공급하기 위한, 즉 훗날 도구를 사용하고, 농업을 발명하고, 책을 읽고, 술집에서 이색적인 내기를 할 만큼 진화하는 데 필수였다. 리버먼은 무엇보다도 엉덩이 덕분에 호모 에렉투스가 지쳐서 멈추기 전까진 몇 킬로미터고 사냥감을 쫓아갔었을 거라고 믿는다. 사냥감을 따라잡은 호모 에렉투스는 돌로 사냥감의 머리를 후려쳐 쓰러뜨리고 사체를 먹었을 것이다. 이는 열량이 풍부한, 성대한 식사였으리라.

러닝머신에서 뛰는 돼지를 관찰하던 리버먼의 옛 동료인 데니스 브램벌은 조금 다르게 생각한다.[27] 그의 상상은 살짝 덜 거창하다. 호모 에렉투스가 달리기 능력을 활용해 직접 사냥했다기보다도, 사바나에 남은 동물 사체를 두고 다른 동물과 경합할 수도 있었다는 것이다. 사자나 큰 포식자는 사냥한 고기를 다 먹지 못하고 남긴다. 그 고기를 먹으려면 다른 동물들보다 빨리, 고기가 썩어서 못 먹게 되기 전에 멀리서부터 달려와야 했을 것이다.

콜로라도 볼더 대학의 제이미 바틀릿Jamie Bartlett이 이끄는 또 다른 과학자 집단은, 연구를 통해 엉덩이가 장거리 달리기에 필수이지만 알고 보면 다른 기능도 많다는 사실을 밝혔다.[28] 바틀릿은 큰볼기근이 기어오르고, 던지고, 물건을 들어올리고, 쪼그려 앉게 해준다는 점에서 "여러 기능이 있는 스위스 아미 나이프와 유사하다"라고 말한다. 바틀릿은 엉덩이가 진화한 건 호모 에렉투스가 장거리를 이동하기 위해서이기도 하지만, 포식자로부터 달아나기 위해서라고도 믿는다. 사바나에 듬성듬성 자라는 나무로 달려가 타고 오를 때, 덤불 뒤에 쪼그리고 숨을 때, 포식자로부터 빠르고 민첩하게 도망칠 때 엉덩이가 필요했다. 그는 육상 선수들을 보면 이 점이 명확히 드러난다고 말한다. "엉덩이가 크게 발달한 선수들은 장거리 주자가 아니라 단거리 주자, 뜀뛰기 선수, 던지기 선수들이죠."

과학자들은 엉덩이 근육이 존재하는 정확한 이유에 대해선 의견을 달리하지만, 엉덩이가 인간의 진화에 중요하게 기여했으며 인간 고유의 특징이라는 점은 동의한다. **우리가 인간인 건, 어찌 말하면 엉덩이 덕분이다.**

190만 년 전, 자신의 골반뼈를 화석 KNM-ER 3228로 영원히 남긴 한 남자가 영양을 쫓아 달리고 있었다.[29] 그의 커다란 엉덩이는 수축했고, 발꿈치와 오금을 잇는 긴 힘줄은 스프링처럼 그를 앞으로 밀어주었다. 달리는 동안 척추 위에서 균형을 잡은 그의 머리는 느슨하게 까닥거렸고 척추의 S자 곡선은 걸음마다 가해지는 충격을 흡수했다. 선대보다 많이 줄어든 체모와 충분한 땀샘이 체온을 낮춰주었다. 그는 입으로 크게 헐떡이며 천천히 꾸준히 사냥감을 쫓아갔다.

그로부터 2백만 년 뒤 10월의 어느 날, 닉 쿠리가 산을 오른다. 엉덩이 근육이 수축하고, 땀샘이 땀을 내보내고, 힘줄과 관절이 스프링처럼 그를 앞으로 나아가게 한다. 말을 한 마리, 두 마리 지나치며 그는 천천히 한 걸음씩 밍거스산을 오른다. 큰볼기근으로 경사를 오르고, 달린다. 그는 끝에 대해 생각하지 않는다. 주위의 힘센 동물들에 대해 생각하지 않는다. 바로 몇 발짝 앞에 대해서만 생각한다. 그러다가 돌연, 닉은 깨닫는다. 그는 이기고 있다.

경사가 완만해지고 저 멀리 결승선이 보인다. 희열이 샘솟는다.[30] 엔돌핀이 돌아 얼굴에 홍조가 돈다. 사람들이 '러너스 하이'(아마 인간을 훌륭한 달리기 선수로 만들어주는 또 하나의 진화적 적응)라고 부르는 상태다. 그는 더 이상 참지 않고 전력 질주를 시작한다. 결승선을 통과하는 그의 뺨으로 눈물이 흘러내린다. 경주를 시작한 지 6시간 14분 만에, 사상 최단 시간에 경주를 마쳤다. 골반뼈 KNM-ER 3228을 지녔던 고인류처럼 닉은 네 발 달린 경쟁자들을 제칠 수 있었다. 〈인간 대 말〉 경주 역사상 처음으로 모든 말을 제치고 승리를 거두었다.[31] 그가 달린 건 먹을 것을 얻기 위해서는 아니었다(경주가 끝난 뒤에는 비건 유동식과 바비큐 축하 파티가 기다리고 있었지만). 그가 달린 건, 그냥 달리는 게 좋아서였다.

백색 지방

근육에는 아주 구체적인 생리학적 목적이 있다. 확장하고 수축하면서 뼈와 힘줄을 앞뒤, 위아래로 움직이는 것. 우리가 똑바로 앉고, 양옆으로 몸을 기울이고, 심지어 음식을 먹을 수 있는 것도 근육이 있어서다. 그러니 근육은 엉덩이를 이루는 부분 가운데, 연구하고 이해하기 가장 쉬운 부분이다. 하지만 엉덩이가 근육으로만 이루어진 건 아니며, 특히 여성의 엉덩이는 전혀 그렇지 않다. 큰볼기근 위에는 지방이 한 층 덮여 있다. (나를 비롯해) 많은 사람에게 이 지방층은 상당히 두껍게 자리하는데, 이게 일을 복잡하게 만든다.

지방을 연구하는 건 거의 모든 면에서 근육보다 훨씬 어렵다. 지방은 유기체가 죽고 나면 분해되어 장기 기록을 남기지 않는 연조직이다. 따라서 진화 생물학자들은 초기 인류나 고인류 조상들이 어느 정도나 되는 지방을 갖고 살았는지 확신할 수 없다.[32] 우리는 고대 인류를 상상할 때 자연스럽게 마르고 유연한 사람을 떠올린다. 또한 가장 이른 시기의 호모 사피엔스를, 지금 우리가 그리는 이상적 몸의 청사진으로 삼으려는 유혹에 빠지곤 한다. 하지만 호모 에렉투스 남성의 음경 둘레나 수염 유무를 알 수 없듯, 호모 에렉투스 여성의 가슴이나 엉덩이 크기를 아는 사람은 아무도 없다.

우리가 아는 건 단 하나, 오늘날 살아가는 인간이 영장류 가운데 가장 많은 지방을 지녔다는 것뿐이다.[33] 쉽고 빠르게 대사되는 "갈색 지방"이 많은 다른 유인원에 비해, 우리는 쉽게 에너지로 변환되지 않는 "백색 지방"을 훨씬 많이 저장하고 있다. 듀크 대학에서 박사후과정을 밟고 있는 데브자니 스와인-렌즈Devjanee Swain-Lenz에 의하면, 이 차이는 우리의 DNA에 새겨져 있다고 한다. 백색 지방을 갈색 지방으로 변환해주는 유전자가 인간에게선 작동되지 않아, 생물학적으로 인간이 다른 동물보다 지방을 더 많이 축적한다는 것이다.

펜실베이니아 대학 인류학과 조교수로서 현대인과 먼 옛날 사람들의 영양을 연구해온 모건 호크Morgan Hoke는, 영양분을 얻기 어려워 몸에 축적한 지방에 의존해 생존했던 초기 고인류 시대에 이러한 변화가 시작됐다고 설명한다.[34] 그들은 굶주리진 않았으나, 그때그때 먹을 수 있는 음식의 유형과 양에 편차가 심했다. 그들은 결국 살아남기 위해 유전자와 대사 과정을 바꾸어서, 위급 상황에 쓸 열량을 저장하는 일종의 창고로 지방을 몸에 축적했다. 이런 변화가 반드시 필요했던 이유는, 호모 에렉투스가 사냥 방법을 반드시 알아내야 했던 이유와 같다.[35] 더 큰 뇌는 더 많은 열량을 원하기 때문이다. 볼기근 덕분에 고인류는 고열량 고기를 직접 사냥하거나 다른 동물이 남긴 잔해를 먹으러 갈 수 있었지만, 혹한기에는 식량을 찾기 어려웠다. 추운 날씨에도 뇌가 기능하려면 몸에 미리 지방을 저장해둬야 했다. 그러나 아이러니하게도, 21세기에 사는 우리는 지방과 근육을 동일선상에서(즉 맡은 역할이 있는 신체의 한 부분으로) 생각하는 게 거의 불가능하다. 지방은 어떤 유형이든 (음식에 있든 몸에 있든) 여러 겹의 부정적 함의를 지닌다. 지방은 언제나 필요와 풍요보다는 탐욕과 퇴폐를 연상시킨다.

건강하게 살기 위해 누구나 지방이 필요하지만, 필요로 하는 양은 여성이 남성보다 더 많다.[36] 대부분의 여성은 몸에 9~13킬로그램의 지방을 지니는데, 이는 체질량의 상당 부분을 차지하며, 들고 다니기엔 꽤 무겁다. 그렇다면 이렇게 많은 지방은 진화상 불리한 것 아닐까? 여러 연구에서 여성이 건강하다고 여겨지면서 (즉, 굶주리지 않으면서) 지닐 수 있는 가장 낮은 지방 비율이 8~12퍼센트라고 말한다.[37] 남성의 경우는 4~6퍼센트다.[38] 내가 만난 어느 과학자는 제일 날씬한 여성조차도 지상의 어떤 생물보다 지방 비율이 높다고 알려줬다. 예외는 단 두 경우, 원양에 사는 포유류와 동면에 들어가기 직전의 곰이었다. 이 얘기를 듣고 보름 동안 나는 만나는 모든 여자에게 이 사실(묘하게 힘이 되는 이야기였다)을 전했다. 우리는 차디찬 북극해에서 거대한 원양 생물의 체온을 지켜주는 종류의 지방을 지녔다. 곰이 숲속 동굴에서 겨울을 나게 해주는 종류의 지방을 지녔다. 이 사실은 달갑게도 내 통제 밖의 일처럼 느껴졌다. 부인할 수 없는 과학적 사실이, 머릿속에서 끊임없이 맴도는 목소리를 잠재워주었다. '나, 너무 뚱뚱한 거 아니야?' 처음으로 여기에 확실히 반박할 말을 얻은 기분이었다. '지방은 여성이라는 존재의 일부야. 내게 지방이 있는 건, 젖을 먹이는 고래나 어미 곰이랑 똑같은 거야.'

물론 나는 거대한 원양 포유류도 아니고 동면도 하지 않는다. 내가 아는 어떤 여성도 그렇지 않다. 암고래의 지방에는 아마 여러 기능이 있겠지만, 그중 분명한 건 차디찬 바닷물 속에서 체온을 유지해주는 기능일 테다. 동면에 들어가는 곰은 겨울을 나기 위해 상당량의 지방을 비축해야 할 것이다. 그렇다면 찬 바다에 들어가지 않고 겨울잠을 자지도 않는 인간 여성의 몸에, 이토록 많은 지방을 지니고 있을 필요는 뭘까?

호크는 설명한다. "페미니스트로서 불만스럽지만 다른 대답은 찾을 수 없었어요. 여성의 지방은 재생산을 위한 겁니다. 임신과 모유 수유는 에너지 효율 면에서 대단히 큰 대가를 치러야 하는 일이거든요." 그녀는 성적 재생산을 하는 여느 동물이 그렇듯, 인간에게도 자손을 생산하는 데 들어가는 신체와 에너지의 필요로 인해 양성 사이에 생물학적 차이가 생긴다고 설명한다. 생물학적 부담을 주로 떠맡는 게 어느 쪽인지는 설명하지 않아도 알겠지만. "정자는 거의 공짜예요. 난자도 마찬가지죠. 하지만 인간은 9개월 동안 아기를 품고 그다음엔 오랫동안 모유 수유를 하잖아요." 여성이 남성보다 훨씬 많은 지방을 비축해야 하는 건 이따금 두 개의 (혹은 그보다 많은 수의) 몸과 뇌에 영양을 공급해야 하기 때문이다. 임신한 어머니는 하루에 대략 300칼로리를 더 섭취해야 하고, 어떤 연구에 의하면 모유 수유에는 그보다도 더 많은 칼로리가 필요하다고 한다.[39] 환경에서 제공되는 음식이 충분하지 않을 경우, 모유 수유를 하는 어머니는 자기 몸에 저장한 지방을 짜내어 아기에게 젖을 줄 것이다.

여성이 재생산의 필요를 충족하기 위해 상당량의 지방을 축적해야 한다는 게 사실이라고 치자. 그런데, 그 지방이 다른 데 붙을 수도 있지 않았을까? 예컨대 팔꿈치에 지방 방울들이 붙어서 달랑거리거나, 어깨나 목이 둥글게 부풀었을 수도 있다. 하지만 지방은 그곳이 아니라 골반과 엉덩이, 허벅지와 가슴에 붙어서 지금 우리에게 확연히 '여성적'으로 해석되는 곡선을 만들어냈다. 그 이유는 무엇이었을까? 가장 직접적인 가능성은 생리학적 이유다.[40] 지방을 다른 곳에 저장하면, 그 부위가 우리 몸의 가동 범위를 제약하고 무게 중심을 방해하기 때문이다. 지방질 어깨를 가지면 상체가 무거워지고, 지방질 무릎을 가지면 걷기가 힘들어졌을 것이다.

호크를 비롯한 진화 인류학자들이 시행한 연구에 따르면, 지방을 엉덩이와 허벅지에 저장하는 게 더 안전한 이유는 지방 조직에 둘러싸였을 때 반응이 좋지 않은 필수 장기에서 가장 먼 곳이라서다.[41] 게다가 엉덩이와 허벅지가 더 크고 허리가 더 가는 여자의 모유에 지방이 더 많다는 증거도 있는데, 이는 식단에서 다량의 지방을 얻기 어려운 환경에서도 아기가 성장하도록 돕는 긍정적 적응이었을 것이다. 호크는 이것이 인간 여성이 모유 수유를 할 때 허벅지와 엉덩이에 저장한 백색 지방을 끌어써서 아기에게 영양을 제공한다는 증거라고 주장한다.

이러나저러나 해부학적으로 볼 때 엉덩이는 신체 부위 중 하나에 지나지 않는다. 큰 근육 몇 개에 결착되고 지방층으로 덮인 관절일 따름이다. 하지만 우리에게 엉덩이 근육이 있는 이유를 완벽히 이해하고 심지어 그것이 지방으로 뒤덮인 이유마저 어느 정도 이해했다 쳐도, 엉덩이가 어째서 많은 이들에게 그토록 매력적인지, 그게 진화와 무슨 관련인지는 아직 분명히 알 수 없다. 이 질문에 (답할 수 있는 한도 내에서나마) 답하려면, 공작의 깃털에 관해 이야기해볼 필요가 있다.

공작의 꼬리 깃털

공작 한 마리를 상상해보자. 인도 아대륙에서 태어나 오늘날 전 세계 동물원 땅 위와 괴짜 억만장자들의 정원을 거니는, 위엄 있고 선명한 공작 한 마리를 마음속에 그려보자. 공작은 색깔이 다채롭다. 머리는 밝은 파란색이고 화려한 무지갯빛 꼬리 깃털을 지녔다. 이 꼬리를 부채처럼 펼쳐서 높이 쳐들면 뚜렷한 눈 모양 패턴이 드러난다. 길게는 150센티미터까지 펼쳐지는 꼬리는, 전체 몸길이의 60퍼센트 가량을 차지하며 300그램이 넘는다. 평균 체중이 4.5킬로그램인 새치고는 상당한 무게다.

“공작의 꼬리 깃털은 언제 보아도 속이 메슥거립니다!”[42] 찰스 다윈이 1860년에 하버드 대학의 식물학자 아사 그레이Asa Gray에게 보낸 편지에 적은 유명한 말이다. 그가 메스꺼움을 느낀 이유는 공작 꼬리가 너무 아름다워서가 아니었다. 그토록 장엄하고 뚜렷한데, 그토록 무용한 신체 부위가 존재한다는 사실을 설명할 수 없어서였다. 우리가 흔히 생각하기에 진화는 효율성을 우선순위로 삼는데, 공작의 꼬리는 어느 모로 보나 효율적인 부착물은 아니다. 오히려 반대라면 모를까. 짐스럽게 달린 꼬리는 일렁거리는 빛깔로 포식자의 시선을 끌며, 도망치기 어렵게 만든다.

다윈의 자연 선택설에서는 환경에 가장 잘 적응하여 생존하고 번성할 가능성이 큰 종이, 재생산 가능성도 더 크다고 말한다.[43] 유전 가능성이 크고 생존에 유용한 특질이 있다면, 다음 세대 구성원에게 높은 비율로 전달된다. 이런 식으로 임의적인 유전적 돌연변이들이 쌓여가면, 환경에 잘 적응해 살도록 진화한 개체들이 만들어진다. 이를 적자생존이라고 한다. 이처럼 유리한 특질을 지닌 동물들이 생존할 가능성이 더 크다면, 한눈에도 불필요해 보이고 심지어 반생산적인 장식의 존재는 어떻게 설명해야 할까? “그게 진짜 수수께끼죠.” 케이스 웨스턴 리저브 대학에서 과학을 가르치는 교수이자 철학자 크리스 호프Chris Haufe는 말한다. “온갖 동물들에게 많은 대가를 치르며 쟁취하는 특질들이 있잖아요. 아주 선명한 깃털이나, 밝은 비늘이나, 환한 빛깔의 얼굴 같은 거요. 끊임없이 소리를 내는 동물도 있어요. 생존의 관점에선 바보 같은 짓을 하는 거죠. 이 대목에서, 이런 특질들이 널리 퍼진 이유를 설명할 방법이 필요합니다."

다윈은 《종의 기원*On the Origin of Species*》의 후속으로 내놓은 대담한 저서 《인간의 계보와 성 선택*The Descent of Man, and Selection in Relation to Sex*》에서 이런 특질을 설명하려 시도했다. 그는 자연 선택이 환경에 가장 적합한 동물을 선택하는 한편, 성 선택도 중요한 역할을 한다는 가설을 제안했다. 다윈이 '이차적 성 특질'이라고 부른 유전 가능한 특질들은 개체를 짝에게 더 매력적(다윈주의 진화론에서는 이성 간 짝짓기를 전제로 한다)으로 보이게 해주므로, 따라서 개체를 더 적합하게 만든다는 것이다.

인간의 경우, 이차적 성 특질로 간주되는 여성의 골반과 엉덩이와 가슴은 남성의 선호로 인해 지금과 같은 모양을 지니게 된 것일지도 모른다. 이 말은, 인간 남성들이 오랜 시간 자기가 매력적으로 느끼는 엉덩이를 지닌 여성과 짝짓기하기로 선택한 것이, 엉덩이가 진화할 방향을 정하는 데 간접적으로 기여했을 거라는 의미다. 하지만 정말로 그런 일이 일어난 게 맞는지, 남성이 엉덩이에서 느끼는 끌림이 정확히 무엇을 의미하는지, 성적 끌림이 어떻게 작동하는지는 여전히 풀리지 않은 수수께끼다. 여기서 진화학의 또 다른(자주 논란을 일으키는) 분야에서 해석을 두고 논의의 장이 펼쳐진다.

1990년대 이후 성적 매력과 진화의 관계를 이해하는 대중적 방식으로서 '진화 심리학'이라는 학문이 부상했다. 진화 심리학 연구는 당연히 학술지에서도 만나볼 수 있지만, 〈맥심〉이나 〈코스모폴리탄〉[44], 심지어 '레딧'에 만들어진 긴 글타래[45]에서도 오늘날 우리의 특정 행동이나 심리적 특징(성적 난잡함, 거미에 대한 공포, 큰 엉덩이와 같은 여성적 특징에 대한 남성의 욕망 등)이 어째서 초기 인류에게 이로웠는지를 설명하려는 글의 참고문헌으로 등장한다. 진화 심리학은, 내가 파티에서 만난 사람들에게 엉덩이에 관한 책을 쓰고 있다고 말하면 돌아오는 방구석 전문가들의 답변 속 단골 주제이기도 하다. "큰 엉덩이가 다산의 상징 아닌가요?" 맥주를 한 캔 더 꺼내려 냉장고 안쪽을 더듬거리며 누군가 말한다. "엉덩이 큰 여자가 더 똑똑하다던데요." 감자칩이 담긴 그릇으로 손을 옮기며 누가 한마디 보태곤 한다.

물론 이들은 인터넷의 심연 어딘가에서 오래전에 읽고 반쯤만 기억나는 내용을 들먹이는 것뿐이다. 하지만 이들의 발언 속에 함의된 내용은 분명 내게 시사하는 바가 있다. 우선 이런 발언에는 두 개의 전제가 있다. 첫째, 큰 엉덩이가 생물학적으로 유리하다. 둘째, 엉덩이(특히 큰 엉덩이)를 향한 성적 끌림은 타고난 것이며 통제할 수 없다. 당이 우리를 살아가게 하므로 우리가 당을 갈망하듯이, 내가 파티에서 만난 사람들은, 우리가 큰 엉덩이를 갈망하는 이유가 그것이 우리의 생존에 유리하기 때문이라고 은연중에 주장한다. 빵빵한 엉덩이를 보고 성적으로 흥분하는 건 자연스러우며, 생물학적으로도 우리에게 유리하다는 것이다.

진화 심리학자들은 성과 끌림에 관련된 대중적인 주제를 자주 다룬다. 이 때문에 대중 잡지에 그들의 연구를 기반으로 "하이힐이 남성에게 힘을 발휘한다는 사실이 연구로 밝혀짐"[46]이나 "화장을 하면 남자들이 쳐다보고 다른 여자들이 질투하는 이유"[47] 같은 바이럴용 기사들이 실리기도 한다. 이런 기사들은 주변에서 흔히 볼 수 있는 행동을 설명하는 방식으로, 문화적 이유보단 살짝 물을 탄 진화적 합리화를 택한다. 여자들이 직장에서 화장한 다른 여자를 질투하는 건 "화장한 사람이 성적으로 우세하다고 인식하기 때문"이다. 하이힐을 신은 여성은 허리를 살짝 휜 채로 걸어야 하는데, 이는 "먼 옛부터 짝짓기할 준비가 되었다는 신호"였다.[48] 이렇듯 진화 심리학에서 문화, 정체성, 개인의 심리적 경험을 근거로 삼는 더 분명한 설명은 외면당한다. 예를 들어 연구에 참여한 남자들이 하이힐을 신은 여자에게 매료당한 건, 평생 하이힐을 섹시함과 동일시하는 이미지를 흡수하며 살았기 때문일 수도 있다. 직장에서 여자들이 화장한 다른 여자를 질투하는 건, 많은 일터에서 여성에게 충분한 기회가 주어지지 않아, 다른 여성을 경쟁 상대로 삼게끔 학습됐기 때문일 수도 있다. 그러나 진화 심리학 연구에서 이런 설명은 잠재적인 해답으로만 여겨질 뿐이다.

사실 이것이야말로 진화 심리학이 매우 유혹적인 사고방식인 이유일지 모른다. 문화나 역사의 힘이 작용했을 가능성을 두고 오로지 진화적 이유만으로 인간의 행동을 설명하는 건, 말하자면 핑곗거리를 찾아내는 방법이다. 하이힐이 섹시하다는 우리의 생각이 평생 비현실적인 미의 기준을 흡수해온 경험 때문이라는 점을 진지하게 고려하면, 자신이 사실로 가정해온 전제와 확신이 사실인지 심문해야 할 책임이 생겨난다. 어쩌면 우리의 견해 자체를 바꾸어야 할지도 모른다. 하지만 하이힐을 신은 여성에 대한 갈망이 그냥 진화에서 비롯된 거라면, 굳이 뭘 더 할 필요가 없다.

엉덩이는 대중 미디어에 출연하는 진화 심리학자들이 특히 자주 건드리는 소주제다. 2014년과 2015년에는 진화 심리학 연구를 기반으로 〈멘즈 헬스〉 〈애틀랜틱〉 〈코스모폴리탄〉에 "엉덩이파 남자가 되는 과학적 이유"[49] "큰볼기근은 어쩌다 그렇게까지 커졌는가"[50] "남자가 큰 엉덩이를 좋아하는 이유가 과학으로 마침내 밝혀지다"[51] 같은 기사들이 실렸다.

기삿거리가 된 연구는 텍사스 대학에서 이루어진 것으로, 목표는 여성 엉덩이에 대한 성적 갈망의 진화적 기원을 알아내는 것이었다.[52] 연구자들은 17세에서 34세의 남자 102명에게 다양한 각도로 척추를 휘어 엉덩이를 내민 정도를 달리한 여자 그림 여러 장을 보여줬다. 응답 데이터에 따르면 남자들은 45도 각도로 허리를 휜 여자를 제일 선호했다. 두 번째 연구에서, 연구자들은 전과 같은 그림에 더하여 동시에 엉덩이가 더 큰 여자 그림을 보여줬다. 남자들은 여전히 엉덩이를 내밀고 있는 여자를 선호했다. 연구자들은 이 데이터로부터 우리가 갈망하는 게 실은 큰 엉덩이가 아니라 허리가 살짝 휜 여자이며, 휘어진 허리는 더 잦은 임신을 가능하게 하는 초기 고인류 여성들의 진화적 적응이었다는 결론을 이끌어냈다. 이 적응 기제는 설명하기가 다소 복잡하다. 연구자들에 의하면 허리가 45도로 굽은 가임 여성은 식량을 채집하려고 몸을 굽힐 때 더 큰 회전력을 얻었으며, 이는 스스로 더 많은 영양분을 섭취할 수 있고 아기에게 젖을 잘 먹일 수 있다는 의미였다고 한다. 남성에게는 가족에게 가장 많은 음식을 제공할 수 있는 짝을 선택하는 게 유리했다. 뒤로 불룩하게 튀어나온 엉덩이는 여성에게 그럴 능력이 있다는 시각적 신호였다.

수십 년 동안 많은 생물학자가 진화 심리학에 대해 수많은 이유로 이의를 제기했다. 고생물학자 스티븐 제이 굴드Stephen Jay Gould는 러디어드 키플링Rudyard Kipling이 표범에게 점이 있고 낙타에게 혹이 있는 이유를 공상적으로 설명해낸 어린이용 우화를 언급하며, 진화 심리학 연구를 뒷받침하는 사고방식이 "원래 그런 이야기"를 만들어낸다고 말했다.[53] 호프 교수에 따르면 진화 심리학자들은 흔히 설문 데이터를 활용해서 결과를 설명하는 이론을 만드는 반면, 대니얼 리버먼 같은 진화 생물학자들은 실험 연구와 화석 기록에 의존한다고 한다.[54] 예를 들어 텍사스 대학의 연구에서 연구자들은 엉덩이가 큰 여자들이 식량을 채집할 능력이 더 뛰어났다는 이론을 세웠지만, 이를 뒷받침할 실험 근거는 제시하지 못했다. 이는 많은 생물학자가 진화 심리학에 느끼는 근본적인 문제로, 생물의 진화를 연구하는 다른 과학의 기준에 부합하지 않는다.

진화 심리학의 또 다른 문제는 사실이 아닐 수도 있는 가정에 자주 의존한다는 것이다.[55] 예를 들어, 진화 심리학에서는 짝짓기 선택이 언제나 자손에게 물려줄 만한 긍정적인 유전 특질을 감지하고 선택하는 것이라 가정한다. 진화 심리학 이론에서는 아주 강하고 자원이 많은 공작만이 이렇게 으리으리한 꼬리를 끌고 다닐 수 있을 테니, 꼬리가 암컷 공작에게 수컷 공작의 힘을 과시하는 방법이라고 설명한다. 그러나 호프는 짝짓기 선택이 적응적 특질을 지닌 유전자를 감지해내는 능력에 이끌린다는 실질적 증거는 없다고 지적한다. 암컷 공작이 수컷 공작의 생식 기능이나 힘과는 무관하게 짝을 선택할 수도 있다는 뜻이다.

틀린 말처럼 들릴지도 모르겠다.[56] 처음 이 말을 들었을 때 나는 그렇게 느꼈다. 그때 나는 모든 동물 특질이 적응적이어야 하며, 우리의 모든 부분(성적 끌림이라는 느낌마저)이 특정한 진화적 목적을 달성하고 있어야 한다는 관념에 깊이 빠져 있었다. 그래서 공작의 머리가 파랗고, 인간 여성의 엉덩이에 살집이 있는 다른 이유를 상상하기 어려웠다. 이런 사고방식을 굴드와 진화 생물학자 리처드 르원틴Richard Lewontin은 "적응주의"라고 부른다.[57] 두 사람은 어떠한 목적도 없는 특질이 존재할 가능성, 오늘날의 특정 특질이 지닌 목적과 그 특질의 실제 유래와는 무관할 가능성을 잘라낸다는 이유로 수십 년째 적응주의를 비판하고 있다. 요컨대, 공작의 꼬리는 무엇을 위한 적응의 결과물이 아닐 수 있다. 또는 수천 년 전 공작에게 필요했던 무언가를 위한 적응이었을 수 있다. 하지만 어느 쪽이든, 오늘날 공작의 꼬리가 분명 어떤 기능을 하고 있다고 가정해선 안 된다.

예일 대학의 피바디 자연사 박물관을 방문한 나는 눈앞의 서랍 하나를 열어본다.[58] 그 안에는 거의 똑같이 생긴 초록앵무 여러 마리가 솜을 채워 박제된 상태로 들어 있다. 하나같이 배를 위로 하고 날개는 몸 옆에 바짝 붙인 채다. 서랍에선 놀랄 만큼 톡 쏘는 냄새가 난다. 좀약과 보존제의 조합에 좀 더 동물적인 흙내음이 살짝 가미된 냄새다. 냄새에 관해 묻자 예일 대학의 조류학 교수이자 그날 내 박물관 가이드를 맡아 준 리처드 프럼Richard Prum 박사는 어깨를 으쓱하며 답한다. "펭귄 서랍에선 기름진 생선 냄새가 납니다." 새가 먹는 음식과 살 썩는 냄새가 서랍에 들어간 지 수십 년이 지나도 남아 있다는 게 내겐 충격이지만, 프럼은 별다른 감흥이 없어 보인다. 동물에겐 살이 있다. 썩는 건 당연하다.

냄새와 더불어 색채가 눈에 들어온다. 밝은 푸른색 등, 오팔색 머리, 모히칸 헤어스타일처럼 위로 솟은 밝은 주황색 머리 깃털, 프럼의 말로는 자연에서 찾을 수 있는 가장 짙은 검정일 거라는 극락조의 몸. 열정적인 조류광인 그는 반짝이는 깃털의 색소가 어떻게 그릇에 담긴 조약돌처럼 줄지어서 묘한 광택을 자아내는지, 극락조의 깃털들이 정교한 짝짓기 춤을 출 때 어떻게 밖으로 전혀 빛이 반사되지 않는 정확한 각도를 이루어 어슴푸레 내비치는 청록색 깃털의 빛깔을 상쇄하는 완전 무광의 검정을 만들어내는지 설명한다.

박물관의 조류 수집품은 환경과학 센터 안의 희고 넓은 전시실에 전시되어 있다. 바닥부터 천장까지 키 큰 진열장들로 가득 메운 방이다. 천장에는 형광등이 켜져 있고 바닥은 공업적 느낌을 풍기는 회색 타일이 깔려 있다. 이 전시실의 풍부한 표본들은 프럼이 생물학의 "우표 수집" 요소라고 부르는 것이 무엇인지 정확히 보여준다. 생물학자들은 조류 세계의 다양성을 모든 면에서 살펴보며 깃털 색소의 물리학을, 후두의 유형에 따라 달라지는 새의 노랫소리를 이해하고자 한다. 맥아더 상을 받은 천재이자 구겐하임의 펠로우이자 교수로 직접 연구실을 이끄는 프럼은 새에 대해 이런 유형의 질문들을 던지면서 연구 경력을 쌓았고, 그 과정에서 짜릿한 발견들을 무수히 해냈다. 오늘날의 새와 과거의 공룡이 유전적으로 관련이 있다는 사실도 그가 발견해냈다.

하지만 오늘 내가 여기 온 건 깃털 색소에 대해 알아보기 위함이 (적어도 명목상으로는) 아니다.[59] 내가 이 박물관을 찾은 건, 프럼이 적응주의 사고방식에 반대하여 장식의 진화에 관한 이론을 옹호하기 때문이다. 프럼은 르원틴과 굴드의 (물론 더 이른 시기의 로널드 피셔Ronald Fisher와 다윈 본인에까지 이르는) 발상을 기초로, 동물들이 어떤 미적 특질을 채택한 건 그 특질이 적응의 결과여서가 아니라 단순히 아름다워서라고 믿는다. 그건 감각 편향(빛나지 않는 것보다 빛나는 것을 선호하는 뇌의 특질) 때문일지도 모르고, 새로운 것에 대한 선호 때문일지도 모른다. 어쨌거나 이런 특질은, 꼬리 깃털이 풍성한 공작이 반드시 어딘가 더 '낫다는' 단서가 아니다. 암컷 공작이 멋진 꼬리를 지닌 수컷 공작을 좋아하는 건 그가 더 강하고 적절한 짝짓기 상대라고 생각해서가 아니라, 크고 반짝이고 푸른색인 게 좋아서다. 프럼은 아까 내가 서랍에서 본 것과 같은 새들을 평생 실험실에서 들여다보면서 그렇게 믿게 되었다. 많은 종류의 새가 날기 어렵거나 포식자에게 들키기 쉬운 깃털·골격·노랫소리를 지닌다. 자연 선택의 관점에서는 형편없는 적응이다. 프럼은 그렇다면 그들이 불편하고 아름다운 깃털을 갖게 된 다른 이유가 무엇일지 궁금해졌다. 뒤따르는 실험과 이론을 통해 그는 새에게서, 또 어느 정도까지는 인간에게서 아름다움을 생각하는 새로운 사고방식을 발견해냈다.

예일 대학에 있는 프럼의 실험실에 도착했을 때 그가 제일 먼저 꺼낸 말은, 나랑 대화하는 게 조금 긴장된다는 얘기였다. 새의 아름다움에 대해 정기적으로 강의를 하고 언론 인터뷰도 하지만, 인간의 아름다움은 전적으로 다른 문제다. 극락조 슬라이드를 보여주면서 "이 아름다운 새를 보세요"라고 말하는 것과, 어느 여성의 사진을 보여주면서 아름다움의 정점이라고 일컫거나 특정 특질들이 왜 인간에게 선천적으로 선호되는지 토론하는 건 전혀 다른 일이다.

바로 여기에 그가 진화 심리학의 지배적 이론에 느끼는 문제점이 있다. 암컷 공작이나 인간이 잠재적 짝의 신체 특징에 끌리는 이유가 전적으로 생물학적 요소(건강·힘·재생산 능력)라고 주장할 때, 우리는 인간이 서로를 아름답게 느낄 수 있는 풍부하고 다양한 방식들을 지우고, 아름다움에 대해 던질 수 있는 질문의 문을 닫아버린다. 어떤 끌림이 진화적으로

"맞거나 틀렸다는" 주장은 취향과 선호의 서사적 다양성을 앗아간다. 물론 실제 사람의 (혹은 새의) 끌림에 부합하지도 않는다.

공작의 꼬리 깃털들은 우리에겐 엇비슷해 보여도 암컷 공작들의 눈엔 천차만별일 것이다. 수컷 공작들의 다양한 무늬와 암컷 공작의 선호가 어떻게 조화를 이루어 수천 년에 걸쳐 공작 꼬리를 지금과 같이 발전시켰는지 과학적으로 설명하려면, 너무 복잡하다. 엉덩이의 생리학도 이와 비슷하다. 과학적으로 설명할 수 있긴 하지만 엉덩이가 취할 수 있는 무수한 형태와 그것이 일으키는 무수한 반응이 성적 선택의 결과라면, 그 인과 관계의 역사는 너무 복잡해서 알아낼 수 없다. 적응에의 필요나 미적 선호에 따라 다양한 변형이 일어났을 것이다. 이 역사에서 가장 매력적인 엉덩이 유형이 있다거나 가장 적합한 엉덩이 유형이 있다는 등 보편성의 낌새가 느껴지는 전제는 거의 틀렸다고 해도 좋다. 잘 살아갈 능력을 결정하는 환경과 문화와 개인의 맥락은 끊임없이 변화하며 개체마다 다르게 적용되기 때문이다. 호프는 이렇게 말했다. "당신을 죽이지 않은 엉덩이는 다 적당히 괜찮은 겁니다."

사실, 호프는 프럼의 발상을 한 발짝 더 밀고 나간다.[60] 그는 큰 엉덩이나 화려한 깃털이 애초에 짝짓기 선호로 인한 것이라고 생각할 이유조차 없다고 말한다. 크고, 작고, 납작하고, 빵빵한 엉덩이들은 그냥 그렇게 생긴 것일 수 있다. 사람들이 그것을 좋아하든 싫어하든 있는 그대로 존재할 수 있다. 그런 엉덩이가 존재하는 이유는 진화나 생물학과는 아무 관계가 없을지도 모른다. 적응주의 사고방식을 겨냥한 굴드와 르원틴의 비판을 다시 한번 되풀이하며, 호프는 말한다. "누구나 선호하는 게 있잖아요. 예를 들어 저는 마블 영화를 좋아합니다. 왜 좋아하는지를 설명하기 위해 진화 얘기까지 끌어올 필요는 없어요." 엉덩이도 별반 다르지 않을 수 있다. 엉덩이는 우리가 끌리는 지점이자 혐오하는 지점이고, 인종과 젠더의 연상과 뗄 수 없이 엮인 신체 부위지만, 이런 의미들은 엉덩이의 생물학적 실재를 구성하는 뼈와 근육과 지방의 층위에서 나오지 않는다. 그것들은 단지 우리가 그 위에 얹은 의미와 역사에서 나올 따름이다.

2장

호텐토트의 비너스

Sarah Baartman

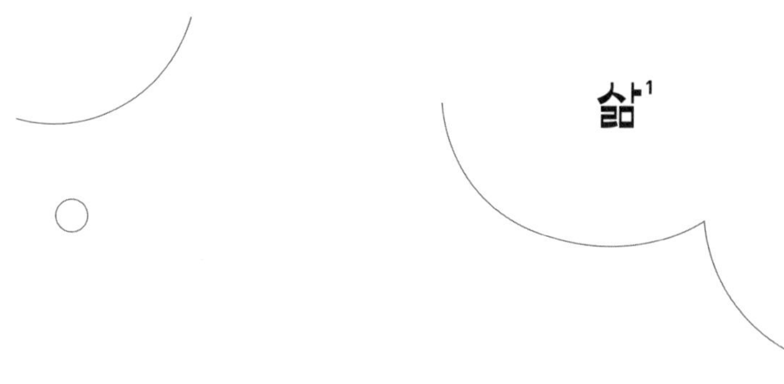

삶[1]

파리 자연사 박물관은 파리 동쪽의 대모스크와 센 강 사이에 파리 국립식물원과 나란히 자리를 잡고 서 있다. 박물관이 있는 거리에는 그 안을 가득 채운 뼈와 돌과 씨앗을 수집한 남자의 이름이 붙어 있다.

조르주 퀴비에Geore Cuvier는 19세기 초에 세계에서 가장 중요했던 비교 해부학자로서[2] 19세기와 20세기에 정밀한 생물학적 발견들을 해냈다. 퀴비에는 고생물학이라는 학문을 만든 사람이자 다윈 진화론이 등장할 길을 닦은 사람이며, 오늘날 대니얼 리버먼과 리처드 프럼 같은 생물학자들도 그의 발견을 기틀로 삼고 있다.

퀴비에가 생전에 세운 야심에 찬 목표는 놀랍게도 세상의 모든 식물·동물·광물의 표본을 모으고 그들이 지금처럼 존재하게 된 경위를 알아내는 것이었다. 식물원과 건물들 사이를 거닐며 나는 그가 목표를 이루었을지도 모른다고 느꼈다. 직사각형으로 분할된 정원에서 자라는 나무와 식물마다 일일이 종과 기원 지역을 새겨넣은 명판이 달려 있다. 갯봄맞이 Glaux maritima가 가득 메운 시멘트 연못 바로 옆에는 개구리밥이 자라는 늪이 있다. 내겐 둘 다 잡초로 보일 뿐이지만, 박물관 부지 내에선 돌봄을 받고, 눈길을 받고, 이름이 불리는 식물들이다.

박물관 안에는 아주 작은 박쥐 두개골부터 괴물처럼 커다란 흰긴수염고래의 고래수염까지 각종 동물의 뼈가 빼곡했다. 오늘날 박물관 대부분은 수집품을 신중히 선택해서 큐레이션한 결과를 관람객들에게 보여준다. 여러 표본을 마구잡이로 꺼내놓기보다 하나의 의자·뼈·동전을 대표로 전시하는 것이다. 그러나 파리 자연사 박물관은 거의 쓸데없다고 느껴질 만큼 많은 전시물로 채워져 있어서, 마치 박물관이 처음 세워진 시대를 그리워하는 것처럼 보였다. 홀은 어느 구석 하나 빈 곳이 없었다. 나무로 된 주추 위에는 상상할 수 있는 모든 동물의 뼈가 실에 꿰여 번쩍이는 유리 너머에 전시되거나 천장에 매달려 있었다. 박물관은 관람객에게 이 어수선한 풍경을 이해하도록 돕는 정보를 제공하기는커녕, 일부러 더 혼란을 일으키려는 듯 보였다. 유리병 안에 원숭이 머리가 둥둥 떠 있었고, 목 안을 헤집어 벌려서 목구멍의 해부 구조가 드러나 있었다. 서로 다른 쥐 20종의 턱뼈가 구형 유리 케이스 안에 하나씩 들어 있었다. 커다란 푸른색 벨벳 천 앞에는 표범의 췌장이 전시되어 있었다.

동물 뼈 사이 군데군데에 인간의 뼈도 흩뿌려져 있었다. 호모 사피엔스의 두개골을 침팬지 두개골 옆에 진열해 둘의 유사점과 차이점을 알아볼 수 있도록 했다. 박물관은 마치 이렇게 말하는 듯했다. 우리는 모두 동물이라고. 살아 있는 모든 게 하나의 가족이라고. 하지만 한 세기가 넘도록, 박물관은 다른 메시지도 전달하고 있다. 어떤 동물은 다른 동물보다 더 동물이라고.

박물관에 진열된 동물 뼈를 보고 있노라면, 퀴비에의 목표가 단순히 수집으로 끝나지 않았다는 게 분명히 느껴진다. 그는 가상의 질서를 만들어내서 어느 종이 "더 높고" 어느 종이 "더 낮은지" 위계를 세우고자 했으며, 그 위계를 인간에게도 적용했다. 퀴비에를 비롯해 그 시대의 많은 과학자는 현존하는 사람 가운데 인간도 동물도 아닌 제3의 분류에 속하는 종이 있다는 믿음에 집착했다. 그들은 제3의 종이 아프리카에 있다고 생각했다. 뻔하게도, 백인 과학자들이 자기 인종의 과학적 우월성을 정당화하려는 시도였다.

박물관 뒤쪽 구석, 수직으로 나란히 세워둔 다섯 개의 작은 인간 뼈 앞에 노르스름하게 바랜 라벨이 붙어 있다. 거기엔 필기체로 "인간 태아"라고 적혀 있다. 근처에는 보존제가 채워진 유리병이 있는데, 그안에 외눈박이 새끼고양이와 머리 두 개가 달린 개의 표본이 담겨 있다. 그 옆에는 서로 몸이 붙은 인간 쌍둥이의 밀랍 모형이 있다. 라벨에 적힌 단어는 간단하다. "괴물."

먼지가 두터이 쌓인 박물관 구석에서, 나는 질서가 아닌 잔인함을 목격했다. 맥락도 없고 교육적 목표도 없는 이런 전시에, 충격과 혐오를 불러일으키는 것 말고 다른 의도가 있었을까? 하지만 내가 느끼는 불편함은 단지 지금 그 자리에 놓인 것들에서만 비롯한 게 아니었다. 나는 과거에 그 자리에 무엇이 있었는지 알았다. 내가 파리에 온 건, 인간의 위계를 정하려 했던 퀴비에의 프로젝트에 자기 몸과 엉덩이를 내준 한 여성의 삶과 유산에 대해 알아보기 위해서다. 퀴비에는 1816년에 그 여자의 시신을 이 박물관에 가지고 왔다. 그리고 당시 많은 사람에게 "호텐토트"라고 불린, 18세기와 19세기에 오늘날의 남아프리카 지역에 살던 코이족의 주요 견본으로 이를 전시했다.

그 여자의 이름은 세라 바트먼, 적어도 학자들 대부분이 그에 대해 적을 때 쓰는 이름은 그러하다.[3] 부모가 지어준 진짜 이름은 그의 삶의 여러 세부 사항과 마찬가지로 알려지지 않았다. 그의 생전 기록과 증거들은 전부 그를 착취하고 통제한 개인과 기관이 남긴 것들이다. 승선 기록, 재판 기록, 선정적 신문 기사, 과학 교과서, 당시 그에 관해 기록할 수 있었던 유일한 사람들(즉 교육받은 부유층)에 의한, 직접 기록 몇 가지가 끝이다. 그가 직접 나서서 자기 이야기를 들려준 사료는 거의 없다. 그러니 그의 인생 이야기를 종합하기 위해 학자들은 기록으로 보관된 내용뿐 아니라 생략되고, 빠지고, 억제당한 것 역시 면밀하게 들여다봐야 한다. "결을 거슬러 읽기"라고 부르는 이런 작업 끝에, 학자들은 기록으로 남겨진 것보다 훨씬 복잡했던 그의 진짜 인생을 밝혀낼 수 있었다.

코이족이었던 바트먼은 1770년대에 남아프리카 시골의 네덜란드 식민지 지역에서 태어났다. 코이족은 본디 아프리카 남서부에서 전원생활을 하는 원주민으로서, 남자들은 양과 소를 쳤고 여자들은 베리류와 곤충을 채집했다.[4] 그러나 바트먼이 태어났을 즈음에 코이족은 식민화와 부족 간 갈등으로 인해 전통적인 삶의 방식을 위협당하고 있었다. 바트먼이 태어나기 수십 년 전부터 식민지 탐험가들은 아프리카를 여행하고 유럽 본국으로 보고서를 보냈는데, 보고서에 코이족 여자들은 길게 축 늘어진 음순과 게으른 태도, 끊임없이 담배를 태우는 습관을 지녔다고 묘사되었다. 또한 유럽인들의 머릿속 코이족의 가장 유명한 특징도 기록되어 있는데, 그것은 바로 큰 엉덩이였다. 탐험가들의 묘사에서 영감을 받은 현대 분류학의 아버지 칼 폰 린네는 코이족을 "호모 사피엔스 몬스트로우스"로 분류하기에 이르렀다. 이 분류에는 전설 속 늑대소년과 코끼리 머리가 달린 인간과 같은 반인간이 속했다.

바트먼은 열 살이 되기 전 네덜란드인들에게 부모님과 함께 붙잡혀 식민주의자의 농장에서 하인으로 일했다. 스무 살이 되기 전에 부모를 모두 잃은 그녀는 1790년대 중반에 자유 흑인이었던 피터 시저스에게 팔렸다. 시저스는 독일인 도살업자의 하인으로서, 군인과 상인과 전 세계 여행객들로 북적이던 세계적 항구 도시 케이프타운에 살고 있었다. 자유 흑인은 네덜란드 법으로 시민이 아니었고 백인과 동등하지도 않았다. 길을 걸을 때는 반드시 통행증을 소지해야 했고, 단순한 옷차림만 허용되었으며, 신용 거래는 할 수 없었다. 1795년에 영국인들이 남아프리카에 도착하면서 신용 관련 법안이 바뀌자 자유 흑인들은 빚을 내어 자기가 부릴 노예와 하인들을 사들이기 시작했다.

시저스의 소유가 된 처음 몇 년 동안 바트먼은 세 아이를 낳았으나 그 아이들을 전부 잃었다. 어떤 의미에서는 혼인한 것이라 볼 수 있겠지만, 상대 남자 역시 죽어버렸다. 바트먼은 뼛속까지 외톨이였다. 그즈음 시저스는 어린 하인을 새로운 방식으로 써먹어야겠다고 결심했다. 빚을 갚는 게 급했던 그는 바트먼에게 케이프타운의 군용 병원에서 해군들을 상대로 "공연"을 해서 돈을 벌어오게 했다. 그 공연이 정확히 어떤 내용이었는지는 역사학자들도 알지 못하지만, 바트먼은 큰 엉덩이를 관중에게 보여주라고 요구받았을 가능성이 높다. 곧 바트먼은 지역의 유명인이 되었다.

공연을 본 사람 중에 스코틀랜드에서 온 사업가 기질이 충만한 군의관 알랙산더 던롭Alexander Dunlop이 있었다. 돈이 떨어져 슬슬 잉글랜드로 돌아가려던 그는, 시저스에게 접근해서 둘 다 떼돈을 벌 계획이 있다고 제안했다. 제국은 여전히 확장 중이었고, 탐험가들은 여행에서 얻은 것들을 본국으로 가져가 사람들에게 그들이 낸 세금으로 치른 전쟁과 항해의 결실을 보여주었다. 박물관, 과학 학회, 공연에 식물 표본, 동물 모피가 전시되었고 심지어 특이한 인간마저 진열되었다. 과학자·정부 공무원·신사·런던 하류 계층까지, 모든 사람이 진기한 구경거리를 찾아 몰려들었다.

던롭은 **이국적**이라면 뭐든 매혹되고 마는 본국의 분위기를 이용해 큰돈을 만질 수 있겠다고 생각했다. 그는 바트먼을 잉글랜드로 데려가 피커딜리piccadilly에서 코이족 복식을 입은 채 기타를 치는 공연에 출연시키려 했다. 이 계획은 기본적으로 케이프타운에서 성공을 거둔 바트먼의 공연에서 착안한 것이긴 하지만, 던롭은 당시 잉글랜드 사람들이 전반적으로 엉덩이에 환장하고 있다는 것도 잘 알았다.[5]

지난 몇 세기 동안 여성의 (반드시 엄청 크진 않더라도) 둥그런 엉덩이는 여성성 및 아름다움의 동의어인 관능적 실루엣의 요소 중 하나였다. 그 유래를 찾자면, 구석기 시대와 고대 그리스 시대의 조각상까지 거슬러 올라가야 한다. 사랑과 풍요와 아름다움과 번영의 로마 여신 비너스를 따서 '비너스' 형이라고 불린 이런 조각상들은, 한 신체 부위에 집중하기보단 전체적으로 여성적인 이미지를 놓고 이상적인 아름다움으로 추앙했다(눈에 띄는 하나의 예외로 "아름다운 둔부를 지닌 비너스"라는 뜻의 베누스 칼리피게Venus Callipyge가 있다). 르네상스 시대 유럽의 회화에서도 여성의 엉덩이를 그리는 일이 흔했는데, 가장 유명한 것은 페테르 파울 루벤스의 작품이다.[6] 마른 몸매가 이성을 상징하던 그 시기에 루벤스는 몸매가 풍만한 여자들을 그렸다. 똑똑한 남성은 몸이 마른 반면, 이상적인 여성(루벤스의 생각엔 비이성적인 존재였다)은 통통하고 둥글고 "눈처럼 하얀" 몸을 지녔다. 16세기에 이미 흰 피부를 떠받드는 (그리고 여자는 똑똑하지 않다고 주장하는) 프로젝트가 진행되고 있었다.

예쁜 엉덩이와 여성·아름다움·비이성의 연상 관계는 던롭이 훤히 알고 있던 조지아 시대 런던에도 분명히 존재했다. 하지만 19세기 초 런던에서는 엉덩이에 관한 열광이 그 이상으로 퍼져나가고 있었다. 런던 사람들은 한마디로 엉덩이에 집착했다. 사람들이 모여서 다양한 주스를 마신 다음 어떤 소리와 냄새의 방귀가 나오는지 알아보는 '방귀 클럽'이 운영되었다.[7] 신문 만화에는 엉덩이가 푸짐한 백인 여성이 수없이 등장했다(어느 만화에는 엉덩이가 큰 여자가 즐겁게 목욕하는 모습을 한 무리의 남자들이 문틈으로 훔쳐보는 장면이 등장한다).[8] 던롭의 계획은 런던 사람들에게 엉덩이가 큰 "호텐토트" 여자의 전형을 산 채로 보여주는 것이었다. 그것이야말로 확장하는 제국과 하이퍼 섹슈얼한 아프리카인의 상징이었다. 던롭은 그를 통해 큰돈을 만질 꿈에 부풀었다.

어떤 학자들은 남아프리카를 떠나기 전에 바트먼도 얼마간의 돈과 기회를 약속받았으리라 생각한다. 그러나 그와 던롭, 혹은 다른 누군가와 계약이 이루어졌다는 기록은 남아 있지 않다. 바트먼이 시저스와 동행하는 게 아니라면 남아프리카를 떠나지 않겠다고 했다는 증거는 있지만, 설령 그가 계획에 동의했다 하더라도 자신에게 실제로 선택권이 있다고 느꼈는지는 알기 어렵다. 언제 어디로 갈지 스스로 결정할 자유는 오래전부터 바트먼에게 제약되어 있었다. 경제적 궁핍으로 인해 기회의 문은 더욱 좁아졌다. 바트먼이 살던 시기에 남아프리카는 네덜란드와 영국의 손아귀를 오갔으므로 노예제·인종·하인 제도에 관한 법도 자꾸 바뀌었다. 대영제국은 1807년에 노예무역을 폐지했으나 노예제 자체는 1833년까지 활성화되었고, 사실상의 노예제와 강제 노동은 그보다 수십 년 더 이어졌다.

우리가 정확히 아는 건 단 하나, 1810년 봄에 바트먼이 스페인에서 전투 후 퇴역한 영국 수송선 HMS 디아뎀 호에 올랐다는 사실이다. 그와 함께 배에 오른 사람은 던롭, 시저스, 던롭이 노예무역으로 고발당하지 않으려 “하인”이라고 기록한 흑인 소년 마티아스였다. 대서양을 지나는 몇 개월 동안의 항해에서 바트먼은 아마 유일한 여성 승객으로서 갑판 아래 갇혀 있었을 것이며, 뱃멀미도 심했을 것이다. 마침내 1810년 7월, 배는 잉글랜드 채텀에 도착했다.

배에서 내릴 때 바트먼은 케이프타운을 떠날 때와 똑같이 하인용 작업복을 입고, 생가죽 신발을 신고 있었다[9](긴 항해에서 만나는 강한 바람과 바닷물의 소금기로부터 전혀 보호받지 못하는 차림이었다). 그는 던롭과 시저스와 함께 역마차에 올라 채텀에서 런던으로 향했다. 그들은 마차 위에 아프리카 특산품과 냄새 나는 기린 가죽을 잔뜩 실은 트렁크를 끈으로 묶어 고정한 채, 올드켄트로드를 다그닥거리며 달렸다.

그해 여름이 끝날 무렵, 바트먼을 만화풍으로 그린 포스터가 런던 곳곳에 나붙었다.[10] 상점, 길모퉁이, 신문 가판대 등 옆모습을 그린 그림 속에서 그는 커다랗고 둥글며 높게 올라

붙은 어마어마한 엉덩이를 자랑하고 있다. 코이족 풍의 장식품 몇 개를 걸치고 가슴을 팔로 가렸을 뿐, 그는 거의 전라다. 입에 문 파이프에서 연기가 피어오른다. 포스터에서는 커다랗고 대담한 글자들로 공연을 홍보했다. "아프리카 내륙에서 막 도착한 호텐토트 비너스: 이 나라에 전시된 최고의 경이. 메트로폴리스 런던. 오래 머물진 못합니다."[11]

첫 공연은 피커딜리 225번지에서 열렸다. 피커딜리는 런던 사람들이 알비노 어린이, 이른바 '샴' 쌍둥이, 거인 등이 출연하는 "프릭 쇼Freak Show"[12]를 통해 확장하는 세계의 기이함과 새로움을 경험하러 오는 동네였다. 과학과 외설이 하나 되는 장소이자, 바트먼 같은 사람을 비하하기 위해 청소부로 일하는 가난한 아일랜드인 이민자부터 금융계 거물들까지 한데 모여든 장소였다. 피커딜리는 새로운 유형의 사람들이 뒤섞인 공공 공간으로도 기능했다.

공연은 매번 똑같이 시작했다. 환한 조명이 밝혀진 방 안, 벨벳 커튼 뒤에 서 있던 바트먼이 등장해 방 앞쪽에 설치된 90센티미터 높이 무대에 오른다. 코르셋이나 속옷은 입지 않은 채였고, 몸에 착용한 건 꼭 달라붙는 피부색 바디 스타킹이 전부라 천 너머로 젖꼭지가 선명하게 들여다보았다.[13] 〈타임스〉에서는 후에 이 장관에 대해 이렇게 묘사했다. "그는 피부색과 가장 비슷한 색깔의 옷을 착용했다. 옷은 몸의 골격 전체를 드러내도록 디자인되었다. 관객들은 심지어 몸매의 특이한 부분들을 직접 살펴보라고 초대받았다."[14]

공연 제작자들은 바트먼이 가능한 한 **아프리카적으로** 보이길 원했으므로 아프리카에서 가져온 타조알 껍데기 구슬, 달랑거리는 팔찌, 타조 깃털 팔찌로 그를 꾸며주었다. 코이족 장신구는 아니었다. 바트먼은 원래 그녀의 것인 작은 거북 껍데기 목걸이 역시 착용했는데, 이는 전통적으로 코이족 소녀들이 초경을 할 때 선물 받는 증표로서 평생 바트먼이 지니고 다닌 몇 안 되는 '진짜' 코이족 물건이었다. 허리에는 런던 사람들이 가장 보고 싶어 하는 부분을 강조해줄 정교한 거들을 착용했다. 바트먼을 무대에 올린 사람들은 커다란 엉덩이를 부각했고, 생식기는 탐험가들이 코이족 여자들에 대해 묘사한 바를 반영해서 가죽 덮개를 이용해 매혹적으로 숨겼다. 그리고 입에 파이프를 자주 물렸다.[15]

공연이 시작되면 바트먼은 머리에 리본을 단 여자들과 하이넥 칼라 옷을 입은 남자들로 빼곡한 방으로 들어섰다. 관객들은 혹시 구경거리를 놓칠까 봐 하나같이 목을 길게 빼고 있었다. 시저스는 바트먼을 끌고 무대를 돌며 네덜란드어로 '돌아, 앉아, 걸어' 같은 명령을 했다.[16] 이윽고 바트먼은 코이족 노래를 불렀고, 기타를 연주했고, 춤을 췄다. 이 구성엔 공연을 야한 볼거리에서 인류학적 행사로 고양하려는 의도가 있었는지도 모르겠다. 마지막으로 돈을 좀 더 낼 의사가 있는 관중들은 무대 가까이 와서 바트먼의 엉덩이를 직접 느껴볼 수 있었다. 그들은 엉덩이가 진짜인지 확인하려고 꼬집어보거나 우산으로 찔러보았다. 그렇게 그들은 바트먼을 그들이 원하는 대로 바꿔놓았다. 매도할 몸, 연구할 표본, 욕망할 대상, 통제할 상징으로. 그들이 즐겁거나 두려워서 비명을 지를 때면 바트먼은 자주 얼굴을 찌푸렸다.

던롭의 포부대로, 공연은 금세 런던의 필수 관람 코스가 되었다. 공연에 대한 보도가 빠르게 신문에 실렸고 바트먼은 곧 사적인 섭외도 받기 시작했다. 관객석은 인종과 계급을 막론하고 몰려든 사람들로 만석을 이루었다. 바트먼은 피커딜리에서 공연을 마친 다음엔 마차를 타고 런던 부자들의 집으로 가서 귀족 나리들이 앉은 화려한 응접실에서 몸을 드러냈다. 공연이 없는 밤에는 던롭과 시저스의 하인으로서 다른 아프리카 소년 둘과 함께 요리와 청소를 했다. 그의 하루는 길고, 아마 외로웠을 것이다. 공연이 성공하기 위해 바트먼은 사람이 아닌 표본이 되어야 했으므로, 던롭은 그의 사회생활을 심하게 제약했다.

얼마 지나지 않아, 신문에 바트먼이 공연 중에 눈에 띄게 괴로워하고 화를 낸다는 기사가 실렸다. 한 번은 기타로 남성 관객을 때리려고 한 적도 있었다. 언젠가는 새된 비명을 지르고 관객에게 들릴 정도로 한숨을 쉬기도 했다. "그는 자주 깊은 한숨을 쉰다. 불안하고 불편해 보였다. 얼굴이 시무룩했다."[17] 〈타임스〉에서는 보도했다. 바트먼은 그렇게 자신이 할 수 있는 선에서 있는 힘껏 저항하고 있었지만, 그로 인해 공연의 인기는 오히려 높아졌다. 공연은 아프리카의 성을 자극적이고 착취적으로 전시하는 것에서, 주인-노예 관계와 인종의 "자연적 질서"를 생생하게 시연하는 것으로 진화했다. 시저스가 "바트먼은 야생 짐승이며 억제당하는 게 그에게도 좋다"고 주장하자, 관중들은 너무나 기꺼이 그 말을 믿었다.[18]

이런 상황이 곧 노예해방론자들에게 알려졌다.[19] 그들은 바트먼의 편을 들었다. 당시 대영제국에서 가장 유명한 노예해방론자였던 재커리 매콜리Zachary Macaulay는 바트먼을 두고 외국인이자 여성으로서 이집트 노예보다 못한 상황에 처했다면서,[20] 노예제가 3년 전에 불법이 되었는데도 우리 사회에 여전히 노예가 있다고 말했다. 바트먼을 구해야 했다. 매콜리와 노예해방론자 단체에게 바트먼은 그들이 수십 년째 논의해 온 문제의 상징이자 잠재적인 시범 케이스였다. 그러나 온전히 바트먼의 편에 서는 건 어려웠다. 당시 노예해방론자 대부분은 기독교 도덕론의 전통적 구속을 동력으로 삼고 있었고 성과 신체 노출, 악덕에 대해서도 강경한 의견을 가지고 있었다. 바트먼은 노예였지만, 동시에 노골적인 성적 유혹이기도 했다.

10월에 이르자 런던의 신문 지상에서 공개 토론이 벌어졌다. 바트먼은 자유인인가? 노예인가? 〈타임스〉에 실린 묘사는 후자에 더 가까웠다. "호텐토트는 야생 짐승처럼 무대에 올라서 앞뒤로 움직이거나 우리 밖으로 나오고 들어가라는 명령을 받았다. 인간보다는 사슬을 맨 곰과 더 비슷했다."[21] 이때쯤 시저스는 같이 살던 집을 나가면서 공연과 연을 끊었으므로, 매콜리는 던롭에게 바트먼이 런던에 합법적으로, 즉 자유 의지로 와 있다는 주장을 확증할 기록과 케이프타운의 증인들을 내놓으라고 요구했다. 던롭은 이에 반발하며 모든 절차가 공명정대하게 이루어졌고 바트먼은 원하면 언제든 떠날 수 있다고 주장했다(그들과 함께 사는 두 명의 아프리카 "하인"에 대해선 아무도 묻지 않았다). 두 남자가 주거니 받거니 하는 동안 바트먼의 인기는 높아져만 갔고, 던롭의 주머니도 그만큼 두둑해졌다.

1810년 11월 24일, 결국 사건은 법정에 올랐으나 그 자리에 바트먼은 참석하지 못했다. 바트먼의 편에 선 노예해방론자 단체 '아프리카 협회'는 그가 부적합한 옷차림으로 법정에 나올까 봐 걱정했고[22], 판사는 그의 말을 통역할 저지대 네덜란드어(아프리칸스어)를 할 줄 아는 사람을 런던에서 찾지 못하리라 생각했다. 그리하여 자신의 운명을 결정지을 재판이 열리는 동안, 바트먼은 여느 때처럼 피커딜리의 만원 관중 앞에서 공연하느라 바빴다. 그러나 곧 법정에서는 원고의 목소리 없이 적절한 판결을 내릴 수 없다고 결정하고, 아주 쉽게 아프리칸스어 구사자 두 사람을 섭외했다. 런던은 다양한 사람들이 사는 도시였고 대영제국은 바트먼 말고도 많은 남아프리카인을 국경 안으로 데려왔다. 그렇게 바트먼은 법정에 소환되었다.

던롭은 바트먼의 증언이 문제가 될 걸 알았던 게 틀림없다. 11월 27일, 그는 바트먼을 데리고 공증인에게 가서 3월 20일이란 날짜가 적힌 계약서에 서명하도록 했다. 계약서에는 바트먼이 관심을 가진 주된 사안들을 명시해 다루었다. 공연에서 나온 수익을 그와 배분하고, 고향으로 돌아가는 비용을 내줄 것이며, 의사 진료를 받게 해주고, 공연할 때 더 따뜻한 옷을 입히겠다고 약속했다. 헐벗은 채 무대에 오를 때면 바트먼은 몸을 바들바들 떨었기 때문이다.[23]

바트먼이 마침내 증언하기 전까지 법정에서 그의 이름을 소리 내 말한 사람은 없었다.[24] "호텐토트족 여성, 호텐토트 비너스, 그 여성"이 바트먼을 가리키는 말이었다. 바트먼은 그가 사는 아파트에서 당당히 유럽식 옷을 차려입고 나와 증언을 했다. 조사관들 앞에서 과거에 어디서 자랐고, 아버지가 어떻게 돌아가셨고, 어떻게 던롭과 시저스를 만났는지 이야기했다. 그리고 잉글랜드에서 자기가 처한 상황에 대해 만족한다고, 잉글랜드가 좋다고 말했다. 주인들이 돈을 줬으며 고향으로 돌아가고 싶은 바람은 없다고 했다. 재판 기록에는 국가 측 공증인이 바트먼에게 "희망봉으로 돌아가고 싶은지 잉글랜드에 머물고 싶은지 물었고, 그는 머물고 싶다고 답했다"라고 적혀 있다.[25]

그날 바트먼이 그렇게 증언한 정확한 이유는 알기 어렵다. 어쩌면 그는 이미 원하는 걸 얻었다고 생각했을지도 몰랐다. 자신을 잉글랜드로 데려온 남자들이 약속한 돈이 괜찮다고 생각했을지도 모른다. 혹은 앙갚음을 당할지도 모른다는 두려움에 속마음을 자유롭게 말할 수 없었을지도 모른다. 그를 붙잡아둔 사람들로부터 풀려난다 해도, 그다음 어떤 일이 벌어질지 걱정스러웠을 것이다. 어느 노예해방론자는 "그를 데려갈 준비가 된 사람들이 있다"라고 주장했지만,[26] 뜬구름 잡는 약속에 불과했을 것이다. 영어를 할 줄 모르고 재정적으로 불안한 데다 춥고 낯선 땅에 고립된 여성에게 별다른 위안이 되었을 것 같지는 않다.

법원에서는 바트먼이 "갇혀 있지 않고 잉글랜드에서 만족하고 있다"고 판결했다.[27] 재판 덕분에 무상으로 홍보 효과를 누린 바트먼의 공연은 겨우내 매진 행렬을 벌였고, 던롭과의 **재정적 합의** 내용이 세세하게 대중에게 알려지자 바트먼을 그린 만화에는 금화더미와 돈주머니가 추가되었다.

이후 3년 동안 바트먼은 영국 전역을 돌며 런던, 브라이튼, 바스, 맨체스터, 아일랜드에서 공연했다. 맨체스터에서는 세라라는 세례명으로 세례를 받았다는 기록이 남아 있다. 바트먼은 던롭과 같이 다녔고, 1812년에 그가 세상을 떠난 뒤에는 헨리 테일러라는 남자와 다녔다. 테일러 본인이나 그가 바트먼과 맺은 관계에 대해서는 알려진 바가 거의 없다. 다만 그가 1814년에 바트먼을 파리로 데려갔으며, 그 뒤로 바트먼이 정치적 소요와 범죄, 팸플릿 배포로 악명 높은 동네인 팔레 루아얄의 변두리에서 살며 일했다는 사실만이 알려져 있다. 프랑스에 도착한 시점에 바트먼은 이미 유명 인사였으며, 파리에서는 그에 대한 헛소문이 빠르게 퍼져나갔다. 비밀리에 결혼했다는, 성노동자가 됐다는 말들이 무성했다.

바트먼은 팔레 루아얄의 한쪽 끝에 살면서 반대쪽 끝으로 와 공연했다. 공연의 내용은 케이프타운에서 하던 것과 같았다. 바트먼은 거의 나체로 춤추고 노래하면서 파이프를 피우고 관객에게 엉덩이를 보여줬다. 파리에서도 공연은 역시 대흥행이었다. 프랑스도 아프리카에 식민지가 있었고, 프랑스 사람들은 상상 속의 섹슈얼한 아프리카 원주민에 관해 열띤 호기심을 지니고 있었다. 테일러는 수익을 극대화하기 위해 바트먼의 공연 시간을 매일 6시간에서 10시간으로 늘렸다. 바트먼은 정규 공연을 마치고 야간에 부자와 권력자를 위한 사적 공연도 해야 했다. 누적된 피로는 병을 낳았고, 1815년이 되자 바트먼은 더 이상 무대에 오르지 못하게 되었다.

그해 1월에 프랑스의 한 언론에서는 "호텐토트의 비너스가 주인을 갈았다"라고 선언했다.[28] 이 보도에서 택한 단어에서, 파리와 런던 사이의 극명한 차이가 드러난다. 런던에서 노예제는 불법이었으며 뿌리 뽑아야 마땅한 악이었다. 반면 파리에서 노예제는 기본적으로 허용되었으며 (프랑스 혁명 이후 엄밀한 의미에서는 불법이 되었지만) 인간을 사고, 팔고, 소유하는 일이 도덕적 측면에서 비판받는 일은 적었다. 바트먼이 자유인인지 묻는 사람도 더는 없었다. 바트먼은 그냥 S. 로라는 이름의 남자 소유였다.

로는 파리 과학협회에 연줄을 가진 동물 조련사였다. 그는 서로 다른 종이 유전적으로 어떤 연관이 있는지에 관심 갖는 비교 해부학자들에게 해부하고 연구할 동물 사체를 팔았다. 바트먼의 공연은 언제나 과학의 경계에 살짝 걸쳐 있었다(던롭과 시저스는 그를 대놓고 아프리카성의 표본으로, 인간과 유인원의 살아 있는 연결고리로 팔아먹었지만). 로는 파리의 과학자들이 바트먼을 연구하는 데 관심이 있을 거라고 확신했고, 마침내 어느 날 두둑한 돈을 받고 국립 자연사 박물관에서 퀴비에와 그의 조수, 화가 세 사람을 앞에 둔 채 바트먼이 포즈를 취하도록 자리를 만들었다.

조르주 퀴비에가 바트먼을 연구하기로 한 날, 바트먼은 공연 의상을 입고 박물관에 도착했다. 그런데 자리에 모인 사람들은 곧바로 바트먼에게 옷을 전부 벗으라고 요청했다. 완전히 나체가 되는 건 바트먼이 줄곧 거부한 일이었다. 퀴비에와 동료들은 유럽인들이 만들어낸 의상과 나체로 눈속임하는 피부색 스타킹 같은 인위적인 오락용 도구에는 관심이 없다고 우겼다.[29] 그들은 바트먼을 **객관적으로** 보고 싶었다.

그들은 바트먼에게 **생산 기관**을 보여 달라고도 했는데, 다시 말해 엉덩이와 생식기를 보고 싶다는 뜻이었다.[30] 지난 두 세기 동안 과학자들과 철학자들에게 이 두 신체 부위는 남아프리카 원주민들이 실질적으로 유럽인과 다른 종이라는 주장을 입증할 증거로 여겨졌다. 퀴비에와 동료들은 자기 눈으로 직접 그 부위를 확인하고 싶어 안달이 나 있었다.

바트먼은 처음에 반발했지만, 결국은 거의 나체로 사람들 앞에 서는 데 동의했다. 큰돈을 쥐여준다는 약속에 넘어간 걸지도 모르고, 어차피 선택권이 없었다고 느껴서였는지도 모른다. 어떤 이유에서든 그는 국립 자연사 박물관 홀에 서서 고작 손수건 한 장으로 몸을 가리고 포즈를 취했다. 남자들은 그의 옆모습을 그렸는데, 묘사의 중심에는 역시 거대한 엉덩이가 있었다. 훗날 퀴비에가 기록한 바에 의하면, 그는 이 자리에서 가장 갈망했던 것은 얻지 못했다. "그는 '덮개'는 계속 숨겨두었다. 허벅지 사이에, 아니면 더 깊은 곳에."[31] 연구 대상으로 취급된 뒤에 바트먼은 병세가 악화되었고, 신체적 고통 때문인지 감정적 피로 때문인지 몰라도, 로가 주는 브랜디를 과음하기 시작했다.

세라 바트먼의 인생의 너무나 많은 영역이 그러하듯, 그의 죽음도 무엇 하나 명확한 구석이 없다. 그가 죽은 날은 1815

년 12월 말 아니면 1816년 1월 초였을 것으로 추정한다. 그의 목숨을 앗아간 병은 결핵 아니면 폐렴이었을 것이다.

그는 죽어서도 또 한 번 착취당했다. 보도 기사마다 말이 달랐다. 어디서는 로가 그의 시신을 퀴비에에게 팔았다고 하고, 어디서는 퀴비에가 파리 경찰에게서 시신을 가져도 좋다는 허락을 받았다고 한다. 진실이 무엇이든, 1816년 1월에 퀴비에는 과학의 이름으로 바트먼의 시신을 꼼꼼하게 해부했다. 우선 시신의 거푸집을 떠서 팀원들이 연구할 실물 크기 모형을 만들었다. 뇌를 꺼내서 방부액이 담긴 유리병에 넣었다. 다음으로 그는 바트먼이 생전에 결단코 숨긴 음순으로 주의를 돌렸다. 그는 밀랍으로 음순의 주형을 뜨고, 더 연구할 수 있도록 잘라내어 방부액이 담긴 또 다른 유리병에 넣었다. 해부를 완전히 마친 다음엔 뼈에서 살을 전부 제거했다.

바트먼의 해부를 마친 퀴비에는 해부한 신체 부위들(뼈와 뇌와 음순과 거푸집)을 국립 자연사 박물관에 전시된 수많은 수집품에 추가했다. 그것들은 33번 진열장에 전시되었다. 퀴비에는 해부 보고서에서 바트먼을 하나의 표본으로 취급한다. 그의 커다란 엉덩이가 근육이 아닌 지방으로 이루어졌다고 적고, 유방과 유륜의 치수와 색깔을 묘사한다. 음순 주름에 관해서도 길게 논한다. 해부는 말하자면 과학의 이름을 한 희롱이었다. 보고서 말미에 그는 바트먼이 "인간보다는 유인원의 친척에 더 가까웠다"라고 결론짓는다.[32]

퀴비에의 박물관에 서서 바트먼의 유해가 전시되었던 진열장을 들여다보며, 나는 한때 그곳에 있었던 것들을 상상한다. 사진으로 본 적이 있다. 사진으로만 봐도 기분이 끔찍했다. 커다란 유리 진열장 안에, 유리병에 담긴 신체 부위들이 놓여 있었다. 잔인한 피투성이 역사를 말쑥하게 다듬어서 보여주는 박물관의 전략이다. 그러나 마음에서 우러나오는 분노를 곱씹을수록, 나는 내 안에서 또 다른 감정을 발견했다. 나는 먼 과거의 일과 내가 살아가는 시대, 나 자신 사이에 거리를 두고 싶었다. 바트먼의 시신을 이렇게 능욕하는 건, 나와 함께 이 시대를 살아가는 박물관 큐레이터와 방문객들에게는 상상조차 할 수 없는 원시적인 행동일 거라고 믿고 싶었다. 우산으로 바트먼의 몸을 찔러보려고 1실링을 더 낸 런던 사람들이 나랑은 근본적으로 다른 생물체라고, 내가 사는 시대에 그들은 완전히 낯선 존재라고 믿고 싶었다. 물론 1810년과 2020년은 여러 면에서 딴판으로 다르다. 하지만 세라 바트먼의 이야기가 중요한 건 단순히 19세기 초에 학대당한 엉덩이 큰 여자가 안타까워서가 아니라, 그의 삶과 전시와 해부가 수 세기가 지난 지금과 무관하지 않기 때문이다.

여성의 엉덩이에 대한 서구 백인들의 이해는 세라 바트먼이 잉글랜드에 도착한 순간 바뀌었고, 그 상태로 지금까지 변하지 않았다.[33] 엉덩이, 그중에서도 큰 엉덩이는 이국적이고 에로틱한 것과 강력한 연상 관계를 맺게 되었다. 이런 연상은 오늘날도 우리 곁에 머물고 있다. 바트먼이 생전에 누린 큰 인기는 세상을 떠나고 수십 년이 지나도록 이어졌고, 진화했고, 왜곡되었다. 그의 이름을 기억하는 사람이 몇 남지 않을 만큼 시간이 흐른 뒤에도, 전시당하고 해부당한 그의 몸이 남긴 유산은 엉덩이만의 방식으로 우리 안에 남아 있다. 그러니까 농담 속에, 암시 속에, 시각적 반향 속에.

올버니 대학에서 여성·젠더·섹슈얼리티를 연구하는 저넬 홉슨Janell Hobson 교수는 흑인 여성의 아름다움과 신체, 현재와 과거에 흑인 여성의 엉덩이가 지닌 의미, 세라 바트먼에 관해 폭넓게 글을 써왔다.[34] 나는 세라 바트먼의 삶이 남긴 길고 복잡한 유산을 이해하기 위해, 홉슨에게 1810년에 유럽에서 대체 어떤 일이 벌어졌기에 바트먼이 말도 안 되는 인기를 누렸던 건지 설명해달라고 부탁했다.

홉슨은 당시 바트먼의 공연이, 직전 두 세기 동안 펼쳐지고 있던 두 개의 대규모 인종 프로젝트에 힘을 실어주었다고 설명한다. 그 두 프로젝트란, 식민주의와 노예제의 지속이었다. 대중문화와 과학 양쪽에서 바트먼을 호출해 아프리카 사람들이 유럽인보다 더 원시적이며, 따라서 기독교 유럽의 도덕적 지도가 필요하다는 증거로 써먹었다. 이는 아프리카를 식민지로 삼은 유럽 국가들이 자기 행동을 합리화하려고 들먹인 주된 논리였다.

바트먼의 몸은 또한 아프리카 여성이 태생적으로 백인 여성보다 섹슈얼하다는 거짓된 믿음의 증거로 쓰였다. 바트먼이 런던에 등장한 1810년에 유럽과 미국에서 이 믿음은 대단히 중요했다. 1807년에 노예무역이 금지되자, 노예제로 이득을 보고 있던 많은 사람은 아프리카에서 새로 노예를 들이지 않으면서 노예제 관습을 이어갈 방법을 찾고 있었다. "아메리카 대륙으로 수입되는 아프리카 노예의 공급을 끊었는데, 아메리카에서 노예제가 여전히 이어지고 있다면, 남은 건 다음 세대의 노예를 생산할 방법을 찾는 것일 테죠. 그래서 남북 아메리카에서는 노예 여성에게서 태어난 아이는 전부 노예라고 법으로 정했습니다. 근본적으로 강간을 합법화하는 법이었죠."[35] 홉슨은 세라 바트먼을 섹슈얼한 아프리카 여성의 표본(과학 논문과 대중문화 기록에서 그의 엉덩이를 묘사할 때 반복적으로 강조했다)으로서 대중 앞에 세운 것이, 노예 여성 강간을 합리화할 때 사용된 '타고나길 섹슈얼한 흑인 여성' 논리를 뒷받침하는 일종의 증거였다고 말한다. "그게 기독교를 믿는 노예주들이 성폭력을 저지르고 스스로 용서하는 방법이었습니다."

이렇듯 바트먼의 몸은 널리 퍼진 인종차별적 관점을 합리화하는 데 사용되었다. 짐작건대 피커딜리나 팔레 루아얄을 찾아 바트먼을 희롱한 사람들 대부분은 아마 공연을 우스운

볼거리 정도로 여겼을 것이다. 그래서 더 넓은 함의를 온전히 고려하지 못한 채 바트먼의 몸을 빤히 쳐다보고 비웃었을 것이다. "바트먼의 공연이 사람들을 즐겁게 해준 건 확실해요. 하지만 동시에 아프리카의 야만과 원시적인 흑인 여성에 관한 생각을 굳히기도 했습니다. 아프리카 대륙에선 원시인들이 발가벗고 뛰어다닌다는 유의 생각 말이에요. 백인들은 세라 바트먼을 볼 때 그들이 이미 문화에 심어놓은 온갖 것들을 투사하고 있었어요." 홉슨이 말한다.

바트먼의 인기가 그의 살아생전에 끝나지 않았듯, 그의 이미지에 결부된 인종 이데올로기도 오래 지속되었다. 바트먼이 세상을 떠나고 한참 지난 뒤에도 바트먼의 신체에 대한 도착증은 19세기와 20세기 대중문화에 새겨져 영향을 발휘했다. 바트먼에 대한 노래가 쓰이고 공연이 무대에 올랐다. 그와 닮은 인물이 트럼프 카드 데크에 등장했고[36], 그가 살아 있을 때 돈을 내고 공연을 봤던 사람들이 이제 팬터마임으로 그를 풍자했다.[37] 빅토리아 시대의 포르노 소설과 신문 만화에는 바트먼을 무대에 올린 자들이 런던과 파리에 뿌렸던 포스터 속 이미지와 매우 닮은, 엉덩이 큰 흑인 여성의 성적 이미지가 몇 번이고 실렸다. 바트먼의 삶과 유산을 연구한 역사학자 샌더 길먼[38]이 말하듯 "여성의 섹슈얼리티는 둔부의 이미지에 연결되었고, 그 정수는 호텐토트의 둔부였다."[39]

그런 이미지가 묘사하는 대상은 때론 대놓고 바트먼이었

지만, 대체로 **호텐토트 비너스**였다. 이 용어는 처음엔 바트먼만을 가리켰으나 나중엔 식민지의 진기한 구경거리로서 유럽에 불려온 다른 코이족 여성들에게도 적용되었다. 그렇게 바트먼은 정체성을 빼앗기고 상업적 실체가 되었고, 그에게 붙었던 별명은 그와 닮은 이들을 아우르는 포괄적 용어가 되었다. 1829년 파리의 베리 공작부인이 개최한 무도회의 구경거리였던 엉덩이 큰 나체의 흑인 여성 그림엔, "호텐토트 비너스"라는 라벨이 붙었다. 1850년의 한 판화에서는 백인 남성이 호텐토트 비너스라는 이름이 붙은 여성을 망원경으로 보는데, 렌즈의 초점은 커다란 엉덩이에 고정되어 있다. 이런 여성들 다수가 죽어서도 바트먼과 비슷한 숙명을 맞았다. 영국, 프랑스, 심지어 남아프리카의 박물관에서 과학자들은 코이족 여성들 시신에서 살갗을 벗겨내고 박제해 남아프리카 원주민의 전형으로 전시했다. 바트먼은 '엉덩이 큰 코이족 여자'로서 초기 인류학 박물관의 주춧돌을 이룬 디오라마와 진귀품 전시장에 갇혔다.[40] 그가 유일한 건 아니었다. 그는 단지 첫 번째였을 뿐이다.

유산

사람들이 바트먼을 닮은 인물이 그려진 카드로 브리지 게임을 하는 동안, 과학자들은 퀴비에가 바트먼의 시신을 해부하면서 시작된 작업을 이어나갔다. 퀴비에가 처음 글로 기록한 인종 차이에 관한 개념들을 과학적으로 다시 써내는 일이었다.

자넬 홉슨은 18세기 과학자들에게 인종을 구별하는 근본적인 수단은 피부색이었다고 설명한다. 하지만 19세기 초에 이르자 과학자들은 인간의 급을 나누고 인종 차이와 위계를 성문화하는 방식으로 피부색보다는 해부학과 신체 형태를 더 선호하기 시작했고, 바트먼은 달라진 논리를 증명할 증거로 곧잘 호출되었다. 코이족은 아프리카 적도 지방 사람들에 비해 피부색이 밝았는데, 유럽 과학자들과 철학자들이 한때 세운 기준에 의하면 이 사실은 코이족이 아프리카인 중에서 위계가 높다는 의미로 해석되었어야 마땅하다. 그러나 19세기 유럽 과학자들은 코이족이 가장 위계가 낮은 인종이라는 생각에 집착했다. 결국 과학자들은 코이족 특유의 신체 특징인 (이것 역시 미심쩍은 개념이지만) 큰 엉덩이를 내세워, 이것이야말로 코이족이 인간 위계에서 가장 바닥을 차지하는 증거라고 주장했다.

퀴비에가 바트먼을 해부하고 적은 보고서(퀴비에 생전에만 두 번 이상 재판을 찍은 책)는 다른 과학자들에게 출처로 널리 인용되며 새로운 형태의 인종 질서에서 핵심 역할을 했다. 그런데 코이족 여성에 관한 해부 보고서는 바트먼에 관해서만 나온 게 아니었다. 19세기 유명한 과학자들은 인종 위계의 개념을 발전시키려는 의도로 최소 일곱 건의 해부를 더 진행했다. 과학자들은 코이족 여성이 인종의 질서에서 가장 밑바닥이라는 이론을 증명하겠노라 마음먹고 해부에 들어갔고, 매번 증명에 성공했다고 주장했다.

코이족 여성의 신체와 엉덩이에 흥미를 보인 건 해부학자뿐만이 아니었다. 유전과 인종에 관심이 깊었던 통계학자 프랜시스 골턴Francis Galton은 1853년의 저서 《열대 아프리카 탐험가 이야기*The Narrative of an Explorer in a Tropical South Africa*》에 발가벗은 "호텐토트" 여성을 만나서 "정확한 신체 치수"를 알아낼 날을 학수고대한다고 적었다.[41] 남아프리카 여행에서 만난 코이족 여성들이 연구 대상이 되길 거부하자, 골턴은 "흠모하는 눈길을 원하는 숙녀들이 그러하듯 나침반이 가리키는 모든 방위로 몸을 돌리는"[42] 여성 한 명을 찾아내서 몇 미터 거리를 두고 육분의를 이용해 그의 신체 각도를 측정했다. 여성의 반발에도 불구하고 삼각법을 이용해 그의 신체 비율(엉덩이가 얼마나 큰지, 머리의 크기는 어떤지)을 계산해냈다.

대중을 감질나게 한 건 주로 코이족 여성의 엉덩이였지만, 골턴이 가장 주의를 기울인 대상은 두개골이었다. 이는 결국 그가 문자 그대로 "잘 태어났다"라는 뜻으로 지은, **우생학**이라는 새 학문의 주춧돌이 되었다.[43] 19세기 내내 유럽과 미국의 과학자들은 온 세상 사람들의 두개골 치수를 재고 또 재면서, 이미 확고하게 정해놓은 답을 뒷받침할 증거를 찾으려 했다. 그 답은, 유럽 혈통의 백인들이 지상에서 가장 진화한 종이며 따라서 가장 똑똑하고 문명화되었다는 것이었다.[44]

골턴과 다른 우생학자들은 백인이 유색인종보다 더 위계가 높은 종이라고 주장하는 것에서 멈추지 않고, 오늘날 우리가 백인으로 분류하는 사람들 내에서 급을 나누는 데에 열중했다. 19세기~20세기 초 내내 미국에서 백인성의 분류는 계속 유동적이긴 했지만, 패턴 자체는 크게 달라지지 않았다. 그들은 남유럽인·유대인·아일랜드인보다 북유럽인을 우월한 종으로 여겼다. 미국에서 남북전쟁이 발발하기 전, 샤론 터너Sharon Turner의 《앵글로색슨의 역사*The History of the Anglo-Saxons*》와 랠프 월도 에머슨Ralph Waldo Emerson의 《잉글랜드인 특질*English Traits*》 같은 책들에 힘입어 '아일랜드성'에 대비되는 '잉글랜드성'이 규정되었다. 아일랜드인은 19세기 중반 미국에서 흑인 바로 위에 위치했으며 그중 일부는 흑인으로 여겨지기도 했다. 남유럽과 동유럽에서 미국으로 한바탕 이민자가 들어와서 위계 내에서 자리를 잡을 때마다 인종 위계의 순서가 조정되었다.

1899년 경제학자 윌리엄 Z. 리플리William Z. Ripley는 큰 인기를 끈 저서 《유럽의 인종*Races of Europe*》에서 에머슨과 터너보다 더 넓게 유럽인들을 분류했다. 두개골 치수·얼굴과 코의 형태·피부와 눈의 색깔·키를 기준으로 유럽인을 세 부류(게르만·알프스·지중해)로 나누고, 그중 어디에 속하는지 결정했다. 이 분류 체계에는 물론 위아래가 있었는데, 게르만과 북유럽인이 최상위층이고 남유럽인들이 최하위층이었다. 인종 위계 체계가 다 그렇듯 리플리의 체계도 과학적으로 볼 때 헛소리였다. 리플리 본인도 (그가 주요 인종 특질로 여겼던) 두상 형태·모발 색깔·키가 서로 안정적인 상관관계를 보이지 않는다고 통탄했다. 그러나 잘 들어맞지 않는 부분이 있다고 해서

리플리가 생각을 바꾸거나 대중이 그의 프로젝트에서 관심을 거두는 일은 없었다.

인종 위계는 이렇게 요동치면서 19세기 미국의 과학, 철학, 대중문화에 스며들었고, 개인의 신체 부위(코, 머리, 엉덩이, 무엇이든)는 그가 어떤 인종에 속하는지 결정하는 체계의 구성요소로 여겨졌다. 그렇게 신체에 깃든 상당한 인종적 의미는 과학계나 지식인들의 모임 속 이야깃거리가 아니라, 여성들을 겨냥한 새로운 유형의 출판물이었던 패션 잡지에서도 다루어졌다. 1830년에 19세기 내내 가장 인기 있는 여성 잡지였던 〈고디스 레이디스 북*Godey's Lady's Book*〉의 창간호가 발간되었다. 남북전쟁이 발발하기 전이었던 이때, 아일랜드 이민자의 첫 세대가 배를 타고 미국으로 들어왔고 제2차 대각성운동(1780년~1820년대에 미국에서 일어난 국가적 신앙 부흥 운동-옮긴이)이 일어나 종교와 자기 수양에 새로이 열기를 불어넣고 있었다. 이런 역사적 사건들을 배경으로 〈고디스 레이디스 북〉은 그 이데올로기적 뼈대를 형성하게 되었다. 1836년에 〈고디스 레이디스 북〉에서는 세라 헤일Sarah Hale이라는 편집자를 채용했다. 학자 사브리너 스트링스Sabrina Strings에 의하면 헤일이 편집장으로 있던 시대에 여성의 날씬함을 도덕성·아름다움·백인성과 동일시하는 뒤틀린 논리가 처음 등장했다고 한다.[45] 〈고디스 레이디스 북〉의 지면에서 흑인, 외국인, 섹슈얼리티와 연상 관계에 놓인, 눈에 띄게 튀어나온 엉덩이는 찾아보기 어려웠다. 실은 큰 것이라면 무엇이든 대체로 아프리카성과 동일시되던 시기였다. 헤일은 그 대신 앵글로색슨 프로테스탄트의 미적 이상으로서 엉덩이 없이 날씬한 여성의 이미지를 내놓았다. 스트링스에 의하면 헤일 치하의 〈고디스 레이디스 북〉에서는 날씬한 여자가 도덕적으로 잘 배운 여자이자 인종 우월성을 가장 잘 체현한 여자다.

그런데 19세기 사람들은 정확히 무엇 때문에 흑인 엉덩이에 그토록 집착했을까? 엉덩이가 흑인 여성의 섹슈얼리티와 그토록 지독한 연상 관계를 맺게 된 건 어째서였을까? 샌더 길먼은 19세기 중반에 엉덩이가 여성 생식기의 대용품으로 여겨졌다고 설명한다.[46] 19세기의 과학자들과 얼빠진 대중이 세라 바트먼 같은 사람의 엉덩이를 보면서 외음부를 보는 듯한 느낌을 받은 나머지, 엉덩이가 하이퍼 섹슈얼리티를 함의하게 되었다는 것이다. 흑인 여성의 커다란 엉덩이는 그에게 커다란 생식기가 달렸음을 암시한다고 여겼고, 커다란 생식기는 높은 성욕과 더불어 흑인 여성과 백인 여성이 생물학적으로 다르다는 증거가 되었다. 엉덩이에서 외음부를 연상하는 건 기묘하다.[47] 두 신체 부위는 전혀 다르고, 기능도 딴판이지 않은가. 하지만 당대의 과학 문헌에서 여성 해부학의 가장 은밀한 두 부위는 꾸준히 융합된다. 바트먼의 음순과 엉덩이가 별개로 논해지는 일은 거의 없다.

19세기 말에 이르자 인류학자 아벨레 데 블라지오Abele de

Blasio는 큰 엉덩이와 섹슈얼리티의 관련성을 더 밀고 나간 끝에 엉덩이 큰 백인 성노동자에 관한 연구 시리즈를 책으로 펴냈다.[48] 다양한 인종의 성노동자와 그가 "호텐토트"라고 부른 여성들 사이에 연결고리를 만들어보려는 목적이었다. 그는 대중에 널리 알려진 (바트먼의 이미지를 닮은) 커다랗고 높이 올라붙은 엉덩이를 지닌 백인 성노동자들의 옆모습 이미지를 책에 싣고는, 성적으로 일탈한 여성은 누구나 큰 엉덩이를 지녔고 따라서 큰 엉덩이가 성적 일탈의 증표라고 주장했다. 블라지오에 의하면 인종을 불문하고 여자가 큰 엉덩이를 지녔다는 건 과도한 성욕을 지녔음을 의미했다.

1905년, 의사이자 개혁가였던 해블록 엘리스Havelock Ellis는 장장 6권짜리 《성 심리 연구*Studies in the Psychology of Sex*》의 네 번째 권을 펴냈다.[49] 그는 이 책에서 빅토리아 시대의 터부를 넘어서 인간의 성에 관해 집필하고자 했다. 엘리스는 성이 사랑의 건강한 표현이라고 믿었고, 자위를 공공연히 논하며, 동성애에 향하는 터부에 의문을 던졌다. 그러나 안타깝게도 엉덩이에 대한 그의 견해는 그만큼 깨어 있지 못했다. "키스의 기원"이라는 시적인 제목의 부록이 딸린 제4권에서 그는 인간이 타인에게 끌릴 때 오감이 각각 어떻게 활용되는지 이해하려 한다. 엘리스가 보기에 아름다움에는 절대적이고 객관적인 척도가 있었다. 다윈의 《종의 기원》이 나온 다음에 출간된 《성 심리 연구》 제4권은 엉덩이와 가슴이 성적으로 선택된 적응적 특질이라고 이야기하고 있어, 20세기 후반의 진화 심리학자들이 내세운 주장을 미리 보여준다. "세계의 주요 대륙인 유럽, 아시아, 아프리카에 사는 민족 대부분에서 여성의 넓은 골반과 큰 엉덩이는 흔히 미의 중요한 특징으로 여겨진다." 인종 위계의 꼭대기에는 엘리스가 지상의 모든 사람이 가장 흠모하는 가장 아름다운 인종이라고 주장하는 유럽 여성이 있다. 미의 척도 제일 밑바닥에는 흑인이 있다. 엘리스는 작은 발가락, 큰 눈구멍, 넓은 앞니를 비롯한 이차성 특질들에 관해 장황하게 설명하는데, 엉덩이는 그중 제일이자 가장 여성적인 특질이다. 그는 유럽인들이 "여성 골반의 두드러진 선을 강조하기보다 완화시키려 했으나" (일본을 제외한) 거의 모든 다른 지역에서는 "큰 골반과 엉덩이가 미의 상징"이라고 지적한다. 그러다가 그는 스스로 교묘한 역설에 빠진다. 그는 큰 골반이 큰 두뇌를 지닌 아기를 낳는 데 필수이며, 유럽인들의 골반이 가장 넓다고 말한다. 그러나 그가 다른 데서 한 말에 의하면 아프리카인들의 엉덩이가 큰 건 그들의 골반이 좁기 **때문**이다. 큰 엉덩이가 골반이 좁은 것을 미적으로 보상해준다는 개념이다. 이 대목에서 다시 인종 위계를 설명하기 위해 특이한 논리가 펼쳐진다. 엘리스는 유럽 여성이 골반은 크고 엉덩이는 납작한 데 비해 아프리카 여성은 골반은 좁고 엉덩이는 크다고 주장한다. 무수한 반례와 진위가 의심스러운 증거들을 껴안고 엘리스는 흑인이 백인보다 두뇌가 작다고 주장할 방법을 치열하게 찾아 헤맸다. 19세기의 많은 과학자와 사상가처럼, 그 역시 이 주장을 입증하기 위해 엉덩이를 끌어들였다.

19세기 말에 이르자 골턴의 우생학은 미국으로 건너가서 과학자들과 대중의 생각에 스며들었다. 오늘날 사람들 대부분은 우생학에 관해 제2차 세계대전에서 대학살을 낳은 기괴하고 잔인한 사상이라고 알고 있지만, 20세기 초에 우생학은 대단한 인기를 끌며 침투하지 않은 구석이 없을 정도였다. 주류 과학자, 정치인, 개혁가들은 정치적 노선을 초월하며 공공연히 우생학을 지지했다. 20세기 미국의 첫 번째부터 여섯 번째 대통령들도 예외가 아니었다. 스탠퍼드, 프린스턴, 하버드, 미시간 대학 등 미국의 거의 모든 대학 생물학과에서 우생학을 가르쳤고, 〈뉴욕 타임스〉와 〈애틀랜틱〉 같은 주류 언론에선 우생학을 찬양하는 기사를 주기적으로 내보냈다.

우생학자들은 사람과 신체를 기본적으로 '적합'과 '부적합' 두 가지로 분류했다. 그들은 빈곤과 범죄 같은 문제들이 불공평한 체계, 인종차별, 계급 격차 때문이 아니라 나쁜 유전자에서 비롯한다고 믿었다. 가난한 사람은 더 많은 가난한 사람을 낳았고, 범죄자들은 더 많은 범죄자를 낳았다. 그들이 보기에 최종으로 세상의 고통을 없앨 방식은 "부적합한" 사람들의 재생산을 막고 "적합한" 사람들에게 아이를 더 낳으라고 장려하는 것이었다.

이 목표를 달성하기 위해 우생학자들은 미국 32개 주와 푸에르토리코에서 체계적인 불임 프로그램을 운영하기 시작했다. 그 결과로 1930년대 말까지 가난하거나, 장애가 있거나, 정신질환이 있거나, "정신 박약"이라는 두루뭉술한 분류에 들어간다는 이유로 6만 명이 넘는 사람들이 본인의 의지에 반하는 불임 시술을 받았다. 미국에서 불임 정책은 자주 법정에 올랐지만, 1927년에 이루어진 '벅 대 벨' 재판에서 나온 기념비적인 대법원판결과 함께 보통 합헌이라는 판결을 받았다.[50] 1930년대에 이르러 나치는 2만 명 이상에게 불임 시술을 시킨 캘리포니아의 정책과 실행 방법을 모범으로 삼아 저만의 우생학 프로그램을 만들어냈다. 제2차 세계대전 중에 벌어진 나치의 악행이 알려진 뒤에도, 미국 내 많은 주립 병원에서 수십 년이 넘도록 불임 정책이 지속되었다. 2010년까지도 캘리포니아 교도소에 투옥된 여성들은 본인의 의지에 반해 불임 시술을 받았다. 피커딜리에서 세라 바트먼을 구경거리로 무대에 올린 우생학과, 인종 분류에 관한 미심쩍은 과학이 지금 우리 눈엔 시간차가 존재하는 것처럼 보일 수 있다. 그러나 알고 보면 우리 시대에도 불임 시술 정책이나, 몸이 언급되고 분류되는 방식을 뒷받침하는 이론과 편견의 형태로, 여전히 강력하게 살아 숨 쉬고 있다. 앞으로 보겠지만 형태와 크기와 피부색과 능력을 기준으로 신체의 위계를 매기는 것(19세기와 20세기 초에 벌어진 인종 프로젝트가 남긴 유산)은 바람직하고, 건강하고, 일면 '올바른' 몸을 구성하는 요소에 관한 우리의 이해에 깊이 엮여 있다.

인종차별 사상에 젖은 19세기의 과학자들이 인간의 위계를 이러쿵저러쿵 정하는 동안, 세라 바트먼의 유해는 퀴비에의 자연사 박물관 33번 진열장에 한 세기가 넘도록 전시되었다.[51] 1889년에는 6개월 동안 박물관을 떠나, 전 세계 사람 3천 2백만 명이 방문한 파리의 만국박람회에서 전시되기도 했다. 1937년에는 파리 인류 박물관으로 옮겨져서 대중 앞에 전시되었고, 시간이 흘러 1982년에야 사람들의 반발로 인해 박물관 뒷방으로 들어갔다. 바트먼의 유해가 공개적으로 전시된 마지막 행사는 1994년에 오르세 미술관에서 열린 〈19세기의 민족지 조각〉 전이었다. 큐레이터들은 여전히 바트먼을 속박했던 사람들의 언어를 빌려 그를 "비너스 호텐토트"라고 일컬었다. 바트먼의 보존된 신체 부위들은 그가 사망하고 175년이 넘는 시간 동안, 오늘날 살아 있는 사람들이 기억하는 가까운 과거까지도 파리가 자랑하는 기관들에서 전시되었고 대중은 그것을 별생각 없이 소비했다.

대중에게 비교적 잊힌 채 몇십 년을 보낸 뒤, 샌더 길먼 같은 학자와 엘리자베스 앨릭잰더Elizabeth Alexander, 수전-로리 파크스Suzan-Lori Parks 같은 예술가들의 작업 덕분에 세라 바트먼의 이야기는 1990년대에 들어서 새롭게 써나간 과학, 인종, 아프리카 디아스포라(원래 살던 땅을 떠나 이국으로 향한 사람을 가리키는 말-옮긴이)의 역사에서 중요한 소재가 되고 있다. 남아프리카공화국에서 인종을 엄격히 분리하는 아파르트헤이트 제도가 사라져 갈 즈음, 법률가 겸 역사가였던 만셀 업햄Mansell Upham이 스스로 코이족 혈통을 물려받았다고 주장하는 그리콰Griqua족에게 바트먼의 이야기를 들려주었다. 그들은 바트먼을 그들의 조상으로 여겼고, 바트먼의 이야기는 그리콰족의 정체성에서 핵심이 되었다. 1995년에 그리콰족 지도자들은 넬슨 만델라와 프랑스 대사관에 접근해 바트먼의 유해를 남아프리카로 송환해달라고 요청했다.

만델라는 고인류학자이자 남아프리카에서 최고로 존경받는 과학자의 한 사람이었던 필립 토비아스Phillip Tobias 교수를 파리에 보내 협상하도록 했다. 그러나 그는 심한 반발을 마주해야 했다. 인류 박물관 관장은 두 가지 이유를 들며 바트먼의 유해를 송환할 수 없다고 맹렬히 반대했다. 첫째, 선례를 남기고 싶지 않다는 것(그곳엔 전 세계에서 수집한 인간 뼈와 다른 유해 수천 점이 있었는데 이를 전부 반환하고 싶진 않았다). 둘째, 바트먼의 이야기가 프랑스에서 가장 추앙받는 과학자의 한 사람인 퀴비에를 인종차별주의자, 식민주의자, 성폭력 가해자로 취급해 기분이 나쁘다는 것이었다.

협상은 장장 6년이 걸렸다. 영영 풀리지 않을 난제로 보였으나, 프랑스 상원의원 니콜라 아부Nicolas About가 바트먼의 유해를 남아프리카공화국으로 반환하도록 박물관에 요구하는 법안을 국회에 제출했다. 2002년에 법안은 만장일치로 통과되었다. 그해 4월, 바트먼의 유해는 마침내 바트먼이 태어난 곳으로 추정되는 마을과 가까운 남아프리카공화국 행키로 반환되었다.

2002년 8월 9일, 7천 명이 넘는 사람들이 때늦은 장례를 치르러 모였다. 바트먼의 타고난 혈통과 세례 이후 기독교로 개종한 선택, 둘 다를 존중하는 의미에서 코이족 원주민 식 장례와 기독교식 매장 의식이 함께 행해졌다. 공기를 정화하기 위해 허브를 태우고, 기독교 찬송가가 울리고, 코이족 전통 음악이 흘러나왔다. 바트먼의 관 위에는 알로에 화관이 놓였다. 그 자리에서 남아프리카공화국 대통령 타보 음베키Thabo Mbeki는 바트먼을 남아프리카 역사의 상징으로 대우하는 연설을 했다. "세라 바트먼의 이야기는 아프리카 민족의 이야기입니다. 아주 오랫동안 자유를 잃어버린 우리의 이야기입니다." 이윽고 18세기 코이족 사람들의 전통대로 바트먼의 무덤 위에 돌이 놓였다. 비로소 바트먼의 삶이 최소한으로나마 그의 방식대로 기려진 것이다.

이후 20년 동안 바트먼은 남아프리카의 중요한 상징이자 아프리카 디아스포라의 일원이라는 지위를 갖게 되었다. 남아프리카공화국에서는 세라 바트먼의 이야기가 무엇을 의미하고 그가 무엇을 대표하는지에 관한 토론이 주기적으로 이루어지고 있으며, 많은 여성이 불쾌감을 느낀다는 이유로 유해가 송환된 당시에 만들어진 동상을 철거하려는 싸움이 10년째 이어지고 있다. 최근 그 동상은 케이프타운 대학에서 철거되었고, 케이프 식민지의 영국인 총리였던 세실 로즈Cecil Rhodes의 이름을 땄던 건물에 새로 세라 바트먼의 이름이 붙었다. 나는 활동가이자 학가이자 예술가인 노무사 마쿠부Nomusa Makhubu에게 건물의 이름을 바꾼 것이 정의 구현처럼 느껴지냐고 물었다. 그는 답했다. "정의를 이룩했다는 말은 결코 할 수 없어요. 내일은 또 다른 권리를 빼앗길 테니까요. 한 걸음 앞으로 나아가면 두 걸음 뒤로 물러나게 되죠. 정의는 언제나 과정입니다."

3장

형태에서 집착으로

Shape

더 크게

나는 19세기를 배경으로 하는 영화와 TV 시대극이라면 거의 하나도 빼놓지 않고 다 보았다. 빅토리아 여왕을 다룬 작품, 소도시의 별난 인물들이 철도를 깔려는 움직임에 대항하는 작품, 찰스 디킨스와 조지 엘리엇의 원작을 각색한 작품. 〈작은 아씨들〉의 모든 버전을 섭렵한 건 물론이다. 시대극에 대한 내 지식은 백과사전을 방불케 한다고 자부한다. 내 머릿속에는 지난 50년 동안 활동한 BBC 성격 대부분의 배우 목록이 들어 있다. 뜻밖의 수확도 있었는데, 바로 빅토리아 시대 속옷의 언어를 유창하게 구사할 수 있다는 점이다. 시나리오 작가들은 그들의 상상 속 19세기 여성들에게 일어나고 있는 사건들을 은유하기 위해, 면과 고래수염으로 만든 레이스 장식 속옷들을 자주 활용했다. 스커트를 커다랗게 부풀리는 크리놀린과 페티코트는 거대하고 묵직해서 착용자를 압도시켰다. 블루머(무릎에서 조이는 헐렁한 반바지-옮긴이)가 등장하고 여자들의 두 다리가 분리된 것에 집중해 자유와 저항을 이야기하는 줄거리도 있다. 여자를 속박하고 통제하는 코르셋도 빼놓을 수 없다. 여성 등장인물이 코르셋 끈을 푼다는 건, 자유를 찾아 나서거나 자신의 섹슈얼리티를 수용하겠다는 의미다.

그런데 빅토리아 시대 속옷 가운데, 내가 알기로 아직 드라마에서 중요한 의미로 쓰인 적이 없는 품목이 하나 있다. 그것은 바로 버슬bustle이다. 버슬은 엉덩이를 강조하기 위해 허리에 묶는 아코디언 형태의 틀이나 통통한 쿠션 등을 일컫는다. 한마디로 '가짜 엉덩이'인 버슬은 19세기 말 여성의 실루엣을 결정했다. 버슬을 착용한 여자는 풍성하게 주름 장식이 된 소파를 연상시켰으며[1] 실제 신체 부위는 모조리 감추었음에도 큰 엉덩이를 지닌 사람처럼 보였다.

인터넷에서 버슬의 이미지를 검색하면, 턱부터 발목까지 장식 술과 프릴을 요란하게 매달고 드레스 단추를 끝까지 채운 채 고상을 떠는 여자들이 나온다. 그들의 신체 윤곽은

1810년에 널리 인기를 끈 세라 바트먼의 만화와 일종의 시각적 대화를 나누는 것처럼 보인다. (적어도 내게는) 부정할 수 없는 사실이다.

역사 기록을 살펴보면 바트먼과 버슬 사이에 모종의 관계가 있었음을 희미하게나마 알아챌 수 있다. 물론 1870년대에 둘의 연결고리를 설명하는 시사물이나, 버슬을 처음 스케치한 디자이너들이 바트먼에게서 어떤 영향을 받았는지 언급한 기록은 없다. 내가 박물관 큐레이터로 일하며 알게 된 사실은, 과거의 사물과 의복은 우리에게 언어와는 다른 방식으로 말을 건다는 점이다. 버슬의 인기를 이해하려면, 우리가 터놓고 이야기하기는커녕 좀처럼 의식조차 하지 못하는 신체·젠더·인종에 관한 관념이 우리 삶의 가장 일상적인 것에 어떻게 아로새겨졌는지 반드시 이해해야 한다.

문서와 단어들이 전해주는 건, 누군가가 언어로써 보고한 역사다. '이런 일이 일어났다. 그리고 역사를 기록한 사람들은 그 일에 대해 이렇게 생각했다.' 그러나 사물과 의복은 우리 정신의 다른 부분에 말을 걸어온다. 꿈이나 농담이나 말실수가 그렇듯, 우리가 물건을 만들고 사용하고 보관하는 방식은 쉽게 설명되지 않는 느낌과 믿음을 살며시 드러내곤 한다. "인간이 만들어낸 사물의 존재는, 그 물건이 만들어질 때 인간의 지성이 작동했다는 구체적인 증거입니다."[2] 예술사학가이자 사물 전문가인 줄즈 프라운Jules Prown은 말한다. "그렇다면 인공물은 그것을 만들어낸 사회에 존재한 정신 패턴의 증거가 되겠지요." 다시 말해 현재 존재하는 모든 사물은 누군가 의도적으로 만든 것이고, 사물의 제작자는 알게 모르게 그 안에 자신의 문화와 믿음과 욕망을 담아낸다는 것이다.

그날 나는 런던의 중심부로 가고 있었다. 빅토리아 앤드 앨버트 박물관의 보관소가 당연히 박물관 안쪽 방에 있을 거라고 짐작한 것이다.[3] 런던의 무더위를 뚫고 도착한 붉은 벽돌 건물의 아치형 출입구는 그야말로 장엄했고, 회화가 그려진 볼트형 천장은 존경심과 경탄을 자아냈다. 하지만 웬걸, 알고 보니 빅토리아 앤드 앨버트 박물관의 보관소는 런던 서부 교외의 부촌, 한때 우체국 저축은행 본부로 사용되었던 건물에 있다는 것이었다. 나는 다시 발걸음을 옮겨 보관소로 향했다. 빅토리아 앤드 앨버트 박물관은 세계에서 내로라하는 의상 수집품을 자랑한다. 나는 그곳에서 수집한 버슬들을 살펴보면서 줄즈 프라운이 가능하다고 말한 그 일, 과거의 무의식을 엿보는 일을 해낼 작정이었다.

프런트 데스크의 접수 직원은 작은 사물함에 소지품을 넣도록 안내하더니, 나를 긴 나무 의자로 데려갔다. 곧 다른 연구자들이 합류했다. 정장 재킷 차림에 머리를 근사하게 매만진 여자들이었다. 우리는 모두 참을성 있게 앉아 빅토리아 앤드 앨버트 박물관, 대영박물관, 런던 과학박물관에 미처 전시하지 못하고 남은 뼈와 인형과 가구가 있는 어마어마한 보관소에 들어갈 차례가 오길 기다렸다. 이윽고 우리는 한 사람씩, 배정된 기록 보관 담당자와 함께 문을 열고 안쪽으로 들어갔다. 스파 마사지를 받으러 가는 여자들처럼 손목에는 고무줄 달린 사물함 열쇠를 매달고 있었다.

내게 배정된 기록 보관 담당자 사라넬라는 먼저 자기소개를 하더니, 나를 데리고 층고가 높은 광활한 방으로 향했다. 바닥부터 천장까지 빼곡하게 들어선 흰색 선반에는 수백 점의 정물화, 도금 액자에 넣은 초상화, 흰색 중성지에 감싼 온갖 물건들이 즐비했다. 그 옆엔 마네킹들이 아무렇게나 놓여 있었다. 머리는 흰색 망사로 감싸고, 몸은 의류를 빛과 습기에서 보호할 때 쓰는 흰색 타이벡 천으로 덮은 채였다. 얼굴이 없고 부풀린 포장 아래 몸을 감춘 그들은 마치 아름다운 중세 처녀들처럼 보였다. 마네킹마다 타이벡 포장 아래에 보관된 드레스나 페티코트의 사진이 핀으로 꽂혀 있었다.

사라넬라의 안내에 따라 도착한 관람 장소에는 커다란 테이블 세 개가 놓여 있었다. 흰색 보관 용지를 깐 테이블 위에 내가 관람을 신청한 의류가 있었다. 마네킹에서 벗겨낸 옷은 생기 없이 납작했다. 퍼프는 쪼그라들었고, 장식용 술은 힘없이 누워 있었다.

내가 제일 먼저 살펴본 버슬은 패턴이 그려진 고동색 쿠션으로, 솜을 넣어 크기가 다양한 타원형 돌출부가 여러 개 달려 있었다. 흰색 끈을 허리에 묶어 쿠션이 허리 뒤편에서 풍성하게 늘어지면서 엉덩이가 불룩해 보이는 소기의 목적을 달성한 일반적인 구성이었다. 두 번째 버슬은 살짝 스팀 펑크적이고 사도 마조히즘스러운 분위기를 풍겼다. (이젠 녹이 슬어버린) 철제 밴드를 조여서 만든 것으로서, 경첩으로 여닫아 엉덩이가 거의 삼각형처럼 보이는 착시를 일으킬 수 있었다. 세 번째 버슬은 빳빳한 흰색 천 아래쪽에 끈을 꿰어 퍼프를 만든 것이었다. 끈을 세게 조일수록 엉덩이가 앙증맞아 보였다.

나는 보관소를 찾기 전에 기초적인 실용 지식으로 중무장했다. 최초의 버슬, 즉 버슬의 원형은 옷이 여성의 몸에 감기지 않도록 허리의 잘록한 부분에 작은 면 패드를 대어 묶은 것이었다. 이윽고 고대 그리스에서 영감을 받은 편안한 드레스가 유행했으며, 제인 오스틴 덕분에 영원히 기억될 리젠시 시대에는 버슬이 일약 인기를 끌었다. 당대 여자들은 페티코트를 여러 겹 걸치지 않았고, 승마할 때가 아니면 대부분 속옷조차 입지 않았다. 버슬은 천이 다리 사이로 들어가 가랑이에 끼는 걸 방지해주는 수단이었다.

하지만 단순한 의복의 유행은 오래가지 않았다. 1840년대에 이르자 여자들은 '기반시설'이라 불러도 과장이 아닐 만큼 거창한 페티코트 위에 거대한 종 모양 치마를 걸치기 시작했다. 태피터 드레스 아래에는 여러 겹의 면 치마를 받쳐 입는 게 보통이었는데, 착용자는 그 무게와 열기를 견뎌야 했다. 이런 디자인의 의도는 커다란 퍼프를 만들어내서 드레스의 호화로움과 풍성함을 과시하는 것이었다. 여러 겹의 페티코트를 입는다는 건, 페티코트 여러 벌을 살 만큼의 돈이 있다는 의미였다.[4] 패션의 많은 품목이 그러하듯, 당대에 치마는 부의 상징이었다. 그러다가 어느샌가 여자들은 크리놀린으로 갈아탔다. 크리놀린은 말갈기와 고래수염을 주재료로 하다가 나중엔 철로도 만들었다. 이는 페티코트의 일종으로, 면 치마만큼 무겁고 덥지 않으면서 치마를 더 크게 부풀릴 수 있었다. 1850년대에 이르자 치마는 여자들이 출입구를 지나갈 수 없을 정도로 커졌다.

이때 버슬이 등장한다.[5] 1868년에 대중화된 버슬은 1880년대 초에 이르자 더 커지고 더 불룩해졌다. 가장 단순한 형태는 솜이나 말갈기를 채운 쿠션을 허리에 버클로 매단 것이었다. 그러나 차츰 재료가 발전하고 제조업자들이 매출을 올릴 새로운 활로를 모색하면서, 버슬은 점점 더 복잡해졌다. 자리에 앉을 때면 엉덩이 밑에서 접히는 아코디언 식의 디자인을 적용한 것, 부풀린 망사 받침대나 복잡한 스프링 구조를 활용한 것도 있었다. 버슬의 인기는 계급을 초월했다. 어떤 여자들은 드레스 내부를 신문지로 채우기도 했고 (세간에는 〈타임스〉가 최고의 선택이라고들 했다[6]) 오늘날 웨딩드레스를 입는 신부들처럼 페티코트를 주름 잡아서 허리에 핀으로 고정하기도 했다. 어린 소녀들마저도 버슬을 착용했다.

빅토리아 앤드 앨버트 박물관에서 보관하고 있던 세 개의 버슬은 각각 다른 시대에서 왔고, 그것들을 착용한 사람들은 각각 다른 종류의 문제로 골머리를 앓았을 것 같다. 쿠션이 달린 건 위치를 고정하기 어려워 보였는데, 툭 튀어나온 부분이 허리께로 밀리면 엉덩이가 커 보이는 착시를 일으키는 데 실패할 것이었다. 빳빳한 천으로 엉덩이둘레를 부풀린 버슬은 약해서 금방 망가질 것 같았고, 아코디언 버슬은 견고하긴 하나 고장 날 것처럼 보였다. 만에 하나 뜻대로 열리거나 닫히지 않는다면 착용자는 상당한 곤경에 빠질 터였다.

나는 옛날 여자들이 버슬 위에 입었던 드레스도 관람하고 싶어 신청해두었다. 눈앞의 테이블에 준비된 드레스는 밝은 보랏빛에 값비싸 보였다. 화려하고 요란한 장식이 달렸으며 치마는 버슬을 착용할 수 있도록 충분한 여유를 두고 디자인되었다. 이 지점에서 나는 질투심 비슷한 것을 느꼈다. 지금껏 살면서 큰 엉덩이가 들어가는 치마나 바지가 없는 것에 어찌나 분통을 터뜨렸던가? 적어도, 어떤 의미에선 전적으로 큰 엉덩이를 위해 만들어진 옷이 여기에 있었다.

이런 아이템이 몸매를 어떻게 바꿔놓는지 눈으로 확인하고 싶어서, 나는 마네킹에게 버슬과 드레스를 입혀봐도 되냐고 사라넬라에게 물었다. 그녀의 눈이 왕방울만큼 커졌다. “어머, 안 돼요, 안 돼요.” 보아하니 내가 드레스를 직접 입어 보고 싶다는 말로 오해한 것 같았다. 물론 박물관 전시품은 손도 대어선 안 되는 물건이다. 오해 어린 시선 앞에서 나는 문득 내 몸이 눈앞의 거대한 드레스로 감싸인 모습을 상상하게 되었다. 실크 칼라를 턱 끝까지 올리고, 마찬가지로 실크로 된 치맛단으로 발목까지 덮은 채, 엉덩이에는 툭 튀어나온 쿠션을 묶은 내 모습. 겹겹이 치마를 걸치면 얼마나 거추장스럽고 더울지 생각했다. 꽉 조인 코르셋이 내 상체의 살을 조이면, 새장처럼 엮인 철사와 끈이 내 몸의 가장 부드러운 부위를 파고들면, 벌을 받는 기분이 들지 않을까. 앉아 있다가 일어설 때면, 먼저 몸을 숙여 아코디언 모양 버슬을 잡아당겨 펼쳐야 할 것이다. 의자에서 일어날 때마다 엉덩이를 잡아야겠지. 이런 옷을 입은 여자는 끊임없이 자기 엉덩이를 매만지고 찔러야 했을 것이다. 버슬을 자주 잡아당기고 거기 매달린 다양한 물체와 씨름해야 했을 것이다. 앉아 있을 때조차, 편하게 쉬는 건 불가능했을 것이다.

19세기의 다른 의류에 비해 버슬은 패션 역사학자들에게 외면받았지만, 그래도 버슬이 큰 인기를 끈 이유에 관해서는 몇 가지 이론이 존재한다. 어떤 이들은 버슬이 단순히 코르셋의 확장에 지나지 않는다고 주장한다. 버슬을 착용한 여자들은 커 보이기보다 작아 보이는 데에 관심이 있었으며, 큰 엉덩이가 강조하는 날씬한 허리야말로 여성들이 가장 원하는 것이었다는 논리다. 여기에는 여성들이 엉덩이가 커 보일 부담이 있더라도 기본적으로 언제나 날씬한 허리를 원한다는 전제가 깔려 있다. 또 다른 이론에서는 버슬을 엉덩이 확대 장치보다는 간소화된 크리놀린으로 간주하는 게 옳다고 주장한다. 치마가 터무니없이 컸던 1870년대에 버슬은 당시 여자들이 흔히 겪던 문제에 대한 실용적 해법이었을지도 모른다. 버슬을 착용할 경우, 치맛자락을 전부 뒤쪽으로 몰아서 문을 통과할 수 있었다.

버슬의 부상은 유물론적 이론으로도 설명된다.[7] 18세기 말 제1차 산업혁명이 벌어지면서 천을 구하기가 쉬워졌고, 1870년대와 1880년대에는 재봉틀의 발명으로 여자들이 전보다 빠른 속도로 직접 옷을 재봉하고 만들 수 있었다. 이런 발전은 드레스 메이커들에게 큰 심려를 안겨주었을 것이다. 직접 옷을 만들며 옷에 들어가는 재료의 원가를 알게 된 여성들이, 훨씬 큰돈을 지불해 드레스를 사는 관행에 의구심을 품기 시작했기 때문이다. 이에 드레스 메이커들은 영민하게 대처했다. 전문적인 드레스 메이커의 가치를 입증하고자 버슬에 복잡한 솔기와 장식을 달기 시작한 것이다. 이런 흐름 속에서 버슬은 부의 상징이라는 자리마저 꿰찼다. 한마디로, 숙녀는 소파처럼 꾸밀수록 부유해 보였다.

애초에 이론 자체가 필요하지 않다고 주장하는 쪽도 있

다.[8] "모두가 '왜'를 묻지만, 사실 패션엔 '왜'가 없습니다." 어느 패션 역사학자가 내게 말했다. "처음엔 작게 시작한 어떤 발상이 시간이 흐를수록 과장되어 터무니없을 지경에 이르렀다가, 어느 시점에선가 사라지고 다음 유행에게 자리를 넘겨줍니다." 종 모양 크리놀린은 풍성한 버슬로 대체되고, 버슬은 1920년대 튜브 형태의 의상에 자리를 넘겨준다.[9] 인체에 걸칠 수 있는 옷의 형태는 한없이 많고, 특정 형태에 질릴 즈음 우리는 다음 유행으로 넘어간다.

그런데 내가 느끼기에 이런 설명들은 뻔한 사실 하나를 간과하고 있다. 버슬은 누가 뭐래도 엉덩이를 커 보이게 하는 장치다. 버슬로 인해 허리가 잘록해 보였을 수는 있지만, 그와는 별개로 버슬 자체의 모양에도 어떤 매력이 있었던 건 확실하다. 19세기 말에 살았던 사람들은 분명히 불룩 튀어나온 큰 엉덩이를 가진 여자를 보는 걸 좋아했거나, 스스로 그런 여자가 되고 싶었을 것이다. 패션이 맥락 없이 독립적으로 돌아가는 사이클에 불과하다고 주장하는 건, 패션이 역사 바깥에 존재한다고 주장하는 것과 같다. 매일 우리가 어떤 옷을 입을지 선택하는 것이 우리 사회의 정치·과학·몸에 관한 생각들과 전혀 무관하다고 전제하는 것과 같다. 그렇지만 우리가 살아가는 세상 속에서 어떻게 패션만 예외일 수 있을까?

버슬 보관소로 여행을 다녀온 다음 날, 나는 빅토리아 앤드 앨버트 박물관의 큐레이터이자 속옷의 역사에 대해 널리 글을 써온 영향력 있는 패션 역사학자 에드위나 어먼Edwina Ehrman을 만났다.[10] 버슬에 대한 의견을 묻자, 그는 반가운 질문이라는 듯이 18세기와 19세기에 대해 우리가 흔히 품는 오해를 일깨워주었다. 우리는 그 시기를 지나치게 점잔 빼던 시기, 신체 노출과 젠더에 관해 융통성은 없고 엄격한 규칙만이 지배하던 시기로 생각하곤 한다. 그러나 어만은 빅토리아 시대에 살던 많은 사람이 실제로는 서로의 몸을 예민하게 느끼며 지냈다고 지적한다. "그 사람들은 말 그대로 서로 몸을 비비며 지냈어요. 집마다 화장실이 따로 있지 않았고요." 중앙 하수 처리 시스템이 생기기 전이었고, 가정 대부분은 사적인 침실이 없었으며, 여성의 속옷은 보통 가랑이가 막혀 있지 않아 쉽게 치마를 들어 올리고 쪼그려 앉아 소변을 볼 수 있었다. 지금 우리가 굳게 문을 닫은 침실과 화장실 뒤에 감추는 몸의 진실이, 그때는 어디에나 널려 있었다.

서로 그만큼 가깝게 지냈기 때문에, 치마만 들어 올리면 화장실에 갈 수 있었기 때문에, 다양한 정도로 노출된 타인의 몸을 흔히 보며 살았기 때문에, 빅토리아 시대 사람들은 엉덩이의 기능과 그 산물에 대해 속속들이 알았다. 그들이 엉덩이를 변형시키는 의류를 디자인한 건 바로 그래서였을지도 모른다. "엉덩이는 더러움, 배설물, 변과 관련되었습니다. 과거라면 '부자연스러운 성'이라고 불렸을 것들이었죠. 복잡한 시대였어요." 어만은 버슬이 여성 엉덩이의 흠을 제거함으로써 위협을 줄인 복제품, 이른바 "매끈한 엉덩이"를 만들어냈다고 설명한다. 엉덩이의 형태와 기능이 이상화되었고, 상태가 위생적일수록 엉덩이는 더 에로틱해졌다. 더러움을 연상시키지 않는, 당당히 내민 엉덩이는 더 매력적으로 느껴졌다.

과거 르네상스 시대의 속옷 디자인은 그 아래 감추고 있는 신체에 관한 도발적 암시를 의도한 것이었지만, 빅토리아 시대에 여성의 몸을 조이고 속박하는 코르셋은 그 자체로 욕망의 대상이었다.[11] 옷은 그 아래의 몸을 대체하는 외골격이었다. 여성이 걸친 모든 옷이 여성의 신체를 대신한다면, 속옷이 새로운 피부로 여겨진다면, 여성은 언제나 옷을 입고 있으면서 동시에 벌거벗은 셈이다. 그녀의 신체는 몸에 두른 끈과, 천의 위와 아래에 다 존재하며 끊임없이 남들에게 전시된다. 또는 적어도, 누군가의 몸은 그렇게 전시된다.

"버슬! 버슬이란 무엇인가?"[12] 1840년 10월 말, 〈아이리시 페니 저널*Irish Penny Journal*〉에 익명의 저자가 건방진 투로 적었다. "버슬은 그리스 비너스를 닮은 자기 몸매에, 호텐토트 비너스의 특징을 더하고자 하는 숙녀들이 사용하는 품목이다!"

나는 빅토리아 앤드 앨버트 박물관에 전시된 의류의 퍼프와 스프링들 사이에서, 세라 바트먼과 버슬을 연결하는 시각적 증거를 찾고 있었다. 글로 적힌 연결고리를 찾아 나섰을 때, 과거 노동 계급에게 판매되던 아일랜드 잡지에서 이 기사를 발견했다.

〈아이리시 페니 저널〉에 이 기사가 실린 날은 세라 바트먼 열풍이 정점이던 때로부터 20년 넘게 지난 시기였지만, 바트먼은 이번엔 농담의 형태로 신문 지상에 다시 등장했다. 기사로 미루어볼 때 세라 바트먼은 여전히 대중의 인식 속에 굳건히 자리 잡은 존재였다. 또한 그의 신체와 당시 떠오르던 버슬 유행에는 관련이 있었다. 그런데 알고 보면, 둘의 연결고리가 만들어진 시기는 그보다 훨씬 오래전이다.

바트먼이 아직 살아 있던 1814년에,[13] 파리에서 〈호텐토트 비너스: 또는 프랑스 여자에 대한 혐오*The Hottentot Venus; or, The Hatred of Frenchwomen*〉[14]라는 제목의 보드빌 극이 무대에 올랐다. 프랑스 귀족 아돌프가 '야만인 여자une femme sauvage'와 결혼할 결심을 하는 내용이었다. 그는 인디언 원주민 여자 혹은 호텐토트 여자를 찾는데, 둘 다 세련된 프랑스 여자보다 침대에서 더 큰 만족을 안겨줄 거라는 생각에서다. 아돌프와 결혼하고 싶었던 사촌 아멜리는 엉덩이에 커다란 패드를 대고 코이족 춤과 노래를 따라 하며 호텐토트 여자인 척해보겠다는 계략을 세운다. 아멜리는 사촌 앞에 서서 세라 바트먼 흉내를 내며, 말하자면 신체 버전의 블랙페이스(흑인이 아닌 출연자가 분장하고 흑인 역할을 하는 공연-옮긴이) 공연을 펼친다. 연극 전체가 아프리카 여성에 대한 끊임없는 프랑스 귀족의 성적 대상화를 웃음거리로 삼는 풍자적 오락물로, 이를 통해 관객의 폭소를 유발한다. 흑인의 커다란 엉덩이는 처음에 주인공의 동물적 욕망을 자극하지만, 결국 특권을 갖고 귀한 대접을 받으며 심지어 성적으로 더 매력 있다고 인정받는 것은 백인의 작은 엉덩이다. 극이 끝날 무렵, 계략이 밝혀지고 모든 게 제자리를 찾는다. 아돌프는 더 이상 프랑스 여자들을 혐오하지도, 흑인 호텐토트 여성을 욕망하지도 않는다. 백인 여자는 마침내 욕망의 대상이 되어 흑인 여자로부터 승리를 거둔다. 그는 버슬의 도움을 받아 남자를 유혹하는 데 성공하고, 그다음 버슬을 내팽개친다. 그렇게 제국주의의 위계가 회복된다. 사회 질서가 바로 선다.

〈호텐토트 비너스: 또는 프랑스 여자에 대한 혐오〉에서 버슬과 세라 바트먼의 가장 이른 연결고리를 찾아볼 수 있다. 일종의 인공 엉덩이라고 할 수 있는 버슬은 여자를 그리스 비너스에서 호텐토트 비너스로 변신시켜주는 새장과 같은 기구다. 버슬과 호텐토트 비너스의 연결은 명시적이고 목적도 분명하다. 백인 프랑스 여자는 버슬을 착용하고 아프리카 여자에게 결부된 성적 고정관념을 연기한다. 남자를 유혹하는 데 성공한 다음에는, 작업에 쓴 버슬을 내동댕이친다. 그러니 버슬은 백인성과 흑인성 둘 다를 연출해주는 소품이다. 프랑스 여자가 단연코 흑인스럽다고 느껴지는 신체를 모방하게 해주고, 그다음에는 벗어던짐으로써 백인성을 되찾게 해준다. 이런 이야기는 우리 역사에서 거듭 되풀이된다.

이렇듯 문화적 증거가 여럿 존재하는데도, 많은 패션 역사학자는 버슬을 특정한 신체 부위를 강조하기보다 전체적인 실루엣을 만드는 단순한 패션 아이템으로 취급한다. 버슬이 부분적으로 세라 바트먼의 신체에서 영감을 얻었다는 이론의 유효성에 의문을 제기하는 이들은, 버슬이 바트먼이 세상을 떠나고 거의 50년이 지나서야 인기의 정점에 이르렀다는 점에 주목한다. 둘이 정말 연결되어 있다면, 이렇듯 시간 차이가 나는 건 어째서인가? 그러나 바트먼의 신체는 19세기의 시작부터 끝까지 파리 자연사 박물관에, 1889년에 열린 파리 박람회에도 전시되었고 그 뒤에도 "호텐토트 비너스"는 전시를 이어나갔다. 다른 코이족 여성들이 바트먼과 똑같은 딱지가 붙어 19세기 내내 전시된 것이다. 엉덩이가 아주 큰, 특정한 신체를 지닌 흑인 여성의 실루엣은 19세기의 과학과 대중문화에 깊이 엮여 있었다. 이 대목에서 답해야 할 질문이 하나 더 있다. 19세기 말의 여성들은 어째서 세라 바트먼처럼 보이고 싶었을까? 바트먼은 인간보다 못한 아프리카인의 정수로서 박물관 유리장 안에 박제되었다. 그의 몸은, 무엇보다 엉덩이는 코이족 사람들이 지상의 다른 인간보다 급이 낮은 동물이라는 증거로서 전시되었다. 그렇다면 백인 여성들이 그의 신체를 모방하고 싶었던 건 왜일까?

지난 여러 세기 동안의 역사를 돌이켜볼 때, 백인 문화와 패션은 가차 없는 '체리 피킹cherry picking'에 능숙하다. 다른 이들의 문화와 역사, 신체에서 입맛에 맞는 부분만 취하고 나머지를 내버리는 일이 흔하다. 엉덩이의 역사에서도 같은 패턴이 반복된다. 문화 비평가 그레그 테이트Greg Tate가 동명의 저서에서 지적하듯 백인 문화는 "부담스러운 건 빼고 나머지 전부"[15]를 즐거이 취한다. 원하는 것을 빼앗아 제 것으로 만들고, 나머지는 모른 체한다. 흑인 여성의 경우 그들의 몸에 결부된 에로티시즘을 즐기고 놀리되, 인간 이하의 존재로 분류되면서 생긴 트라우마는 버린다.

1991년에 비평가 리사 존스Lisa Jones와의 인터뷰에서 시인 엘리자베스 앨릭잰더는 세라 바트먼의 신체와 버슬의 관계에 관해 이렇게 설명했다.[16] "당신이 집착하는 것, 당신이 두려워하는 것, 당신이 파괴해야 하는 것, 그것이야말로 당신이 무엇보다도 강렬히 원하는 것입니다." 버슬을 착용하는 백인 여자는 자기 몸이 어떤 몸을 흉내 내는지, 자기 몸이 어떤 노출을 모방하고 있는지 잊고 살 수 있다. 어쩌면 처음부터 생각조차 하지 않았을지도 모른다. 그들에게 버슬은 그냥 패션일 뿐이다. 남편이 좋아하니까 착용하는 것이다. 하지만 버슬은 그가 입고 벗을 수 있는 구체적인 물건이면서, 다른 무엇의 시각적 메아리다. 버슬은 위험하고, 유혹적이며, 안전하게 숨겨져 있으면서 동시에 노출된 엉덩이를 의미한다. 그 엉덩이는 여자의 남편과 국가, 심지어 여자 자신이 집착하고, 겁내고, 따라서 무엇보다도 욕망하는 무언가를 대표한다.

⌣⌣

사라넬라는 결국 마네킹에게 버슬을 착용시키는 것도 허락하지 않았다. 하지만 그렇다고 해서 버슬을 입은 마네킹을 볼 수 없었던 것은 아니다. 흐릿한 조명이 드리운 빅토리아 앤드 앨버트 박물관의 패션 갤러리 유리장 안에, 머리 없는 마네킹들이 17세기의 궁정풍 드레스와 20세기의 샤넬 정장을 착용하고 서 있다. "쿠튀르&상업 1870~1910"이라고 라벨이 붙은 섹션에는 커다란 버슬을 착용하고 벽돌색 꽃이 달린 베이지색 드레스를 입은 마네킹이 서 있다. 퍼프를 풍성하게 부풀린 마네킹의 엉덩이는 커다랗고 높게 튀어나와 있다. 마네킹 뒤에는 거울을 세워두어 방문객이 모든 각도에서 드레스와 버슬을 볼 수 있게 해놨다. 정말이지 천을 씌운 소파랑 똑같이 생겼다. 정말이지 세라 바트먼의 실루엣과도 닮아 있다.

우리가 몸에 걸치는 물건들은 우리가 우리를 어떻게 드러내고 싶은지, 남에게 어떻게 보이고 이해받고 싶은지를 물질문화의 여러 유형 중 가장 노골적으로 보여준다. 그러나 우리가 입는 옷으로 무엇을 소통하려 하는지 우리 자신도 정확히 모를 때가 있다. 19세기 여성들이 허리에 착용한 퍼프와 패드와 틀을 설계한 사람들은 대부분 남자였고,[17] 막상 그것을 실제로 제작한 사람들은 주로 여자였다.[18] 그들은 뉴욕 로어이스트사이드의 노동 착취 공장에서, 맨체스터의 방적 공작에서, 재봉틀의 발명에 부담을 느끼며 고투하던 드레스 가게에서 일했다. 미국 남부의 노예들은 충전재로 넣을 면화를 땄다.[19] 펜실베이니아의 광부들은 철제 버슬의 형태를 잡아줄 철을 파냈다.[20] 여자들이, 많은 여자가, 온갖 유형의 여자가, 버슬을 착용했다.

엉덩이를 부풀리고 장식 술을 흔들면서 1880년에 런던의 길거리를 걸을 때, 그 여자들은 자신의 실루엣에 어떤 의미가 있는지 깊게 생각하지 않았을 수 있다. 그러나 그들이 착용한 버슬은 알게 모르게 점잖음과 통제에 관한 메시지를 보내고 있었다. 인종과 식민지와 흑인 여성의 신체에 부여된 가치에 대해 시각적 농담을 던지고 있었다. 세라 바트먼은 반세기 전에 세상을 떠났으나 그의 삶과 죽음이 남긴 유산은 꾸준히 끌려나오는 중이다. 패셔너블한 실루엣의, 또한 패셔너블한 엉덩이의 구성 요소는 머지않아 극적으로 달라지지만, 여성성·백인성·통제에 관한 무의식들은 여성의 의복에 오래도록 수놓이게 된다.

더 작게

1910년대 댈러스에 살았던 고든 콘웨이Gordon Conway는 젊고, 부유했고, 인기인이었으며, 시크했다.[21] 제재업계의 거물이었던 아버지는 1906년에 열두 살 난 고든과 아내 토미에게 막대한 재산을 남기고 세상을 떠났다. 아버지의 유산인 저택에는 곧 우아한 과부에게 구애하려는 부유한 멋쟁이 남자들이 모여들었다. 고든은 그림을 그리고, 색칠하고, 영화관에 가고, 춤추는 걸 좋아했다. 뗄 수 없이 가까운 사이였던 콘웨이 모녀는 당시 댈러스에서 꽃피고 있던 세련된 사교계의 핵심 인사였다. 모녀는 화려한 붉은색 드레스를 입었고, 수없이 많은 신발을 사들였으며, 담배를 피웠고, 원스텝 댄스를 췄고, 주위의 독실하고 보수적인 지역사회 구성원들에게 주기적으로 꾸짖음을 당했다. 두 사람은 각기 다른 유형의 신여성으로서 버슬을 착용하던 빅토리아 시대의 선조들과는 뿌리부터 달랐다. 콘웨이 모녀는 거리낌이 없었고, 세련되었으며, 인생을 즐길 줄 알았고, 패셔너블했다.

그런 콘웨이 모녀는 생김새만큼은 서로 딴판이었다. 토미는 고전적인 벨 에포크 시대 미인으로서, 시대에 완벽히 부합하는 예쁘장하고 곡선미 있는 몸과 부드러운 얼굴을 지녔다. 여자들이 새장처럼 빳빳한 버슬과 코르셋의 껍데기를 벗어던진 20세기 초 이상적인 여성의 외형적 특징은 유려하고 부드러운 선이었다.[22] 당시 〈하퍼스 바자〉와 〈콜리어스〉를 비롯한 인기 잡지에 그림을 실은 유명 일러스트레이터 찰스 깁슨Charles Gibson을 따서 이름 붙여진, "깁슨 걸" 스타일이 유행했다. 깁슨 걸은 빅토리아 시대보다 여유로운 옷을 입었고, 훨씬 자유롭게 움직일 수 있으면서도 몸의 곡선을 충분히 자랑했다. 가슴은 풍만했고, 엉덩이는 둥글었으며, 풍성한 머리숱은 정수리 부근에 느슨하게 쪽을 져 올렸다.

어머니와 정반대로 각진 몸매를 지닌 고든 콘웨이는 키가 크고 날씬했으며 턱이 두드러졌다. 미소를 환하게 지을 줄 알았고, 머리칼은 강렬한 붉은색이었다. 스타일 감각이 훌륭했던 그는 타고난 몸으로 최선을 다해봤지만, 아무리 해도 바꿀 수 없는 신체적 특징(껑충한 키와 큰 골격, 망아지처럼 말라빠진 몸매)은 잡지에서 추앙받던 깁슨 걸 스타일과는 영 달랐다. 어린 시절 고든은 가족 스크랩북에서 자기 얼굴을 가위로 잘라내곤 했다. 어머니와 자신의 외모를 비교하면서 꽤 고뇌했던 것 같다. 고든의 라이프스타일은 참으로 패셔너블했지만 몸은 그렇게 받아들여지지 못했고, 고든은 그 사실을 잘 알았다.

고든 콘웨이의 삶을 다룬 유일한 전기에는 파티·패션·연애에 관련된 여러 일화가 실려 있다. 고든과 토미가 유럽을 여행하던 중 제1차 세계대전이 발발했다. 즐거움을 좇는 두 여자에겐 퍽 불편을 자아낸 사건이었다. 차를 마시고 테니스를 치고 옛 거장들의 작품을 관람하는 그랜드 투어는 예상보다 빠르게 끝나버렸다. 고든은 여러 나라의 남자친구들 모두를 갑작스럽게 만날 수 없게 되어 불편했다. 1914년에 모녀는 증기선에 올라 전쟁 중인 유럽을 떠났다. 독일 잠수함이 득시글거리는 바다를 피해, 타이타닉과 같이 북대서양을 통해 미국으로 향하는 경로였다. 뉴욕에서 하선한 모녀에게 전쟁이란 현실은 꿈처럼 덧없이 잊혔다. 미국이 전쟁에 뛰어드는 건 그로부터 몇 년 뒤의 일이었다. 고든과 토미는 리츠 호텔에서 칵테일을 마시고, 마리 앙투아네트 호텔에서 저녁 식사를 하고, 암스테르담 호텔 옥상에서 새벽까지 춤을 추면서 흥겨운 나날을 보냈다.

그러나 고든 콘웨이는 분별없이 마냥 놀기만 하는 여성은 아니었다. 노력파에 뚝심 있는 야망가였던 그에겐 진지한 직업적 목표가 있었다. 왕성한 사교 생활로 바쁘긴 했지만, 19세의 고든이 뉴욕에 온 이유는 단순히 파티와 술을 즐기기 위해서가 아니었다. 그는 〈베니티 페어〉와 〈하퍼스 바자〉에 그림을 그리는 위대한 잡지 일러스트레이터들의 세계에 뛰어들겠다는 야심을 품고 있었다. 고든이 원한 건 단순히 패션을 따르는 게 아니었다. 패셔너블한 것의 정의를 바꾸는 것이었다.

뉴욕에 도착하고 1년이 지나지 않아, 고든은 엄청난 사람을 멘토로 모시게 된다. 그의 멘토는 나스트 최초의 아트 디렉터, 일러스트레이션을 편집·광고 분야의 필수 요소이자 수익성 요소로 편입하는 시대적 변화를 주도한 예술가 헤이워스 캠벨Heyworth Campbell이었다. 콘웨이는 그림 그리기를 좋아했고, 실력도 좋았다. 그는 잘 팔릴 만한 패션 일러스트를 그리고 싶었지만, 한편으로는 자기만의 목소리와 스타일을 개발하는 데에도 열심이었다. 캠벨은 그런 그를 격려하며 〈보그〉, 〈하퍼스 바자〉, 〈베니티 페어〉처럼 유행을 선도하는 매체에서 일거리를 찾도록 도왔는데, 이는 당대 여성으로서는 이례적인 직업이었다. 그로부터 15년에 거쳐 콘웨이는 주로 젊고 패셔너블한 여성을 묘사하는 잡지 일러스트를 5천 점 이상 그렸다. 119개의 연극 무대, 47편의 영화 그래픽과 의상을 직접 디자인하기도 했다. 고든 콘웨이의 일러스트는 곧 시대를 대표하는 상징적 이미지가 되었다. 그가 속한 시대의 깁슨 걸을 창조해낸 것이다.

콘웨이가 만들어낸 스타일은 과감하고 참신했으며, 패션과 여성성에 관해 과거 몇 세기 동안 굳어졌던 규칙과 선호를 전복시켰다. 콘웨이의 그림 속 여성들은 엉덩이가 없고 호리호리했다. 몸은 움직이는 중이거나 쉬고 있었다. 댄스 스텝을 밟는 도중에, 테니스 공으로 서브를 넣기 직전에, 또는 소파나 스툴에 기대 누워 있을 때를 포착한 모습이었다. 콘웨이가 그린 여성들의 몸에는 자연스러운 곡선이 없었다. 때론 허리를 살짝 잘록하게 그리거나 가슴과 엉덩이의 존재를 암시하기도 했지만 (언제나 작고 앙증맞았다) 그의 일러스트 속에서 살아가는 여성들은 일반적으로 일러스트레이터 본인과 같이 마르고 나긋나긋한 백인이었다. 여성의 몸을 이렇게 묘사하는 건 대담한 선택이었다. 콘웨이에게는 이런 선택이 어린 시절 불만스러웠던 자신의 몸을 세상에 당당하게 투사함으로써 그 몸을 되찾는 방식이었을지 모른다. 문자 그대로, 콘웨이는 스스로를 패션의 역사에 그려 넣었다.

하지만 일러스트 속 여성들이 콘웨이를 닮은 건 신체만이 아니었다. 그들은 옷을 입고 행동하는 방식도 콘웨이와 같았다. 허리선이 낮은 짧은 원피스를 입었고, 클로슈 모자를 썼고, 머리칼은 단발로 잘랐다. 밤에 외출해서 춤을 추고, 음악을 듣고, 담배 연기로 고리를 만들었다. 고든 콘웨이의 여자들은 그냥 사교계 여자가 아니라, '플래퍼Flapper'였다.[23] 1910년대에 콘웨이와 동료 존 헬드 주니어John Held Jr. 같은 일러스트레이터, 코코 샤넬과 폴 푸아레Paul Poiret 같은 패션 디자이너, 할렘의 재즈 클럽에서 진 리키 칵테일을 마시며 밤을 보내는(혹은 적어도 그러고 싶어 하는) 새로운 유형의 젊은 부르주아 도시 여성은 신여성인 '플래퍼'의 원형을 함께 빚어내고 있었다.

플래퍼라는 개념은 빠르게 퍼져나가 성인 여성이 어떤 모습을 지니는지, 나아가 성인 여성이 된다는 게 어떤 의미인지 규정지었다. 플래퍼가 낳은 깊고 지속적인 문화적 변화가 가장 공공연하게 드러난 분야는 패션일 것이다. 여성 신체의 곡선은 (혹은 곡선의 부재는) 다시 한번 여성성과 섹슈얼리티의 정의가 투사되는 스크린이 되었다. 몸은 또다시 강렬한 은유적 의미를 띠게 되었다. 19세기 사람들은 큰 엉덩이에 열중하고 심지어 집착했다. 1800년대에 패셔너블하고 여성스러운 여자가 되려면 곡선과 큼직한 엉덩이가 필수였다.

그러나 20세기에 이르러 급진적 변화가 일어났다. 고작 몇 년만에 곡선미 있는 여성들은 패션 잡지 페이지에서 자취를 감추었다. 1910년대에 처음 등장한 새로운 실루엣은 놀랍도록 오래 인기를 끌며 한 세기가 지나도록 지배력을 잃지 않았다. 엉덩이 없이 비쩍 마르고 매혹적인 여성들은 비범할 정도로 강렬하고 탄력 있게 패션계를 제패했고, 지금까지도 그 지위를 유지하고 있다.[24] 어느 학자는 말했다. "플래퍼가 스커트를 무릎 위로 올리고 스타킹을 그 아래로 말아 내렸을 때, 로마 제국의 함락 이래 최초로 점잖은 여성의 하체가 맨살로 노출되었다. 두 사건의 관계는 우연으로 보이지 않는다."[25] **곡선이 있던 자리를 각이 차지했다.** 버슬이 있던 자리에서 엉덩이가 사라졌다. 가정성과 제약은 밤 문화와 해방으로 대체되었다. 적어도 이것이 엉덩이 없는 여성의 이야기가 서술되는 주된 방식이다. 직선이 현대성 그리고 자유와 동의어가 되어 버린 이야기.

'플래퍼'라는 단어의 어원에는 적어도 두 개의 가능성이 있다. 누군가는 플래퍼가 1890년대에 영국에서 미성년자처럼 보이는 (실제로도 주로 미성년자였던) 아주 어린 성노동자를 일컫는 속어로 처음 쓰였다고 주장한다. 어떤 사람들은 이 단어가 아직 신체가 성숙하지 않은, 십대 초반의 서툰 소녀를 일컫는 단어로 잉글랜드에서 시작되었다고 주장한다. "퍼덕거리는('flap'에는 날개나 팔을 퍼덕인다는 의미가 있음-옮긴이) 소녀"들은 직선으로 된 옷을 입어 흐느적거리고 퍼덕대는 팔다리를 가려야 했다. 실제 어원과 상관없이 플래퍼는 어리고, 소년 같고, 성숙한 여성의 신체나 행동 등의 특성을 가지지 않은 존재로 정의되었다. 플래퍼는 이렇듯 미숙한 존재인데도 어째서인지 섹슈얼하게 여겨지는데, 이 대목에서 여성의 신체에 대한 해석이 끊임없이 변한다는 것을 확인할 수 있다. 19세기에 섹슈얼리티를 함의한 것은 곡선미 있는 신체였다. 20세기에는 여러모로 정반대의 외형을 띤 신체가 비슷한 의미를 띠었다. 플래퍼의 특성은 점잖은 빅토리아 시대 여성과 극단적으로 달랐는데, 1910년대와 20년대에 새로운 특성이 인기를 끈 배경에는 노동·교육·성 측면에서 일어난 복잡한 사회 변화가 있었다.

19세기 말 미국은 해외에서 온 이민자들과 시골 농장 및 소도시에서 꾸준히 도시로 들어오는 이주민에 힘입어 나날이 도시화되었다.[26] 1860년에서 1920년 사이, 미국 도시 인구는 620만 명에서 5,430만 명으로 크게 증가했다. 이주자 중 많은 수가 가족을 떠나 스스로 생계를 꾸리러 나온 여성들이었다. 시카고, 뉴욕, 샌프란시스코에 자리를 잡은 그들은 감시하는 부모의 눈길에서 벗어나 젊은 남성들과 데이트를 할 수 있었다. '샤프롱Chaperone(젊은 여성과 동행하는 보호자—옮긴이)' 없이 로맨스를, 성적 실험을 펼칠 새로운 기회가 열린 것이다.

비슷한 시기인 1920년에 수정 헌법 제 19조가 비준되면서,

미국의 많은 여성이 투표권을 얻었고 여자가 정치·교육·문화 생활 영역에서 목소리를 낼 수 있다는 발상이 (완전히 평등하게는 아닐지언정) 널리 퍼지기 시작했다. 여성이 자신의 몸을 얼마나 움직일 수 있는지, 얼마나 움직여야 하는지에 관한 기준도 달라지기 시작했다. 과거 수십 년 동안 중산층·부유층 여성들은 몸을 지나치게 많이 쓰지 않으려 했지만, 새로운 시대에 인기를 끈 《훌륭한 여자의 힘과 아름다움*The Power and Beauty of Superb Womanhood*》 같은 책에서는 여성이 "남자와 거의 동등한 정도로" 운동과 스포츠를 추구해야 한다고 주장했다.[27]

이런 사회적 변화와 더불어 의류 혁명이 일어났다. 시작은 폴 푸아레였다.[28] 그는 역사상 최초의 쿠튀르 하우스라 불리는, 명성 높은 '하우스 오브 워스'에서 일상용 드레스를 만들며 일을 배웠다. 이어서 1906년에는 자신의 패션 하우스를 열어 길게 직선으로 떨어지는 실루엣, V자 네크라인, 대담하고 다채로운 팔레트를 특징으로 하는 전적으로 새로운 유형의 여성 드레스를 만들어내기 시작했다. 가장 눈에 띄는 특징은 그가 빅토리아 시대의 속옷을 내버린 것, 특히 코르셋에 경멸을 공표했다는 점이다. "나는 코르셋에 대항해 전쟁을 벌였습니다. 코르셋은 착용한 사람을 두 살덩어리로 분리합니다. 가슴이 있는 한쪽, 몸 뒤편의 모든 부위가 있는 다른 쪽, 이렇게 둘로 나뉘는 거죠. 코르셋을 입은 숙녀는 트레일러를 끌고 다니는 것처럼 보입니다."[29] 푸아레의 완강한 반대에 힘입어 버슬과 큰 엉덩이를 암시하는 실루엣은 한 세기 동안 미국의 주류 패션에서 거의 자취를 감추고 만다.

코르셋에 대한 푸아레의 생각은 어느 정도까지는 여성들이 일하고 데이트하는 도시 문화에서 비롯했을지 모른다. 하지만 그에게 여성을 해방하겠다는 의도가 있었던 건 아니다. 그가 발명한 의상 중엔 이른바 '호블 스커트'도 있는데, 두 다리의 움직임을 크게 제약하고 오로지 잰걸음으로만 걷게 하는 이 옷은 문자 그대로 여성을 '묶어'버렸다('hobble'에는 두 다리를 묶는다는 의미가 있음-옮긴이). 패션을 대하는 푸아레의 생각에서는 다소 권위주의적인 사디즘이 내비친다. 그는 자신을 패션 개혁가로 보았고, 자신이 멋대로 정한 유행을 온 세상 여성들이 따라야 한다고 믿었다. 그는 자신이 패션을 대표하는 지도자로서 여성들의 외형, 움직이는 방식, 행동, 나아가 여성들 자체를 통제한다고 믿었다. 여성들은 코르셋에서 풀려나자마자 푸아레와 맞서 싸워야 했다.

하지만 곧 패셔너블한 여성들은 통치자를 갈아치웠다. 가브리엘 코코 샤넬은 1910년에 여성 모자 가게를 열었고, 이윽고 노르망디에 부티크를 열어서 남성복에서 영감을 받은 고유한 스타일의 의류를 팔기 시작했다. 샤넬이 파는 품목은 바지, 단순한 스웨터, 벨트 달린 재킷 등이었다. 그렇게 빅토리아 시대와 에드워드 시대 드레스의 퍼프 소매와 러플은 완전히 역사의 뒤안길로 접어들었다. 샤넬 의류는 단순하고 현대적이었으며, 샤넬 본인과 닮은 여성들(몸에 곡선이 부족하고 엉덩이도 거의 없는 마른 여성들)에게 제일 잘 어울렸다.

샤넬의 디자인은 제1차 세계대전 내내 인기를 이어나갔다. 전쟁터로 떠난 남성들 대신 이런저런 작업을 맡은 여성들이 입기에 실용적이었기 때문이었다. 1920년대에 이르자 샤넬은 공장과 매장에 직원 3천 명을 거느리게 되었다. 흔히 '가르손느garçonne 스타일'이라고 불린 샤넬의 시그니처 룩은 유럽 전역의 여성들에게 사랑받았다. 밑단이 올라가고, 허리는 내려가고, 코르셋은 버려졌다. 병원에서 간호하는 여성도, 화약 공장에서 폭탄을 만드는 여성도, 더 자유롭게 움직이게 해주는 샤넬의 스타일을 받아들였다.

물론 마을 농장을 떠나 도시의 가게에서 일하는 젊은 여성들이나 전시 공장에서 일하는 여성들이 샤넬 진품을 입었던 건 아니다. 그들은 '짝퉁'을 입었다. 기성복 패션이 부상하고 있었고, 단순한 패턴과 값싼 저지 천으로 만든 샤넬 드레스는 빅토리아 시대 의류보다 복제하기가 훨씬 쉬웠다. 시어스 로벅Sears, Roebuck 같은 소매업체의 카탈로그는 저렴한 패션을 도시 너머까지 대령했으며, 플래퍼 패션은 곧 미국 전역의 대로를 수놓았다.

플래퍼 패션은 분명 인기가 좋았다. 하지만 그렇다고 해서 대중에게 널리 수용된 것은 아니다. 1925년에 〈뉴 리퍼블릭〉에 실린 기사 "플래퍼 제인"에서, 작가 브루스 블라이븐Bruce

Bliven은 플래퍼를 걱정스럽고 못마땅한 시각으로 묘사했다.[30] "우선 그녀는 아주 예쁜 여자다. 솔직히 말해 화장은 두꺼운데, 자연스럽게 보이기보다는 인공적인 효과를 내려는 것이다. 피부는 시체처럼 창백하고, 입술은 독이 든 것처럼 시뻘겋고, 눈가에는 짙게 고리를 그렸다. 눈 화장은 (의도와 달리) 퇴폐적이라기보단 당뇨에 걸린 것처럼 보인다." 그는 플래퍼 제인이 "헐벗고 다니는" 것으로도 잘 알려져 있다고 덧붙인다. 플래퍼 제인의 옷은 한마디로 짧고, 높이 올라와야 할 곳은 낮게 잘렸고 길게 내려와야 할 곳은 짧게 잘려 있었다. 말할 것도 없이, 제인은 단발머리다. 코르셋, 페티코트, 브래지어, 스타킹은 착용하지 않는다. 그는 블라이븐이 "새로운 나체"라고 부르는 스타일을 체현한다. 어떤 이들은 플래퍼를 허리도, 골반도, 가슴도 없다는 의미에서 "직사각형 여자"라고 일컬었다.[31]

당대 문화에서는 의상이든, 그 아래의 몸이든, 여성스러움을 드러내는 신체적 표지에 저항할 때 가장 매력적으로 여겨졌다. 고든 콘웨이는 이런 여성들을 그렸다. 주류 밀매점에서 젊은 남자들과 키스를 하는 여성들, 가정생활이나 점잖음이나 장식 따위는 염두에도 없는 여성들. 콘웨이 본인도 이런 여성 중 하나였다.

수수께끼 같은 버슬의 무의식적이고 은유적인 연상과는 달리, 비쩍 마르고 곡선 없는 플래퍼 스타일의 의미는 비교적 분석하기 쉬워 보인다. 지금 우리가 살아가는 시대의 패션 지형을 살펴보면, 여전히 플래퍼 스타일이 압도적인 위치를 차지하기 때문이다. 한 세기가 넘도록, 패셔너블한 여성의 몸매는 날씬한 몸매였다.[32] 커다랗게 휘어지는 곡선보다는 매끈한 직선으로 감싼 몸매가 패셔너블하다고 평가되었다. 물론 귀여운 프릴이나 섹시 요소도 패션에 잠입했다가 빠르게 지나갔지만, 20세기 이전과 같은 수준으로 돌아가는 일은 결코 없었다. 패셔너블하다는 건, 아름답다는 건 (대중문화의 기준에 따르면) 날씬하고 매끄럽다는 것과 같았다. 이는 결혼에서, 사회의 규칙에서, 우리 몸 뒤쪽에 달린 묵직한 것에서 해방되었다는 의미였다.

일반적으로 이야기되는 서사에 따르면, 플래퍼 스타일은 곧 빅토리아 시대 풍습과 의복의 족쇄를 벗어던진 여성들의 스타일이었다. 플래퍼는 틀림없이 여성스럽지만, 모성이나 가정적 면모에 제약을 받지는 않는다. 플래퍼는 또한 움직이는 여성이다.[33] 플래퍼의 이미지가 영화의 대중화와 더불어 발전한 건 우연이 아니다. 대중은 돌연 움직임에서 스타일을 발견했다. 패션 역사학자 앤 홀랜더Anne Hollander는 사진이 발명되기 이전 여성의 몸이 시각적 공간을 차지할 방법은 오로지 지방과 의복을 겹겹이 쌓는 데에 있었다고 적는다. "그렇지만 금방이라도 움직일 준비가 되었다고 인식된 몸은, 움직일 공간을 차지했던 여러 겹의 외면을 대체한다. 한때 날씬한 여성의 몸은 정교한 의류를 활용한 암시나 확장이 없이는 시각적으로 빈약하고 불만족스러운 존재였지만, 이제는 곧장 행동할 준비가 된 실속 있는 몸으로 거듭났다."

설령 엉덩이 없고 패셔너블한 여성에 관한 전형적인 이야기가 진짜로 해방을 암시했다 하더라도, 실제 현실은 물론 그렇게 단순하지 않았다.[34] 뉴욕 패션기술대학교Fashion Institute of Technology, FIT 박물관의 관장인 밸러리 스틸Valerie Steele은 1920년대에 복잡하고 역설적인 혁명이 일어났다고 이야기한다. 코르셋에서 물리적으로 풀려난 여성들이 새로운 유형의 제약을 경험하기 시작했다는 것이다. 그들은 자기 몸의 형태를 바꾸고 왜곡해야 한다는 압박을 받았다. 외부가 아니라 안으로부터 비롯된 압박이었다. 패셔너블한 새로운 실루엣을 쟁취하고 유지하기 위해 많은 여성(고든 콘웨이나 코코 샤넬 같은 몸을 타고나지 못한 이들)은 다이어트나 운동을 해야 했다. 스틸이 보기에, 1920년대의 새로운 스타일은 사실 하나도 자유롭지 않았다. 오히려 마조히즘적인 자기 통제를, 심지어 자기혐오를 요구했다.

스틸의 말엔 분명 일리가 있다. 어쨌거나 20세기 초부터 몇십 년 사이에 성형수술이 발명되고 대중화되었다. 이는 자기가 타고난 것과 다른 몸매를 원하며 돈도 쓸 만큼 있는 여성들에게 급진적인 새로운 선택지가 되어주었다. 전신 마취는 아직 미숙했고 다소 실험적인 단계였다. 수술은 무엇 하나 위험하지 않은 것이 없었다. 그럼에도 불구하고 어떤 여성들은 늘씬하고 쭉 뻗은 몸매를 얻기 위해 목숨을 걸고 엉덩이와 골반의 지방을 제거하는 수술을 택했다.

같은 시기 여성 잡지에서는 지면에 실은 패션을 소화할 수 있는 몸매로 바꿔줄, 다양하고도 미심쩍은 요법들을 소개하기 시작했다. 1912년의 한 연구에서 여성 99명에게 자기 몸에 대한 인식을 물었다.[35] 그중 자신의 체중에 만족하는 이는 하나도 없었으며 대부분이 자기가 너무 뚱뚱하다고 생각했다. 그들이 걱정하는 건 건강이 아니라 외모였다. 연구의 한 참여자가 말했듯, 걱정을 해소하려면 "순교"가 필요했다. 1917년에 발명된 화장실용 체중계는 곧 체중을 감시하는 대중적인 방법으로 등극했다.[36] "슬림 클럽"이라고 불린 어느 집단은 여성의 골반이 경사져야 하며 어깨 폭보다 넓어선 안 된다고 주장했다. 버터밀크 다이어트, 토스트와 뜨거운 물 다이어트, 땅콩과 양배추 다이어트가 생겨났다. 여성들에게는 껌을 씹거나 설사약이 든 젤리를 먹거나 독한 담배를 자주 피우라는 조언이 주어졌다.

플래퍼의 외양은 엉덩이 없이 늘씬한 몸매만으로 완성되

는 건 아니었다. 무언가 이국적인 부분이 더해져야 했다. 푸아레 같은 디자이너들은 작업에 "동양풍"이라고 인식되던 요소들을 여럿 끌어왔는데, 이때 동양이란 넓고도 모호한 분류로서 러시아와 오토만 제국에서 일본·인도·중국까지 온갖 지역을 아울렀다. 당시 디자이너들에게 동양이란, 서양이 아닌 모든 것을 가리키는 광활한 분류였다.

푸아레가 특히 많이 참고한 건 러시아 발레단 '발레 뤼스'의 의상(오토만 제국과 아랍 디자인을 양식화한 것)과 상상 속 일본의 개념이었다.[37] 19세기 중반에 서양 정부들이 일본과 무역 및 외교 관계를 맺은 뒤 모든 일본적인 것에 열광하는 현상이 일어났고 여기에 '자포니슴japonisme'이라는 이름이 붙었다. 돈깨나 있는 유럽인들이 일본을 주제로 무도회를 열었고, 1862년 런던 국제박람회와 1867년 파리 만국박람회 둘 다 일본 예술을 주요하게 전시했으며, 심지어 런던의 한 공원에는 일본 마을을 본뜬 복제품이 설치되기까지 했다. 휘슬러, 모네, 프루스트, 오스카 와일드를 비롯한 많은 유럽 예술가들이 당시 각광 받던 일본 문화 상품에서 주제와 기법에 관한 영감을 얻어 서양 미학을 만들어냈다. 그것이 일본의 미학이 고급 예술과 세련된 취향의 영역으로 편입된 연유다.

푸아레와 (어느 정도까지는) 샤넬의 작업 덕분에 자포니슴은 20세기 초에도 커져나갔다.[38] 두 디자이너는 일본의 섬유와 패턴을 빌리는 데 그치지 않고, 전통 아시아 의류에서 천을 활용하는 방식에서도 영향을 받았다. 푸아레와 샤넬은 중세 이래 서양에서 인기 있던 형태인 몸에 딱 맞게 재단하고 장식한 드레스에서 벗어나, 인도의 사리와 일본의 기모노가 "천의 평평한 부분"[39]을 강조하는 스타일이라는 데서 영감을 얻었다. 예를 들어 1912년에 푸아레는 일본 기모노를 직접적으로 참고한 이브닝코트를 내놓았다.[40] 착용자의 몸을 감싸는 기다란 'T'자 모양 의류는 소매가 넓게 열려 있었고 허리선이나 끈은 아예 존재하지 않았다(오비라고 불리는, 끈으로 묶는 기모노와는 달랐다). 몸에 걸치면 길게 뚝 떨어지는 옷이었다. 이런 옷을 구입하고 착용하는 사람들은 고급문화, 세련된 취향, 현대성을 대표하게 된 일본 미학을 향유하고 있다는 신호를 보내는 셈이었다.

그런데 1920년대 패션이 아시아 모티프를 채택한 데에는 또 다른 행간의 이유가 있었다. 20세기 초 대중의 인식 속에서 동아시아 여성들이 고도로 섹슈얼한 존재로 여겨진 것이다. 이런 인식은 특히 미국에서 두드러졌는데, 그 이유 중 하나는 동아시아(특히 중국) 여성을 성노동자로 가정해 미국 이민을 실질적으로 금지한 1875년의 페이지법[41]이다. 이런 연상관계로 인해, 동아시아 여성들이 입는 전통 의상으로부터 영감을 받은 푸아레의 코트 같은 의상은 1920년대 아시아 여성의 특성을 내포하게 되었다. 인종차별적인 섹슈얼리티가 교양 및 취향의 표지와 융합한 또 다른 사례다.

미국의 거의 모든 문화 현상이 그러하듯, 플래퍼는 또한 흑인성과의 관계(그리고 거리)에 의해 만들어졌다. 콘웨이의 일러스트에서 묘사되는 전형적인 플래퍼는 백인이었지만, 가장 유명했던 플래퍼 중에는 흑인도 있다. 그 주인공은 1920년대에 세상에서 가장 유명한 엉덩이를 지녔던 조세핀 베이커Josephine Baker다.[42] 1906년에 세인트루이스에서 태어난 베이커는 열다섯 살에 뉴욕에서 보드빌 댄서로 일했고, 열아홉 살에는 훗날 그의 회상에 의하면 "자유를 찾아서"[43] 뉴욕을 떠나 파리로 갔다.

1920년대 중반 파리는 미국 흑인 예술가와 지식인들의 허브 역할을 했다.[44] 파리는 전 세계 흑인들을 만나고 어울리면서, 미국에서는 찾아보기 어려웠던 똘레랑스와 존경을 누릴 수 있는 곳이었다. 제1차 세계대전이 터지자 인종 분리 병력이었던 미국 흑인 군인 20만 명이 유럽으로 향했고, 프랑스는 세네갈·수단 같은 아프리카 국가를 포함한 식민지에서 30만 명을 징집했다.

전쟁이 진행되고 끝나는 사이에 이들은 서로 마주쳤고, 파리에는 일종의 범아프리카적 교유와 세계시민주의의 공간이라는 감각이 부여되었다. 랭스턴 휴즈Langston Hughes, 클로드 맥케이Claude McKay, 진 투머Jean Toomer, 시드니 베쳇Sidney Bechet,

에이다 "브릭톱" 스미스Ada "Bricktop" Smith, 아치바드 모틀리Archibald Motley, 넬라 라슨Nella Larsen을 비롯해 할렘 르네상스의 주요 인사 거의 모두가 1920년대 파리에서 시간을 보냈다. 이것이 1930년대에 파리가 네그리튀드Négritude(흑인 시민들의 문화운동-옮긴이)의 중심지가 된 이유 중 하나다.

그러나 물론 프랑스에도 인종차별은 존재했다. 많은 이가 지적했듯 조세핀 베이커가 누린 "자유"에 새겨진 역설은, 그 자유가 존재하는 곳이 수백만 명의 아프리카 흑인들을 적극적으로 예속시켰던 제국의 수도라는 점이었다. 파리는 백인 지식인과 예술가들이 아프리카 예술과 문화와 이국적인 흑인의 "원시주의"에 열광하는 장소이기도 했다. 미국 백인 보헤미안과 플래퍼들도 흑인성에 지대한 관심을 보였다. 뉴욕에서 콘웨이와 같은 플래퍼들은 할렘의 나이트클럽을 즐겨 드나들었다.[45] 이는 그들이 흑인 문화와 교류하고, 인종 분리가 아닌 혼합을 이룸으로써 기성 문화에 저항하는 하나의 방식이었다.

할렘 르네상스의 주인공인 국외자들과 현대적인 원시주의의 환상이 한데 어우러진 1920년대 파리에서, 조세핀 베이커의 가장 유명한 공연 〈라 르뷔 네그르*La Revue Nègre*〉가 몸이 근질거리던 군중 앞에 막을 올렸다. 공연은 즉시 엄청난 인기를 끌었다. 〈라 르뷔 네그르〉를 촬영한 필름은 현재 존재하지 않아, 1925년에 그토록 많은 관중이 이 공연에 중독된 이유를 이해하려면 당대의 기록을 살펴보는 방법밖에 없다.

프랑스인 보드빌 감독이 다양한 분위기의 "아프리카성"을 담아내려는 의도로 연출한 이 공연은 총 4막으로 이루어졌다. 베이커는 1막부터 무대에 올랐지만, 센세이션을 일으킨 것은 그가 4막에서 등장하는 방식이었다. 누군가는 그가 분홍색 플라밍고 깃털만 걸치고 완전히 발가벗고 무대에 올랐다고 했다(아마 나체로 착시를 일으키는 의상을 입었을 것이다). 그는 흑인 남성 댄스 파트너의 등에 앉아 무대로 올라와서, 파트너의 몸을 타고 내려와 관중 앞에 섰다. 옆으로 재주넘기를 했을지도 모른다. 그러고 나서, 베이커는 춤췄다.

그의 회고록[46]에 의하면 리허설 때부터 무대 주위의 모든 사람이 황홀경에 빠졌다고 한다. 무대 담당자들은 멀거니 그를 응시했고, 극장의 타이피스트들은 세트장 벽에 난 구멍을 통해 그를 훔쳐보았으며, 오케스트라석에 앉은 연주자들은 베이커의 움직임에 감전된 듯이 자기도 모르게 다리를 떨기 시작했다.

베이커는 사우스캐롤라이나에서 기원한 미국 흑인 고유의 춤인 찰스턴을 추었다. 파리에선 신문물이었던 이 춤은 그의 묘사에 의하면 "한쪽 골반을 반대쪽 골반에 올리고 한쪽 발을 다른 쪽 발에 올려, 엉덩이를 꺼내고 손을 흔들며 추는 춤"[47]이었다. 초연에서 어떤 남자가 "저 엉덩이 좀 봐!"라고 외쳤다는 기록이 남아 있다.[48] 반대로 질색하는 관객들도 있었다. 베이커가 입양한 아들 장-클로드 베이커는 어머니를 다룬 전기에서, 베이커가 춤을 춘 직후의 순간에 어떤 일이 벌어졌는지에 대해 그가 전해 들은 바를 적었다. "객석에서 어떤 이들은 더 하라고 소리쳤고, 다른 이들은 벌떡 일어나 모피로 몸을 감싸고 분통을 터뜨리면서 극장을 나섰다. 재즈와 흑인들이 백인 문명을 파괴할 거라고 중얼거리면서." 전기 내용에 의하면, 코러스 걸들(베이커처럼 젊은 흑인 여성들이이었다)은 또 다른 이유로 베이커의 공연에 질색했다고 한다. "자존감 따위 없나 봐. 백인 놈들 앞에서 수치심도 없고." 리디아 존스라는 이름의 코러스 걸은 장-클로드 베이커에게 다음과 같이 말했다. "그런데 믿어져? 사람들이 너희 엄마를 엄청나게 좋아해."

비평가들은 공연에 열광했다. 그러나 열띤 호평을 들여다보면, 그 안에는 여러 세기 동안 흑인 여성과 그의 엉덩이에 부여해온 인종차별적 고정관념이 녹아 있다. 예를 들어 〈라르 비방*L'Art Vivant*〉에서 앙드레 르뱅송André Levinson은 베이커가 "고대의 동물 같은 광휘를 뽐내다가, 자애로운 식인종 같은 미소를 지으며 엉덩이를 움직여 탄복하던 관객들에게서 웃음을 자아낸다"라고 적었다.[49] 베이커는 회고록에서 자신의 공연이 반향을 일으키리라 생각한 이유를 설명했다. "너무 오랫동안 엉덩이를 지나치게 감추고 살았다. 엉덩이는 버젓이 존재하거늘. 엉덩이를 왜 비판해야 하는지 모르겠다. 물론 멍청하고, 가식적이고, 무의미하고, 오로지 깔고 앉는 용도로만 쓸모 있는 엉덩이도 있긴 하다."[50]

무용학자 브렌다 딕슨 고트실드Brenda Dixon Gottschild는 다큐멘터리 〈조세핀 베이커〉에서 〈라 르뷔 네그르〉의 초연에 대해 "스트라빈스키의 〈봄의 제전〉과 같다"라고 묘사한다.[51] 이 공연은 최초의 흑인 슈퍼스타를 낳았다. "어떤 사람들은 홀딱 반해버렸어요. 어떤 사람들은 지금까지 알던 유럽 문명이 그대로 끝장났다고 믿었죠. 싸움터는 다름 아닌 조세핀 베이커의 엉덩이였습니다." 공연이 시작되자 프랑스어로 베이커 광팬을 뜻하는 "베이커마니Bakermanie"라고 부르는 이들이 생겨났다. 〈라 르뷔 네그르〉가 상연된 후, 베이커는 프랑스에서 가장 유명하고 부유한 여자의 반열에 올랐다. 베이커의 이미지는 담배와 머리카락용 포마드 광고에 사용되었고, 베이커 본인은 일러스트레이터와 사진가들의 뮤즈가 되었다. 가게에서 조세핀 베이커 인형을 판매할 정도였다.[52]

〈라 르뷔 네그르〉는 미국 흑인 고유의 춤과 베이커가 미국에서 선보인 민스트럴 및 보드빌극의 오랜 역사에서 영감을 얻은, 하나의 대담한 선언이었다. 베이커는 엉덩이와 어깨를 들썩이고 흔들면서 서유럽 전통의 춤 개념에 도전장을 던졌다. 딕슨 고트실드는 "유럽식으로는 어색하게만 느껴졌을 모든 움직임이 아름답고 섹시하고 세련된 동시에 우습게 느껴졌다"고 설명한다.[53] 공연이 발전하면서, 베이커는 그 유명한

바나나 스커트를 의상에 추가했고 나중에는 자꾸 오케스트라석에 침범하는 애완 치타도 무대에 올렸다. 이런 요소들은 베이커가 이국적 존재라는 개념에 힘을 실어주는 한편 보드빌 식의 유머를 선보였다.

베이커의 공연은 복잡했으며, 그만큼 복잡한 유산을 남겼다. 어떤 사람들은 그를 20세기의 세라 바트먼이라고 말한다. 또는 부르주아 백인 관객들을 자극해 매료시키고 격분시키기 위해 전시된 또 한 명의 흑인 여성일 뿐이라고 평가한다. 베이커가 비판받는 지점은 자신을 이국적으로 꾸몄다는 것, 다 알면서 일부러 스스로 착취했다는 것, 나체와 바나나 스커트와 치타를 활용함으로써 아프리카에 갖는 고정관념에 장단을 맞춰주었다는 것이다.

또 다른 사람들은 〈라 르뷔 네그르〉가 오히려 베이커가 자신에 관한 인식과 관념을 되찾아온 방법이었다고 본다. 베이커는 열정적으로 자유롭게 공연에 참여했고 큰돈을 벌었다. 또한 자신이 흑인 여성성의 고정관념을 적극 활용하고 있으며, 심지어 이를 전복하고 있다는 사실을 확실히 이해했다. 그는 재미있는 사람이었고 공연에 한결같이 유머와 패러디 요소를 넣었다. 코러스 걸로 활동한 이른 시기부터 그는 무대 위에서 관객들의 웃음을 끌어내기 위해 몸치인 시늉을 하는 것처럼 능청스러운 요소들을 넣곤 했다. 파리에서 주로 백인이었던 관객들에게 성적으로 여겨지고 대상화되었던 건 사실이지만, 그래도 그는 자기가 하는 일을 확실하게 통제하고 있었다.

플래퍼는 이렇듯 다면적인 존재였다. 그들은 코코 샤넬의 환상 속 엉덩이 없는 여성들이었다. 덕분에 실제로 1920년대의 많은 여성이 곡선의 존재를 감추기 위해 다이어트와 운동과 수술을 동원했다. 하지만 한편으로 그들은 조세핀 베이커처럼 엉덩이를 내밀고 찰스턴을 추기도 했다. 이런 여성들 가운데 일부는 베이커의 표현을 빌리자면 "멍청하고 가식적이고 무의미해서(백인들이 불편하게 느끼는 엉덩이에 대해 거의 대놓고 비꼬는 표현이었다)" 깔고 앉는 데에나 쓰이는 엉덩이를 지녔을지도 모르겠다. 그러나 그들 중 많은 이가 조세핀 베이커의 몸에 대해, 또한 백인보다 섹슈얼하게 타고났다고 간주한 다른 유색인종 여성의 몸에 대해 상상해왔던 성적 자유를 시험해보고, 자기 몸에도 적용해보고 있었다. 흑인 여성성과 백인 여성성의 유서 깊은 관계는 그 뒤로도 역사속에서 끈질기게 이어진다.

실루엣을 만들어낸다는 것은 (불룩한 버슬이든, 직선으로 떨어지는 플래퍼 스타일이든) 미적이면서 동시에 정치적인 제스처다. 의상이 디자인되고 유행이 생겨날 때, 여성 신체의 곡선은 (옷·유전·다이어트·운동 등 무엇으로 만들어졌든) 젠더와 취향과 계급에 대한 더 큰 이야기를 대신하는 은유가 된다. 그 안에 들어 있는 의미들은 좀처럼 이야기되는 법이 없으며 보통은 의식조차 되지 않지만, 엉덩이와 마찬가지로 엄연히 존재한다. 그 의미들은 언급되지 않기에 도리어 더욱 강력해진다.

4장

평균의 탄생

Norma

노마

내가 기억하는 첫 번째 탈의실은, 내가 어릴 적 자란 동네에서 중산층 사람들이 "괜찮은" 물건을 사러 가는 곳이었던 디트로이트 허드슨 백화점의 탈의실이다. 허드슨 백화점은 엄마가 내게 멜빵바지와 머리 리본을 사주고, 엄마 자신을 위해서는 나무 받침대 위에 빵처럼 전시된 하이힐을 사는 곳이었다. 결혼하는 친척들에게 선물할 냅킨을 고르는 곳이기도 했다.

쇼핑하러 가는 날이면, 엄마는 사냥꾼처럼 여성복 코너의 여러 매장을 누비며 입어볼 옷을 한 아름 집어왔다. 여기가 우리 둘이 가장 좋아하는 부분이었다. 어떤 옷을 입어볼지 둘러보는 동안, 낙관은 정점에 달한다. 시야에 들어오는 수많은 옷이 내게 맞을지도 모른다고 생각한다. 심지어 내게 잘 어울릴지도 모른다고 기대한다. 그러나 쇼핑 놀이의 2막이 열리면, 마음을 부풀리던 낙관은 씻은 듯 사라져버렸다.

허드슨 백화점은 괜찮은 가게이긴 했지만 엄마의 표현 그대로 탈의실은 "후졌다". 카펫은 낡아빠진 데다 더러웠다. 탈의실 칸을 구분하는 칸막이는 얇았고 천장은 너무 낮아서 심리적 압박을 주었다. 조명은 사람을 예뻐 보이게 해주기는커녕 잔인하기 그지없었다. 어린 소녀였던 나는 탈의실에 도착하면 아무 생각 없이 바닥에 털썩 주저앉곤 했다. 어른이 되어 미술관에 다녀오고 느끼는 것과 비슷한 피로가 몰려왔다. 그때 나를 압도한 건 다채로운 감각이자, 지금 깨닫건대 백화점에서 전시하는 여성성이었다. 갓 뿌린 향수 냄새, 실크 원사와 콤드 코튼의 질감, 눈 앞에 펼쳐진 성인 여성성이 내 안에 풀어놓은 환상까지. 그 모든 것에 정신이 혼미해진 나머지, 탈의실의 얼룩진 갈색 카펫 위에 몸을 웅크린 채 그냥 잠들어버리는 날도 있었다.

나와 달리 언제나 깔끔하고 사려 깊은 우리 엄마는 입어볼 옷을 옷걸이에 잘 걸어둔 다음에야 입고 있던 옷을 벗었다. 허드슨 백화점에서 일한 적이 있었던 엄마는 판매원들이 옷을 개고 스팀으로 다리는 작업을 끊임없이 해야 한다는 걸 알았다. 엄마는 입어볼 바지를 펼치고, 그 안으로 발을 넣고, 거울에 비친 자기 모습을 유심히 살펴보았다.

자, 일이 어려워지는 건 여기부터였다.

엄마는 입어본 옷을 도통 마음에 들어 하는 법이 없었다. 옷걸이에 걸린 옷에서 내비쳤던 희망은, 몸에 걸치고 단추를 채우고 지퍼를 올리자마자 씻은 듯 사라져버렸다. 밑단은 너무 길었고 허리는 너무 넓었다. 너무 꽉 끼는 재질이었다. 하지만 엄마의 언어에서, 내 언어에서, 우리의 언어에서 언제나 잘못인 것은 옷이 아니라 우리 자신이었다. "내가 키가 작아서 그래"라고 엄마는 말했다. "팔뚝에 살이 많아서 그래. 엉덩이가 너무 커서 그래." 엉덩이는 매번 도마 위에 올랐다. 그렇게, 엄마는 말하고 있었다. **옷은 문제가 없어. 문제는 나야.**

나는 금방 엄마의 마음을 이해했고, 곧 그 말들을 나 역시 내뱉기 시작했다. 옷을 입어본다는 건 때로 다른 사람의 몸을 기준으로 만든 틀에 내 몸을 욱여넣으려 애쓰는 일 같다. 그런데 알고 보면 이런 느낌은 실제로 벌어진 일을 정확히 간파한 것이다. 몸은 사람마다 다르지만, 1920년대 이후 만들어진 의류는 대부분이 공장에서 대량 생산된 제품이다. 바지가 우리 몸에 맞지 않는 건, 우리가 지닌 몸의 비율이 의류 회사가 상상한 몸의 비율과 일치하지 않기 때문이다.

패션 업계는 다양한 신체 유형의 의미를 정의하는 작업을 소리 없이 해나가고 있다. 거기에 더해, 옷 자체도 '올바름'을 물질적으로 구현하는 하나의 방식으로 기능한다. 바지는 우리가 두 손으로 쥘 수 있는 물리적 사물인 한편, 우리 몸에 말 그대로 '적합하지' 않은 부위가 있다고 상기시키는 상징적 도구다. 우리 몸의 특정 부위가 너무 크거나 너무 작다고 느낄 때마다 우리는 어딘가에 딱 맞는 몸이, 적당한 중간의 몸이, 정확히 올바른 몸이 있다는 믿음을 갖게 된다.

적당한 중간의 몸이란 이상인 동시에 평균이며, 과한 부분이 없다는 점 때문에 그 자체로 완벽하다. 그렇지만 중간이란, 정상이란 대체 무엇일까? 엄마는 자기 엉덩이가 너무 크다는 말을 달고 살았다. 나도 자주 같은 말을 한다. 그런데, 우리의 엉덩이는 대체 무엇과 비교해서 **너무 큰** 걸까?

노마의 엉덩이[1]는 둘레가 29인치다.[2] 둥글고 앙증맞으며, 놀랄 만큼 부드럽다. 그것은 이 엉덩이가 돌로 만들어졌기 때문이다. 손아귀 가득 들어오는 이 묵직한 엉덩이를 두고 너무 크다고 말할 사람은 없다. 사람의 살로 된 엉덩이였다면 수영복을 입었을 때 보기 좋은 볼륨이 생겼겠지만, 그렇다고 해서 남들이 흘끗거릴 정도는 아니다. 노마는 엉덩이뿐 아니라 신체의 모든 부분이 '골딜록스goldilocks' 지점에, 그러니까 과하지 않은 최적점에 있다. 그는 어느 한 부분도 빼놓지 않고 "딱 적합하다". 적어도 그를 설계한 사람들은 그렇게 믿는다.

노마는 1945년 6월에 뉴욕에 있는 미국 자연사 박물관 전시장에서 처음 공개되었다. 전시장 반대쪽에는 그의 남성 짝인 노먼이 서 있었다. 이 한 쌍은 생식 능력이 있는 "전형적인" 성인 남성과 여성의 대표로서, 산부인과 의사 로버트 라투 디킨슨Robert Latou Dickinson과 예술가 에이브럼 벨스키Abram Belskie의 협업으로 만들어졌다. 두 사람은 몇 년 전 정상적인 인간 태아 발달을 단면도로 보여준 작품인 〈출생 시리즈*Birthing Series*〉를 함께 만들어 1939년 뉴욕 세계박람회에 전시한 경력이 있었다.

〈출생 시리즈〉가 건강한 태아가 어떻게 발달하는지 보여줬다면[3], 노마는 임신해서 그런 태아를 뱃속에 키우는 몸이 어떤 모양인지 보여줬다. 그 몸은 육감적이지도 마르지도 않았다. 강하고 튼튼했으며 여러 아이를 낳을 능력이 있었다. 지나치게 섹시하진 않지만, 생식 능력이 있는 건 확실했다. 노마는 고든 콘웨이가 그린 플래퍼와는 달랐고, 살집이 부드러운 곡선을 이루는 깁슨 걸도 아니었다. 엉덩이는 날씬했지만 아예 없는 건 아니었다. 가슴은 뒤늦게 급히 붙여넣은 듯 보였다. 진짜 가슴을 본 적 없는 사람이 만든 것처럼, 기운찬 두 개의 구형이 흉부에 어색하게 달려 있었다. '표준'을 뜻하는 이름에서 알 수 있듯 노마는 과연 어느 모로 보나 별난 구석이 없었다. 그는 **정상**이었다.

그런데 정상이라는 건 정확히 무엇을 의미했을까? 노마 조각상은 아주 구체적인 정상 개념을 암시한다. 백인이고 이성애자였으며 (이 점을 확실히 알리기 위해 전시장에서는 노먼이 항시 굳건히 그녀 옆을 지키고 있었다) 장애가 없었다. 표정은 다소 시무룩했으며, 매혹적인 부분은 전혀 없었고, 두 팔을 몸 옆에 붙이고 아주 꼿꼿하게 서 있었다. 과학 수업 시간에 포즈를 잡은 모델 같아 보였다. 그의 매력은 (이름대로) 정상성 자체에 있었다. 그게 제작자들의 의도였다.

노마와 노먼 조각상을 만드는 일은 미국 우생학계의 프로젝트였다.[4] 프랜시스 골턴이 만들어낸 인종차별적 과학을 바탕으로, 조르주 퀴비에를 비롯한 19세기 사상가들은 인간 신체의 위계를 정하고 집행하면서 우생학을 발전시켰다. 미국 우생학자들의 한 계파는 불임시술을 통해 부적합한 사람을 제거하는 방향으로 애썼고, 나머지는 반대 방향을 택하여 **올바른** 사람들에게 자녀를 낳으라고 분주히 권장했다. 긍정 우생학이라고 불리는 후자의 방향에서 활동한 이들은, 어떤 미국인들이 자손을 생산해야 하는지 최대한 명확하게 밝히려 했다. 그들이 자주 써먹은 전략 하나는 중서부 전역에서 우생학 측면에서 가장 완벽한 아기에게 상을 주는 "우량아 대회"를 여는 것이었다. 건강·튼튼한 신체·바람직한 행동이라는 개념은, 인간의 적합성에 관한 우생학의 개념과 한데 뒤섞여 구별하기가 어려웠다. 우생학자들은 대회를 통해 농부들, 즉 그들 생각엔 신중한 교배의 중요성을 이해할 만한 이들에게 좋은 짝을 고르는 방법을 보여주고자 했다. 우량아 대회는 돼지 대신 아기들을 선보이는 4-H 쇼(미국 청년 조직에서 여는 행사로, 돼지·토끼·말·개·양을 비롯한 여러 가축을 길러 대회에 내보냈다-옮긴이)와 같았다. 우생학자들이 보기에 가장 적합한 아기가 상을 받았다.

말하자면 노마와 노먼은 성인 버전 '우량아 대회'의 우승자였다. 그들의 신체는 우생학자들이 미국 사람들이 모범으로 삼아야 한다고 생각한 특징들을 담고 있었다. 미국에서 가장 유명한 자연사 박물관에 우뚝 선 노마와 노먼은 박물관을 찾은 관람객들에게 어떤 종류의 성인 신체가, 어떤 종류의 인간이 **적합**한지 예증했다. 바람직한 인간은 튼튼하고, 생식 능력이 있고, 장애가 없으며, 미국 본토 토박이인 백인이었다. 제2차 세계대전이 끝난 직후, 많은 이들이 정상을 염원하던 그 시기에 노마와 노먼은 정상성의 미학을 성문화하는 창조물이자 뛰어난 작품으로서 박물관에 전시되었다.

벨스키와 디킨슨은 **과학적** 접근법을 따르고 싶었으므로, 노마와 노먼을 만들 때 주관적 선호가 아닌 데이터에 의존했다. 노먼의 제작에 필요한 치수는 쉽게 얻을 수 있었다. 제1차 세계대전 당시 군에서는 징집된 모든 미국 장병의 신체 치수를 쟀다. 시카고 세계 박물관에서 자원자를 받아서 측정한 신체 치수 데이터도 있었고, 아이비리그 자세 연구의 초기 통계와 보험회사의 신체검사 데이터도 있었다. 그것들을 더해서 나누기만 하면, 짜잔! 평균 미국 남성이 탄생했다.

반면 노마를 만드는 건 더 어려웠다. 당시에 여성들은 군복무를 하지 않았고, 여성 인구의 신체 치수를 대규모로 잰 데이터는 세상에 존재하지 않는 듯했다. 하지만 벨스키와 디킨슨이 살고 있던 시대는 계량의 시대였다. 모든 것을 측정하고 관리하고 파악할 수 있으며 반드시 그래야 한다고 믿었던 시대에, 여성 신체에 관심을 가진 연구자가 없을 리 만무했다.

1945년에 벨스키와 디킨슨은 마침내 찾던 데이터를 발견했다. 5년 전, 미국 농무부의 가정경제학 부서에서 어떤 연구를 위해 미국 여성 수천 명의 신체 치수를 잰 것이다.[5] 가정경제학 부서는 20세기 전반에 여성 과학자와 통계학자들이 일할 수 있는, 몇 안 되는 직장 중 하나였다. 연구를 진행한 이는 루스 오브라이언Ruth O'Brien이라는 이름의 화학자로, 목표는 기성복을 만들 때 사용할 표준 치수를 알아내는 것이었다. "표준 의류 치수의 부재로 인해 소매업체와 소비자 모두 불필요한 비용을 지출하고 있으며, 몸에 잘 맞는 옷을 구할 수 없는 어려움이 있다."[6] 오브라이언의 설명이었다.

공공 산업진흥국이 자금을 대어 1년 동안 진행된 이 연구는 다양한 미국 여성의 몸 둘레와 신장과 길이를 알아내는 게 주요 목표였다. 오브라이언은 정부에서 고용한 측정사들을 일리노이·메릴랜드·아칸소·뉴저지·노스캐롤라이나·캘리포니아로 보냈다. 오브라이언이 "측정 대원"이라고 부른 사람들이 미국 곳곳에 파견되어, 지역 여성 클럽에서 신체를 측정할 자원자를 모집했다. 여자들은 측정용 면바지와 너무 조이지 않는 밴도 브라를 착용하고 측정대에 올랐다. 그들은 제일 먼저 정부에서 배급한 저울로 체중을 쟀다. 다음으로 "앉을 때 다리를 벌리는 폭, 안쪽 가랑이 길이, 넓적다리의 가장 두꺼운 둘레"를 비롯해 58개 이상의 치수를 측정했다. 측정 대원들은 1만 5천 건 이상의 조사 데이터를 들고 돌아왔지만, 오브라이언은 그중 1만 건만을 사용하고 나머지 5천 건은 세 가지 이유로 폐기했다. 오차가 크거나, 젊은 사람의 비율이 너무 높거나, 자원자가 백인이 아니라는 이유였다. 사실 오브라이언이 관심을 가진 대상은 모든 미국 여성이 아니었다. 그가 원한 건 오로지 미국 태생의 백인 여성으로만 꾸린 데이터였다. 그는 보고서에 이 기준을 명시해 적었지만, 자원자들에게 명확히 설명하진 않았다. 오히려 측정 대원들에겐 자원자들 앞에서 숨기라고 권장했다. "자원자들 사이에서 좋은 분위기를 유지하기 위해 백인 인종이 아닌 다른 여성들도 치수를 재었으나, 이 사실은 비고란에 적었고 기입한 내용은 폐기되었다"고 오브라이언은 적었다.

노마를 제작 중이던 우생학자들에게 **일부의 여성들**을 배제한 건 오류가 아니라 업적이었다. 어쨌든 노마는 **올바른**

유형의 미국 여성을 합성해낸 결실이어야 했다. 여성성을 정의하고, 누구를 재생산하고 누구를 재생산해선 안 되는지 명확히 밝혀주는 기준이어야 했다. 미국 자연사 박물관의 자연 인류학 큐레이터이자 자부심 넘치는 우생학자였던 해리 L. 샤피로Harry L. Shapiro는 노마를 보고 전율했다. 1945년 박물관 잡지에 실린 노마와 노먼에 관한 기사 "미국인의 초상"[7]에서 그는 노마와 노먼 상이 "백인 미국인(그가 인종이 뒤섞이면서 훼손되고 감소할 위험에 처했다고 우려하고 있던 인간의 종류)"을 성문화하는 데 큰 역할을 했다며 추켜세웠다. 그는 백인 미국인이 얼마나 미적으로 강렬하고 비율이 잘 잡혀 있는지, 얼마나 키가 크고 다리가 긴지 들떠서 설명했다. 노마와 노먼을 다른 민족 사람이나, 과거에 살았던 사람과 비교하는 기사 전문은 마치 인류학 데이트 광고처럼 읽힌다. 샤피로는 백인 미국인이 고대 그리스인·깁슨 걸·유럽인보다 건강하고, 적합하고, 키가 크고, 덜 육감적이며 더 아름답다고 선언한다.

훗날 미국 우생학 협회의 회장이 된 샤피로는 또한 평균이 어떻게 이상이 될 수 있는지 강조했다. "노마와 노먼은 노쇠가 시작되기 전인 성인의 평균에 부합하도록 디자인되었지만, 평범하거나 평균적인 몸과는 실로 거리가 먼 비율적 조화를 보인다." 그들의 평범성이야말로 주목할 만한 것이었으며, 역설적으로 독특했다. 샤피로는 말했다. "이렇게 표현하겠다. 평균 미국인의 몸매는 신체 형태와 비율 면에서 완벽함에 근접한다. 평균은 매우 귀하다."

정상과 **완벽**을 하나로 합친 샤피로의 표현을 처음 읽었을 때, 나는 그가 너무 멀리 나갔다고 느꼈다. 완벽은 어쨌거나 중간보다는 정점을 의미하고, 어떤 면으로는 다른 이들보다 우위에 있는 두드러진 인간 유형을 뜻하는 단어 아닌가. 내가 이해한 대로라면 완벽한 인간은 나머지보다 똑똑하고, 아름답고, 날씬하고, 우아하다. 전형적인 사람이 아니라 특별한 사람이다.

그렇지만 샤피로의 논리는 실질적으로는 어떨지 몰라도 직관적으로는 일리가 있다고 느껴진다. 나는 나 자신의 몸을 '비정상'이라 느끼는 일이 많다. 커다란 엉덩이, 약간 사시인 눈, 운동이라면 무엇이든 소질이 없다는 점은 사람들에게 상당히 흔한 특성인데도 내 것일 땐 단점처럼 느껴질 뿐, 정상으로 여겨진 적이 없었다. 결국 정상이라는 개념은 단순히 평균이나 흔한 특성을 뜻하는 게 아니라, 달성할 수 없는 이상을 가리킨다.

노마와 노먼은 뉴욕의 미국 자연사 박물관에 몇 주 전시된 다음, 미국의 중심부로 옮겨졌다. 클리블랜드 건강박물관 관장이었던 브루노 게바드Bruno Gebhard가 〈출생 시리즈〉와 함께 노마와 노먼을 사들여서 미국 최초의 건강 박물관에 전시했다. 노마와 노먼은 그곳에서도 반향을 일으켰다.

게바드도 샤피로처럼 우생학에 진심이었다. 1927년부터

1935년까지 드레스덴의 독일 위생박물관 큐레이터로 일하면서, 대놓고 우생학 주제를 띤 인체 전시를 감독했다. 미국에서도 그는 똑같은 작업을 살짝 누그러뜨려 이어나갔다. 노마와 노먼이 좋은 예다.

클리블랜드에서 노마를 받은 게바드는 그를 단지 하나의 환상으로만 추앙하고 싶지 않았다. 걸어 다니는 진짜 노마를 찾아내고 싶었다. 정상에 대한 자신의 개념이 정말로 현실이 될 수 있다는 것을 입증하고 싶었다. 비너스 상이나 패션모델처럼 감히 꿈도 못 꿀 이상이었다면 시도하지 않았을 것이다. 게바드와 샤피로는 노마와 노먼 같은 사람들만 가득한 세상을 만들고 싶었다. 목표를 달성하기 위해 우생학자들에게는 여느 미국인이 '정상'이 될 수 있음을 알려줄 '적합한 미국인'의 예시가 필요했다. 그래서 노마와 노먼이 클리블랜드에 도착하고 두 달 뒤, 게바드는 클리블랜드 지역 신문 〈플레인 딜러*The Plain Dealer*〉와 힘을 합쳐 '현실 속 노마'를 찾는 대회를 개최하겠다고 발표했다. 클리블랜드 사람들에게 누가 완벽한 인간의 정수에 다다랐는지 보여주는 한편 박물관의 최신 소장품을 홍보할 좋은 방법이었다.

1945년 9월에 〈플레인 딜러〉의 건강 분야 기자 조세핀 로버트슨Josephine Robertson은 노마를 주제로 열흘 동안 상당한 분량의 기사를 뽑아내며 여성 독자들에게 대회에 참여하라고 대놓고(혹은 은연중에) 격려했다. 홍보 자료에 따르면 대회의 목적은 "적합한 신체와 미국인다움에 관한 흥미를 자극하는 것"이었다. 그는 성직자[8], 의사[9], 교육자[10]들을 만나 "전형적인 미국 여자"[11]에 관해 물었고, 노마의 미적 특질에 대해 예술가[12]들과 대화했으며, 심지어 피트니스 강사[13]들에게 노마 같은 몸을 가꿀 방법을 물었다. 이런 기사들은 다소 진부하긴 했지만, 그 안에 담긴 발상은 오늘날 패션 잡지와 신문 라이프스타일 분야에서도 흔히 볼 수 있다. 정상을 규정하고, 정상이 아름다운 이유를 설명하고, 누가 정상의 범주[14](신체적으로 적합하고 장애가 없는, 특정한 신체 비율을 지닌 백인 여성)에 속하는지 명확히 설정하려는 글이었다.

노마와 노먼의 제작이 그러했듯, 노마 찾기 대회가 열린 시기도 매우 적절했다. 미국이 히로시마와 나가사키에 원자 폭탄을 투하한 지 한 달, 일본이 공식적으로 항복한 지 고작 2주가 지난 시점이었다. 지난 4년 동안 여성들은 공장과 가정에서 남성이 전통적으로 맡던 역할을 맡아왔지만, 이제 "정상적인 여자"라는 개념을 명료하게 소통하고 퍼뜨려야 한다는 압박이 스멀스멀 생겨났다. 정상적인 여성은 여성적이었지만, 너무 여성적이진 않았다. 정상적인 여성은 강했지만, 매우 강한 편은 아니었다. 정상적인 여성은 엉덩이가 있었지만, 지나치게 크진 않았다. 정상적인 여성은 일하던 공장을 떠나 미군 남성과 결혼하고, 방금 수백만 인구를 잃은 세상에 다시 사람을 채워넣는 노력에 가담했다.

총 3,864명의 클리블랜드 지역 여성들이 게바드와 〈플레인 딜러〉에 자신의 신체 치수를 적어보냈다. 신문에서 발행한 양식[15]은 오브라이언의 측정 대원들이 사용한 것보다 간소했는데, 신장·가슴·허리·엉덩이·허벅지·종아리·발목·발 사이즈·체중만 기입하면 되었다. 어떤 여성들은 집에서 신체를 측정했고[16] 어떤 이들은 직접 측정해주는 시내 행사에 참석했다. 대회 마지막 날 하루만 해도 클리블랜드 중앙 YWCA에서 1천 명의 여자가 신체를 측정한 것으로 추정되었다.[17]

이튿날, 노마의 신체 치수와 가장 흡사한 신체 비율을 지닌 참가자 40명이 결선을 치르러 YWCA에 모였다.[18] 대회 자체의 속성이 그렇듯, 마치 미스 아메리카 선발대회와 과학 실험실을 섞어놓은 모양새였다. 결선 진출자들은 공식적으로 신체를 측정했고, 지역 대학 해부학 교수, 클리블랜드 교육부의 여성 체육교육 과장, 〈플레인 딜러〉의 또 다른 기자 등으로 구성된 패널에게 평가받았다. 다음으로 패널들은 신체 치수를 표로 만들어 분석한 끝에 승자를 가려냈다. 대회 결과는 예측과 같았다. 참가자 중 노마에 감히 대적할 만한 이는 없었다. 샤피로가 말했듯 평균은 지극히 귀했다.

노마에 가장 근접한 여성은 지역의 파크 극장에서 표를 파는 23세의 백인 여성 마사 스키드모어였다.[19] 조세핀 로버트슨은 한 기사에서 그녀를 제2차 세계대전 종전 후 시대의 이상적인 여성으로 묘사했다. 전쟁이 시작되자 스키드모어는 파커 어플라이언스 회사에서 측정기 가는 일을 했지만, 기사가 나갈 무렵에는 참전 용사에게 자리를 내주고 과거 일자리로 돌아갔다. 그는 기혼으로 기사에서 내내 "스키드모어 부인"으로 불리는데, 수영·춤·볼링을 즐기는 그는 스스로 "평균적인 취향을 가진 사람이라고 생각했으며, 노마 찾기가 시작되기 전까지 특별한 일은 전혀 겪지 않았"다고 적혀 있다.

정상성의 개념은 언제나 특정 의제를 동반한다. 노마의 경우, 그의 신체 치수를 분석한 이들은 열정적인 우생학자들이었다. 그들은 유색인종·장애인·퀴어를 현실에서 없애버리겠다는 욕망을 동력으로 삼아, 완벽하게 정상적인 미국인 인종을 만들겠다는 공공연한 시도를 일삼았다. 또한 미국 시민이 되는 일을 평균적인(단연코 달성 불가능한 신체를 가지는) 것과 같다고 여겼다. 노마 지지자들은 정상성을 성문화하며 비정상적인 것까지 성문화하고 있었다. 이상을 만들어내는 일에는 언제나 반대를 향하는 프로젝트가 수반되기 마련이다.

그러나 우생학자들이 창조해낸 노마가 실제로 입증해낸 사실은, 현실적으로 어떤 몸도 정상이 아니라는 것이다. 루스 오브라이언은 그토록 열심히 신체를 측정하고도 연구에 실패했다. 여성 수천 명의 신체 치수를 재고 데이터를 모으고

표로 만들어도, 기성복 의류 업계에서 사용할 의미 있는 평균 치수를 찾아내기엔 변수가 너무 많았다. 게바드와 오브라이언 역시 그들이 갈망한 '최상급의 정상'을 찾아내는 데 실패했다. 두드러지는 존재는 불가피하게 집단에서 떨어져 나올 수밖에 없다. 그들의 프로젝트가 성공하지 못한 건, **신체에는 표준이 존재하지 않기 때문이다.** 어떤 가슴은 앞으로 튀어나오고, 어떤 가슴은 아래로 처진다. 어떤 발목은 굵고, 어떤 발목은 가늘다. 어떤 사람들은 어깨가 넓고 골반이 좁다. 어떤 엉덩이는 크고, 어떤 엉덩이는 작다.

세라 바트먼이 착취되고 전시된 과거가 먼 옛날의 유물처럼 느껴지듯이, 우리는 이제 노마 시대를 벗어나 '정상'의 해로운 환상을 초월한 상태라고 느낄 수 있다. 그러나 사실 '정상'의 구체적 의미는 끊임없이 달라지는 반면, '정상'이라는 개념 자체의 생존력은 놀랍도록 끈질기다. 공개적으로 정상성을 지지하는 큐레이터나 조각가가 없는 지금도 그러하다. 노마와 노먼은 더 이상 박물관에서 우리를 쳐다보고 있지 않다. 그러나 그들은 탈의실에, 잡지에, 끊임없이 스크롤해 내려가는 인스타그램 피드에 언제나 숨어 있다.

대량 생산

대단한 영향력을 발휘하며 눈이 튀어나올 만큼 많은 돈을 벌어들이는 기성복 패션 산업은 사실 비교적 최근에 만들어졌다. 표준화된 의복 치수를 만들려는 시도는 그보다도 더 최근의 일이다.[20] 19세기 이전에는 거의 모든 의류가 지금 쿠튀르 의류가 제작되는 방식대로 하나씩, 손으로, 한 사람만을 위해 만들어졌다. 1300년 이전 유럽의 의류 대부분은 몸에 꼭 맞지 않고 흐르는 듯 느슨했으며, 치수도 여유로워 두루 입을 수 있었다. 중세의 튜닉엔 끈이 달려서 몸에 맞추기 쉬웠고, 사람들 대부분은 성인기 전체를 이런 튜닉 한두 벌로 지냈다. 이렇듯 중세 사람들이 치수가 분화되지 않은 옷을 입고 살았던 건, 옷을 만드는 과정이 워낙 고됐기 때문이다. 옷을 만들려면 손바느질로 천을 꿰매는 것은 물론, 천을 짜기 위해 양모나 다른 섬유를 뽑는 일마저 일일이 사람이 직접 해야 했다. 그러니 당시 옷은 여러 해 동안 입을 수 있어야 했고, 신장과 몸 둘레가 달라져도 대응할 수 있어야 했다.

18세기 말에 제1차 산업혁명이 일어나 직물 제조 과정이 단순화되고 직조 기술이 발전하면서, 전보다 훨씬 많은 사람이 기성복 의류를 구매할 수 있는 기념비적인 변화가 일어났다.[21] 직물 공장의 저임금 노동자들에게 많은 일을 외주하게 되자, 의류를 제작하는 과정은 갈수록 단순하고 저렴해졌다. 부유한 여성들은 임금을 넉넉히 주고 드레스 메이커를 고용해서 정교하게 장식된 의류를 만들도록 했고[22], 집에서 일하는 저임금 재봉사들은 재단된 천을 기워서 남부의 노예들, 서부의 광부들, 심지어 뉴잉글랜드의 신사들이 입을 옷을 만들었다. 1850년대에 재봉틀과 대량 생산이 도입되자 의류 제작에는 또 한 번 대변혁이 일어났다. 옷은 전보다 더 싸졌고, 과거의 어느 때보다도 많이 생산되었다. 그러나 집에서 땀 흘려 일하는 재봉사의 임금은 그만큼 상승하지 않았다.[23]

많은 기술이 그렇듯 최초의 표준 의류 치수는 군에서 개발되었다. 나폴레옹은 수천 명의 남성에게 군복을 입혀야 했는데, 현실적으로 군복을 하나하나 맞춤 제작할 수는 없었다. 크림 전쟁에서 영국군도, 남북 전쟁에서 미국인들도 같은 문제에 맞닥뜨렸다. 그들은 이 문제를 거의 같은 방식으로 해결했다. 군 간부들은 가슴둘레를 재면 신체 비율을 대략 추정할 수 있다는 점에 착안해서 가슴둘레를 기준으로 하는 일련의 표준 치수들을 만들어냈다.

군에서 발명한 치수 체계는 전쟁 밖에서는 당시 늘고 있던 화이트칼라 노동자들이 일상복으로 입을 정장을 제작하는 데 활용되었다. 치수 체계는 완벽한 해법은 아닐지언정 그럭저럭 쓸 만했는데, 그 이유는 남성의 몸이 여성의 몸보다 살이 적고 분포도 더 균일하기 때문이었다(난데없이 불룩 튀어나온 가슴, 살집 있는 엉덩이, 임신 상황을 고려하지 않아도 되었다). 남성복 시장은 점점 성장했다. 1890년대 뉴욕의 의류 지구는 도시에서 가장 많은 일자리를 창출해냈다. 그러나 의류 산업이 늘 그렇듯, 높은 수익이 공정한 임금을 의미하지는 않았다. 19세기 초 이후 실제로 옷 만드는 노동을 하는 사람들은 주로 이민자들이었다. 처음엔 아일랜드인 이민자, 다음엔 독일과 스웨덴 이민자, 1890년대에는 남유럽과 동유럽 이민자들이었다. 그들의 근무 조건과 임금은 대체로 최악이었다.

기성 남성복(즉, 가게에서 사서 수선 없이 바로 입을 수 있는 옷)이 거둔 성공과 인기에도 불구하고, 남성복과 비견할 만한 여성복 치수 체계는 만들어지지 못했다. 시도가 없었던 건 아니었다. 제조업체들은 옷걸이에 기성복을 걸어놓고 여자들이 이를 쉽게 구매하게 하면 떼돈을 벌 걸 알았으나, 방법을 알아내기가 쉽지 않았다. 제일 먼저 시도된 건 옷을 반쯤만 맞춤으로 제작하는 방식이었다. 1890년대에 여성들은 가게나 카탈로그에서 4분의 3 정도 완성된 옷을 구매해서, 자기 재봉틀을 이용해 직접 몸에 맞게 수선해 입었다. 노동의 마지막 단계는 집에서 이루어진 것이다.

코코 샤넬이 단순하고 스포티한 스타일을 분주히 개척하던 20세기 초, 제조업체들은 드디어 전체가 완성된 여성복을 생산하기 시작했다. 처음에는 남성복 치수 체계를 따라 여성복 치수를 만들려고 했다. 가슴둘레를 전체 신체 치수의 기준으로 삼는 방법을 따라 한 것이었는데, 여성의 몸에 이런 방법이 잘 통할 리 만무했다. 가슴둘레는 여성의 다른 신체 부위의 치수를 조금도 알려주지 못한다. 엉덩이가 큰데 가슴이 작을 수도 있다. 다리가 긴데 가슴이 클 수도 있다. (당대에 흔했던 관행대로) 카탈로그로 옷을 주문한 여성들은 구입한 의류를 대량으로 반품하게 되었다.

패션 업계에서는 1930년대에 이루어진 루스 오브라이언의 연구를 참조하여 그의 데이터를 실전에 적용해보고자 했지만, 제조업체에서는 현실적으로 그 데이터를 활용하기가 불가능했다. 치수별로 맞추어 금형을 하나하나 제작하려면 어마어마한 비용이 들었다. 오브라이언의 체계에서 제안한 치수는 27개였는데, 그만큼의 금형을 제작하기엔 돈이 너무 많이 들어서 엄두도 낼 수 없었다. 그러다가 1958년 연방 정부 산하 표준국에서 루스 오브라이언의 데이터를 재가공하고, 가슴둘레를 기준으로 삼는 기존 치수 체계와 결합했다. 그렇게 오늘날 우리가 사용하는 것과 유사한 치수 체계가 탄생했다. 새로운 체계에서는 모래시계 형태의 신체를 가정하고 가슴둘레를 기준으로 8부터 38까지 짝수로 치수를 매겼다. 치수 체계 사용은 처음엔 의무였으나 1970년에 선택이 되었고, 1983년에는 아예 폐기되었다. 도무지 쓸모가 없었기 때문이었다.

"당신에게 맞추어 만들어진 옷이 아니라면, 실제로 당신에게 맞을 리 없습니다." 의류 치수를 주제로 나와 무수히 대화를 나눈 에비게일 글럼-래스버리Abigail Glaum-Lathbury가 내게 말한다. 예술가이자 패션 디자이너, 시카고 예술대학 교수인 글럼-래스버리는 치수의 역사와 오늘날 치수 체계가 작동하는 방식에 관한 방대한 연구를 해왔다. 그는 여성복의 치수는 실제로 옷이 몸에 맞는지에 대해 거의 아무런 정보도 주지 못한다고 설명한다. 당혹스럽고도 흥미롭게 느껴졌다. 나 역시 내가 산 옷이 몸에 잘 맞는다고 느낀 적은 살면서 한 번도 없었다. 그런데 의류 디자이너와 제조업체도 실제로 옷이 사람의 몸에 맞을 거라고 기대하지 않는다니, 새로웠다. 그들도 몸에 맞는 옷을 다양하게 만들고 싶어 한다. 단지 눈부시게 발전한 지금의 진보한 기술과 제조업으로도 그 과업이 불가능한 것뿐이다.

글럼-래스버리의 설명에 의하면 옷이 몸에 맞으려면 살이 분포된 형태와 옷이 일치해야 하는데, 살은 표준화될 수 없다는 게 가장 큰 문제다. 두 여자의 키와 몸 둘레 치수가 정확히 같더라도, 골격 위에 살이 반드시 같은 형태로 붙어 있는 건 아니다. 이 사실이 가장 잘 드러나는 부위는 가슴이다. 가령 글럼-래스버리와 내가 가슴둘레가 정확히 같더라도, 가슴 모양은 다를 수 있다. "제 갈비뼈가 당신보다 넓을 수도 있어요. 당신이 저보다 어깨가 넓을 수도 있고요. 제 가슴이 옆으로 더 퍼져 있고, 당신 가슴이 더 크고 앞으로 나왔을 수도 있어요." 엉덩이도 똑같다. 엉덩이와 허리둘레 치수는 여성의 엉덩이 살이 분포된 방식이나 모양을 알려주지 못한다. 세상에 존재하는 엉덩이엔 규격이란 게 없으므로, 규격화된 바지 치수는 전적으로 비현실적이다.

디자이너들이 옷을 만들 때 제일 먼저 하는 일은 마네킹에 천을 걸쳐보는 것이다. 마네킹은 몸과 비슷한 형태를 취하고 있긴 하지만 딱딱하고, 살이 없고, 머리도 없는 토르소와 다리에 불과하다. 초기에 프로토타입을 만들 때나 쓸모 있을 뿐, 제작이 진행될수록 무용해진다. 사람들이 앉을 때, 몸을 구부릴 때, 민감한 피부를 가졌을 경우 옷이 어떻게 되는지 알려면 옷을 살아 있는 사람에게 입혀보아야 한다. 자기가 만드는 옷에 대해 제법 이해하게 된 디자이너는 다음 단계로 모델을 불러와 옷이 잘 맞는지 피팅한다. 여성복 바지를 디자인할 경우, 바지 전문 모델을 부른다.[24]

지난 10년 사이 여성복 청바지를 한 벌이라도 입어보았다면, 십중팔구는 너태샤 와그너Natasha Wagner의 엉덩이에 맞도록 디자인된 바지를 입어보았을 것이다. 와그너는 패션 업계에서 가장 높은 수요를 자랑하는 데님 피팅모델로서[25], 세븐 포 올 맨카인드7 for All Mankind, 마더Mother, 시티즌즈 오브 휴매너티Citizens of Humanity, 리던Re/Done, 페이지Paige, 블랙 오키드Black Orchid, 빈스Vince, 프로엔자 슐러Proenza Schouler, 갭Gap, 럭키 브랜드Lucky Brand, 올드 네이비Old Navy, 리바이스Levi's를 비롯한 다양한 브랜드와 일했다. 〈보그〉에서는 그를 "엉덩이로 이 나라를 빛어내고 있는" 여성이라고 소개한 적이 있다. 〈리파이너리29*Refinery29*〉에서는 그에 대해 "업계 최고의 엉덩이"를 지녔다고 묘사한다. 와그너의 임무는 나머지 모든 사람을 대표할 몸을 지니는 것, 노마처럼 정상인 동시에 이상적인 몸을 지니는 것, 모든 옷이 실제로 잘 맞는 몸을 지니는 것이다.

로스앤젤레스에서 자란 와그너는 캘리포니아 주립대학 롱비치 캠퍼스에서 커뮤니케이션을 공부했고, 여학생 클럽에서 활동했고, 칠리스에서 웨이트리스로 일했다. 어느 금요일 오후, 피팅모델로 일하고 있던 여학생 클럽 회원 중 한 사람이 모델 에이전시에 월급을 받으러 가는 길에 카풀 차선을 탈 수 있게 동행해달라고 부탁했다. 에이전시에 도착하자, 직원이 와그너의 신체 치수를 재도 되겠느냐고 물었다. "별생각 없이 치수를 재라고 했어요. 그다음엔 전화가 오기 시작했죠. 제 몸이 자기들이 찾던 정확한 치수라는 거예요. 복권을 맞은 기분이었죠."

통화 중에 그 정확한 치수가 어떻게 되는지 묻자, 와그너는 알려주지 않는다. 업계 비밀로 취급되는 모양이다. 그래서 나는 대신 그의 엉덩이에 대해 묘사해달라고 부탁한다. 그는 잠시 망설이더니, "완벽하게 불완벽하다"라고 표현한다. 온라인에 올라온 사진을 보면 와그너는 다리가 길고 긴 금발 머리에 모래 빛깔로 하이라이트를 넣은 백인 여자로, 날씬하며 관습적 의미에서 매력적이다. 인터넷에서는 청바지를 입은 그의 엉덩이를 다양한 정도로 클로즈업한 이미지를 여럿 찾을 수 있다. 전체 인구를 기준으로 할 때 그의 엉덩이는 상당히 작은 편에 속하겠지만, 1990년대의 말라빠진 모델들에 비하면 분명히 크다. 업계 전문가들은 그것이 와그너가 가진 매력의 핵심이라고 말한다. "곡선이 과한 (허리가 아주 가늘고 엉덩이가 큰) 사람이나 몸매가 일자인 (골반이 없는) 사람에게 피팅하면, 옷이 특정한 신체 유형에만 맞도록 제약됩니다. (…) 와그너는 날씬하면서도 적당히 볼륨감이 있는 몸매라서, 양쪽의 장점을 다 가지고 있어요."[26] 와그너를 고용하는 디자이너 한 사람이 〈보그〉에 설명했다.

와그너는 자신이 피팅모델로서 인기 있는 이유를 이처럼 사람들에게 평균으로 인식되는 몸을 지녀서라고 말한다. "예산상 모델을 딱 한 사람밖에 고용할 수 없는 회사에서는 너무 뚱뚱하거나 마르지 않고, 너무 크거나 작지 않은 사람을 원해요." 이 말을 듣자마자 내 머릿속에는 1945년에 노마를 둘러싼 지배적 담론인 '과도함'의 개념이 떠오른다. 와그너의 몸은 여러 면에서 일반적이지 않은데도 정상적인 몸의 본으로 사용되고 있다.

일을 제안받으면 와그너는 일단 의류 브랜드의 사무실을 방문해 회사 사람들과 면담을 하고, 신체 치수를 잰다. 보통은 꽉 끼는 스판덱스 재질의 옷을 입고 치수를 재지만, 측정하는 사람을 믿을 수 있을 땐 커튼으로 가리고 속옷 차림으로 치수를 재도록 허락한다. 측정되는 부위는 목 아래·어깨·가슴·허리·골반 아래·허벅지·허벅지 중간·다리 안쪽 길이까지 다양하다. 그러고 나서 와그너는 몇 벌의 의상을 걸쳐보며, 브랜드에 어울리는지 평가받는다.

의류 업계에 표준이라는 것은 존재하지 않으므로, 치수를 결정하는 건 각 브랜드의 몫이다. 이는 브랜드가 제각기 이상적인 고객을 직접 결정한다는 의미다. 우리는 이 사실을 경험적으로 알고 있다. 여러 브랜드의 옷을 입어보면, 치수에 도무지 일관성이 없다고 느끼게 된다. 글럼-래스버리는 브랜드마다 다른 유형의 고객에게 소구하며, 치수를 매기는 방식으로도 메시지를 전달한다고 설명한다. 특정 브랜드가 팔고자 하는 이미지나 이상이 늘씬하고 키가 크고 엉덩이가 적당히 있는 와그너의 치수와 일치하면, 그와 같은 비율을 가진 여성의 수가 아무리 적더라도 와그너는 적합하다고 판정받는다. 의류 제조업체가 관심을 가지는 건 사람들에게 맞는 옷을 만드는 일이 아니라, 고객이 될 사람의 환상을 충족시키는 것이다.

브랜드 대표들이 와그너를 만나보고서 같이 일하겠다고 하면 디자이너는 의상을 스케치한 그림을 패턴 제조사에게 보내고, 그는 와그너의 치수에 맞추어 패턴을 만든다. 브랜드는 그 패턴으로 프로토타입을 제작한다. 이상적인 경우, 와그너는 두세 가지 버전의 프로토타입을 입어본 뒤 피드백을 준다. 디자이너들은 옷의 구조와 느낌에 대한 와그너의 피드백을 받아들이고, 버전을 거듭하며 의상이 와그너의 몸에 더 잘 맞도록 미세하게 조정한다. 와그너는 경험을 통해 벨트 고리를 요크심에 꿰매지 않으면 바지를 입을 때 뜯어진다는 걸 알고, 주머니는 어떤 형태가 최고로 편리한지도 안다. 와그너는 회사가 완벽한 핏을 완성하면 그냥 느낄 수 있다고 말한다. "옷 뒤쪽이 내려가지 않아요. 허리 밴드가 쓸리지 않고요. 모든 부분이 몸을 알맞게 감싸주는 느낌이죠."

지시에 따라 패턴을 수정하는 단계가 끝나면 공장에서 '생산 전 핏'이라고 부르는 견본을 만든다. 공장에서 제작하는 물건이 디자이너가 머릿속으로 그리는 옷과 일치하는지 확인하는 작업이다. 와그너는 보통 생산 전 핏 견본도 입어보고, 디자이너들이 마지막으로 미세하게 조정할 부분이 있을지 살핀다. 이 모든 작업을 마친 다음 공장은 제작에 들어간다. 옷이 완성되면, 이대로 세상에 내보내도 될지 와그너가 다시 한번 입어본다.

와그너는 옷의 기초가 되는 **이상적**인 몸 형태를 제공한다. 그러나 회사들은 보통 옷을 한 개 치수만 만들지 않는다. 각자 조금씩 다른 수학 공식을 활용해, 프로토타입의 큰 버전과 작은 버전을 만들어낸다. '그레이딩'이라고 불리는 이 과정은 글럼-래스버리가 설명하길 대단히 복잡하다고 한다. 사이즈가 커질 때마다 옷에 들어가는 천의 양도 비례해 많아지므로 2사이즈와 4사이즈의 차이는 1인치지만 14사이즈와 16사이즈의 차이는 2.5인치일 수도 있다는 것이다. 천이 더 들어가는 부위도 항상 같지 않다. 회사들은 치수를 늘릴 때, 체구가 커질수록 살이 어느 부위에 붙는지를 염두에 둔다. 따라서 치수가 커져도 목둘레는 별로 달라지지 않지만 의상의 전면 중심에는 천이 1인치 더 필요할 수 있다. 둘레만 늘어나는 게 아니라, 길이도 늘어난다. 여기엔 4사이즈를 입는 여성이 10사이즈를 입는 여성보다 키가 작다는 가정이 들어가 있다. 옷 치수가 커질수록 이런 가정들이 쌓여가고, 그만큼 옷이 몸에 잘 맞을 가능성은 낮아진다.

이 지점에서 나를 당혹하게 한 건(먼 옛날부터 도통 이해할 수 없었던 건) 이렇게 엉망진창인 치수 체계가 사업 모델로서 버젓이 작동하고 있다는 사실이다. 의류업은 세상에서 가장 큰 산업의 하나다. 제품이 고객들에게 잘 맞을 거라고 담보할 수 있다면, 회사가 돈을 더 많이 벌지 않을까? 분명히 이보다 더 수익성 좋고 개선된 방법이 있을 것이다.

글럼-래스버리는 의류 업계에서 우리에게 맞지 않는 옷을 만드는 건 업계 사람들이 잔인해서가 아니라, 그들도 어쩔 수 없어서라고 설명한다. “기억하세요, 옷은 당신의 몸과는 아무 상관없이 만들어집니다. 옷에는 옳고 그름이 없어요. 기본적인 것을 해결해야 한다는 문제가 있을 뿐이지요.” 패션은 대규모 산업이라 회사가 돈을 벌 유일한 방법은 상품을 대량으로 판매하는 것이고, 그 절차의 효율성을 높일 방법은 한정되어 있다. 설령 제조업체가 한 번에 티셔츠 200벌의 패턴을 재단할 수 있다 해도, 천을 바느질하는 작업은 누군가 일일이 손으로 해야 한다. 바느질을 할 줄 아는 로봇은 아직 없다. 우리가 입는 모든 의류는 사람이 재봉틀 앞에 앉아서 바느질한 것이다. 의류 업계는 역사 내내 노동력 착취와 기타 비윤리적 노동 관행을 두루 활용해 바느질에 들어가는 비용을 최대한 낮추었지만, 그래도 획기적인 가격 인하는 불가능했다. 따라서 현실 인간의 몸에 맞도록 치수를 다양화하고 변형한 의류를 효율적으로 생산한다는 것 또한 불가능해진다.

“지금의 치수 체계가 잘 작동하려면, 우리 신체 부위가 교체 가능한 부품이 되어야 합니다.” 글럼-래스버리가 설명한다. “서로 맞물려 돌아가는 톱니바퀴 부품들처럼요.” 그는 치수의 한계를 직접 경험해본 적이 있다. 작은 의류 브랜드를 운영했을 때, 그의 목표는 예쁜 천으로 사람들의 몸에 잘 맞는 아름답고 품질 좋은 의류를 만드는 것이었다. 그러나 그가 만들어낸 옷은 현실 사람들이 지닌 가지각색의 몸에 잘 맞지 않았다. 목표는 분명히 몸에 맞는 옷을 만드는 것이었지만 그 목표는 아무리 해도 달성할 수 없었다. 경제적으로 실현 불가능했다.

“우리의 몸은 제멋대로예요.” 치수에 관해 설명하던 중, 그가 내게 상기시킨다. **제멋대로**라는 단어가 내 마음에 깊게 남았다. 우리 몸은 반항아다. 치수에, 자본주의에, 급을 나누고 위계를 세워 통제하려는 끊임없는 시도에 저항한다. 몸이 제멋대로라는 생각은 마음속 깊은 곳에서부터 진실로 느껴지기에 호소력이 크다. 나는 나이트크림을 바르고, 스쾃을 하고, 잘 맞지 않는 바지 안에 내 몸을 욱여넣으려 애쓰지만 그래도 내 몸에는 주름살과 셀룰라이트와 아무리 봐도 엉망이라 느껴지는 엉덩이가 있다. 내 몸은 그것을 통제하려는 내 노력에 끊임없이 저항한다.

하지만 물론 모든 사람이 자기 몸을 기준에 욱여넣으려 애쓰는 건 아니다. 모두가 정상이 되려고 애쓰는 건 아니다. 어떤 이들에게는 몸이 제멋대로라는 게, 몸이 무수한 방식으로 존재할 수 있다는 게, 어쩔 수 없이 받아들여야 하는 사실이 아니라 오히려 한껏 즐길 거리가 되기도 한다.

저항

퀸즈 애스토리아의 술집 아이콘에서 만나는 모든 게 그렇듯 스페셜 드링크는 유쾌하고, 말장난이 섞여 있었으며, 퀴어스러웠다.[27] 손님들은 영화 〈콜 미 바이 유어 네임〉을 오마주한 과일 음료 "콜 미 바이 유어 로제"를 달라고 외쳤다. 바텐더 두 사람이 벽돌 벽을 비추는 다채로운 빛깔의 스포트라이트 아래에서 디비닐즈Divinyls의 곡 "아이 터치 마이셀프I Touch Myself"에 맞추어 춤추며 칵테일을 흔들었다. 방 안은 무지개 깃발로 휘황찬란하게 장식되어 있었다.

일요일 저녁 7시였는데도 아이콘엔 사람들이 바글거렸다. 아이콘에서 개최하는 '드래그drag 컴페티션'이 열린 첫날 밤이었다. 드래그 컴페티션은 뉴욕에서 활동하는 드래그 퀸들이 8주 동안 그날그날 다른 심사위원을 앞에 두고 라이브로 공연해서 아이콘 왕관을 두고 겨루는 대회였다. 그날 밤에는 드래그 퀸 열한 명이 개인 안무 공연을 펼치고, 디제이가 선택한 곡에 맞추어 즉석에서 춤을 추는 '드래그 퀸 룰렛'에 참여할 예정이었다.

지하철을 제외하면, 아이콘은 내가 뉴욕에서 가본 곳 중 가장 다양성이 살아 있는 공간이었다. 그 안에는 수많은 인종·젠더·계급 표현이 당당히 전시되어 있었다. 게이로 보이는 커플이 이성애자로 보이는 커플 옆에서 서로 끌어안고 있었다. 중년이 젊은이들과 자연스럽게 어울렸다. 나는 까까머리 위에 〈프렌즈〉 야구 모자를 쓰고 '펨(레즈비언 커플 가운데 전통 이성애 관계의 여성 역할을 하는 사람을 일컫는다 –옮긴이)'처럼 보이는 여성의 허리를 끌어안은 여성 옆에 섰다. 우리 앞에는 그날 저녁 공연에 참여하지 않는 드래그 퀸 한 사람이 서 있었는데, 은색 반짝이 하이힐을 신고 풍성한 금발 가발을 착용한 덕분에 나보다 무려 30센티미터는 높이 솟아 있었다. 그날 저녁 내내 나는 그의 풍성한 곱슬머리와 공연을 찍어 인스타그램에 올리려는 사람들이 들이민 핸드폰의 물결 사이에서 시야를 확보하느라 고군분투했다.

내가 아이콘을 방문한 목적은 우리 몸과 치수의 역사에, 노마를 만들어내고 전시한 사회의 젠더 규범에 깊이 새겨진 '동일성과 정상성'의 해독제를 찾기 위해서였다. 과연, 이보다 더 나은 곳에 올 수는 없었으리라는 생각이 들었다. 그날 밤의 주제는 "당신을 알아볼까요"였다. 공연자들이 심사위원과 관중에게 자신을 소개하기에도, 모든 드래그 공연의 현실적 속성을 부각하기에도 좋은 주제였다. 드래그 공연자는 되고 싶다면 어떤 모습으로도 자신을 변신시킬 수 있었다. 그들이 만들어내고 선보이는 신체들은 모두 여성성을 흉내 낸다는 공통점이 있지만, 공연자마다 여성성을 해석하는 방식은 조금씩 달랐다.

무지개색 스커트와 밝은 금발 가발을 착용하고 SF 영화 속 등장인물처럼 꾸민 공연자가 있었다. 황금시대 헐리우드 영화에서 나왔을 법한 드레스와 커다랗게 컬이 진 곱슬머리로 치장해서 거의 촌스러워 보일 지경인 공연자도 있었다. 뽕을 착용하지 않고 양성적이고 유연한 스타일을 창조한 공연자도, 뷔스티에와 스위트하트 네크라인 위로 가슴골을 자랑하는 공연자도 있었다. 화려하게 장식된 스커트와 딱 달라붙는 팬티스타킹 아래에 스티로폼 뽕을 덧대 커다랗고 볼륨 있는 엉덩이를 만든 이도 있었다. 고전적 여성미라고 평가받을 법한 스타일이었다(그런 게 실제로 존재한다면 말이다). 그날 저녁, 나는 비디오게임 '모탈 콤뱃Mortal Kombat'의 구조와 그래픽을 모방하여 체조와 무술을 결합한 공연을 보았다. 제타 2KZeta 2K라는 이름의 드래그 퀸은 긴 빨간 풍선에 대고 펠라치오를 하고 터뜨린 다음 입 안에 숨기고 있다가 플라스틱 쓰레기를 기워 만든 담요로 몸을 감싸면서 천천히 꺼내는 퍼포먼스를 보여주었다. 또 다른 공연자는 형광 노란색 바디 페인트를 몸에 바른 채 바닥에서 몸부림쳤다.

물론 내 시선은 주로 그들의 엉덩이에 머물렀다. 드래그 퀸들은 엉덩이를 만들어내고 꾸미고 강조하기 위해 놀랄 만큼 다양한 방법을 활용하고 있었다. 맨 엉덩이를 윤곽 메이크업으로 강조한 사람도 있었다. 뽕을 대지 않은 엉덩이는 스커트와 드레스 자락 아래에서 팬케이크처럼 납작한 윤곽을 드러냈다. 어떤 공연자는 충전재로 몸의 곡선을 천박할 정도로 강조해 1930년대 배우 메이 웨스트Mae West처럼 보였다. 제니퍼 로페즈를 닮은 공연자는 운 좋게 타고난 유전자와 헬스장에서 보낸 시간이 특정한 연금술 반응을 일으킬 때만 획득할 수 있는 유형의 몸을 선보였는데, 그의 비결은 뽕을 적재적소에 동원한 것이었다. 아이콘에서 엉덩이는 공개적으로 갖고 놀 수 있는 것, 취향과 인격에 따라 부풀리거나 줄일 수 있는 것이었다. 우리 엉덩이는, 우리 몸은, 그 공간 안에서 어떤 규범을 따르기는커녕 혼란을 일으킬 즐거운 장소가 되었다. 그곳에서 나는 궁금해졌다. 이런 다중성은 어떻게 얻어지는 걸까? 이 위풍당당한 엉덩이들은 전부 어디서 온 걸까?

2019년 7월의 어느 더운 날, 나는 브루클린에서 러시아인들이 살던 구역인 브라이트튼 비치의 어느 아파트를 찾았다.[28] 비니 쿠치아Vinnie Cuccia가 생활 및 사업의 파트너인 알렉스 바틀릿Alex Bartlett과 함께 사는 곳이었다. 50대의 기운 넘치는 남자인 쿠치아는 얼굴을 감싸는 곡선형 선글라스를 쓰고, 슬림컷 청바지와 노란색 티셔츠 차림으로 마당에서 담배를 태우고 있었다. 그가 담배를 다 피운 듯해서 나는 아파트 건물로 다가갔다. 쿠치아는 이 동네가 참 살기 좋다는 이야기로 말문을 열었다. 그와 바틀릿은 바다가 보이는 건물에 보금자리를 마련할 수 있었다. 걸어서 10분이면 코니 아일랜드가 나왔고, 아쿠아리움은 넘어지면 코 닿을 거리였다. "친구들이 항상 파이어 아일랜드에 가보라고 권해요. 하지만 우린 그럴 필요가 없어요. 바닷가에서 놀다가 집으로 화장실을 다녀올 수 있거든요!"

쿠치아와 나는 엘리베이터를 타고 둘이 함께 살며 일하는 아파트로 올라갔다. 문을 열자 거대하고 뚱뚱한 쉼표 모양으로 잘린, 거의 인간 크기만 한 아이보리색 스티로폼들이 우리를 반겨주었다. 스티로폼 덩어리들은 방 하나를 가득 채우고서도 자리가 부족한지 복도로 쏟아져 나와 있었다. 이 재료가 쿠치아와 바틀릿이 공동소유한 사업체의 근간이다. 두 사람은 드래그 퀸, 크로스드레서(사회에서 일반적으로 다른 성별의 것이라 인식하는 옷을 입는 사람들-옮긴이), 트랜스 여성이 사용할 엉덩이 및 골반 뽕을 판매하는, 세계에서 가장 선구적인 조달 업자다. 내가 아이콘에서 본 드래그 퀸 여럿이 그들의 제품을 사용했다. '루폴의 드래그 레이스Rupaul's Drag Race' 참가자나 세계적으로 유명한 드래그 퀸들도 그들의 단골손님이다.

곧 바틀릿이 나타나 나를 맞았다. 짧은 반바지 아래에 플립플롭을 신은 그는 작업장으로 사용하는 침실을 구경시켜주었다. 조수도 둘 있었는데, 패션 업계에서 경력을 쌓으려는 젊은 여자들이었다. 조수들은 내게 인사를 건네더니 다시 전기톱으로 폼을 잘라내는 작업에 매진했다. 천장 근처의 선반에는 밝은색 천이 여러 필 놓여 있었다. 바틀릿은 이 천을 잘라 자기 자신이나 (그는 "페퍼"라는 이름으로 드래그 공연을 했다) 고객과 클라이언트들이 브로드웨이를 비롯해 미국 전역에서 공연할 때 착용할 의상을 만들었다.

플래닛 페퍼Planet Pepper라는 그럴싸한 이름이 붙은 사업을 시작했을 때, 바틀릿은 이미 20년의 경력을 자랑하는 잔뼈 굵은 드래그 퀸으로서 본인 혹은 다른 드래그 퀸이 입을 의상을 아파트에서 손수 제작하고 있었다. 쿠치아는 바느질에 대해선 일자무식이었지만 작은 기업을 창업하고 싶었다. 마침 뉴욕주 맹인 위원회에서 시각 장애가 있는 사람들을 위해 창업비용 1만 5천 달러를 지원해주었다(쿠치아는 법적으로 맹인이다). 두 사람은 이 돈으로 의상 가게를 열기로 했다. 쿠치아가 경영을 관리하고, 바틀릿이 생산 업무를 맡는다는 계획이었다.

처음에 플래닛 페퍼는 적자를 냈다(작은 패션 기업은 보통 마진을 적게 가져가기에, 빠르게 이윤을 내기는 쉽지 않다). 그러다 두 사람은 아직 아무도 손대지 않은 블루 오션을 발견했다. 드래그 퀸들이 착용할 특수 뽕 시장이었다.

"우리는 여성적인 몸을 지니지 못했지만 여성적으로 보이고 싶은 사람들을 위한 의상을 만들고 있었어요. 처음 우리를 찾아왔을 때 그들은 여느 사내와 다르지 않게 보이는 사람들이죠. 우리는 일단 몸부터 건드리고, 다음으로 의상을 작업했어요. 곧 저는 깨달았습니다. 이런 일을 하는 사람은 우리 말고는 아무도 없어요. 드래그 퀸이나 여성적으로 보이고 싶은 사람들을 위한 엉덩이 뽕을 만드는 사람은 우리 전에 없었다고요." 바틀릿이 설명했다.

버지니아에서 유년기를 보내고 드래그 퀸으로 성장한 바틀릿은 대부분의 드래그 퀸들과 같은 방식으로 엉덩이 뽕을 만드는 법을 배웠다. 드래그 마더(드래그의 세계로 이끌어주는 멘토 같은 존재 - 옮긴이)가 소파 쿠션을 자르고 원하는 모양으로 조각해서 팬티스타킹 안에 절묘하게 채워넣는 방법을 가르쳐준 것이다.

"주위 사람들에게 배우는 거예요. 친구 하나가 제가 뽕을 넣지 않은 걸 알아채고 말했죠. '슬슬 뽕 넣는 것도 생각해봐. 남자애가 드레스를 걸친 것처럼 보이니까.'" 바틀릿이 설명했다. 처음 뽕을 착용하고 무대에 오른 순간, 마법처럼 인생이 바뀌었다고 그는 회상한다. "어떤 몸을 가져야 하는지 깨닫는 순간, 드래그 퀸들의 머릿속에서는 스위치가 켜집니다. 새로 태어나는 것과 같죠. 진심으로 원하는 몸과 손톱과 가슴을 가지면 전과는 다른 방식으로 걷게 돼요. 다른 방식으로 움직이게 되고요. 전과는 다른 방식으로 공간을 호령하게 되죠."

80년대와 90년대의 드래그 공동체는 여성스러움과 아름다움에 대한 패션 업계의 해석을 충실하게 따랐다. 특히 뉴욕에서 그랬다. 버지니아의 공연자들은 메이 웨스트와 매릴린 먼로를 닮은 외양(엉덩이가 아주 풍만해야 하는 스타일)을 만들어내기 일쑤였지만, 1992년에 뉴욕에 도착한 바틀릿은 이곳 스타일이 "아주 양성적이고 로큰롤 풍이라서" 뽕을 덜 넣는다는 걸 알아차렸다. "모두 0사이즈를 입는 슈퍼모델처럼, 드레스를 입은 남자처럼 보이고 싶어 했어요." 쿠치아가 덧붙였다. 쿠치아는 시각 장애가 있는데도 드래그 퀸을 만나면 뭔가 다른 게 느껴진다고 말한다. "엉덩이를 딱 쳐다보면요, 움직이지도 흔들리지도 않거든요." 시간이 좀 걸리긴 했지만, 드래그의 스타일과 전망이 발전하기 시작하면서 플래닛 페퍼는 결국 공동체 내에서 기반을 다지는 데 성공했다. 쿠치아는 말한다. "여성이 되는 걸 상상할 때, 보통은 가슴과 머리카락과 얼굴에만 집중해요. 하지만 모든 걸 극적으로 바꿔놓는 건 바로 이런 골반이랑 엉덩이죠. 많은 사람이 말해요. '제 모습이 달라졌어요, 제 인생이 달라졌어요.'"

다른 여성들처럼 나도 몸의 실루엣을 바꿔주는 속옷을 입어 본 적이 있다. 여성스러운 몸매를 만들어내는 게 자신의 몸을 수용하고, 자신의 몸에서 해방되고, 세상에 저항하는 행위였던 쿠치아와 바틀릿과는 반대로 뽕과 스판덱스를 활용해 내 몸을 바꾸려는 시도는 언제나 내 몸을 구속하는 행위였다.

기존에 규정된 여성성의 이상에 부합하겠다는 일념으로 특수 속옷을 처음 착용해본 건 중학교 시절이었다. 가슴이라고 부를 만한 것조차 없었던 그때, 나는 컵 아래쪽에 약간의 쿠션이 들어간 브라를 샀다. 남들의 눈길을 받고 싶은 욕심과 딱 봐도 가짜 티가 나는 건 싫은 마음 사이에서 적당히 균형을 잡으려는 의도였다. 실제 내 모습보다 아주 조금 더 발달한 것처럼 보이고 싶었지만, 거짓이 발각될까 봐 겁도 났다. 그로부터 10년 뒤인 스물네 살의 어느 날, 나는 신부 들러리를 준비하다가 보정 속옷을 알게 되었다. 나는 고운 실크 드레스 아래에 입을 슬립을 깜빡하고 미처 챙기지 못했다. 교회 앞에서 예식이 열릴 예정이었기에 나는 주일학교 교실에 앉아 신부가 입을 웨딩드레스를 스팀으로 다렸고, 들러리를 맡은 또 다른 친구가 근처 쇼핑몰로 달려갔다. 친구는 위쪽에 브라 컵이 달린 황갈색 스판덱스 튜브를 들고 의기양양하게 돌아왔다. 유명 브랜드 빅토리아 시크릿에서 출시한 그 제품은 하객들에게 드레스 안의 몸이 드러나는 걸 막아줄뿐더러, 더 날씬한 몸매로 보이게 해줬다. 그날 저녁 행사가 끝날 무렵엔 배가 살살 아파왔다. 정상적이고 여성스러운 몸을 얻은 대가로 나는 심한 변비에 시달려야 했다.

몸매를 바꾸고 싶다는 욕망은 내겐 일종의 일관성을 획득하려는 시도였다. 내 몸의 바깥쪽을 안쪽과 맞추고 싶었다. 사람들 눈에 보이는 나의 자아와, 드러나지 않는 진정한 자아와 일치시키고 싶었다. 뽕브라와 몸을 꽁꽁 싸매는 스판덱스는 어떤 부분은 키우고 어떤 부분은 줄임으로써 내게 이상적인 여성성에 한 발짝 다가갈 기회를 주었다. 내가 사회에서 물려받아 내면화한 젠더의 틀에 내 겉모습이 들어맞도록, 의상을 입고 일정한 여성성을 드러낼 기회를 주었다. 나는 나 자신이 여성스럽다고 느낀다. 적어도 그렇게 느끼고 싶다. 나 자신을 균형 잡힌 성인 여성으로 느끼고 싶다. 세상에서 그런 지령을 내렸다. 나 자신도 내게 똑같은 지령을 내렸다. 나는 내가 생각하는 내면의 나와 바깥으로 보이는 내가 비슷하길 원하지만, 또한 내 겉모습이 남들에게 정상적이고, 여성스럽고, 올바르게 보이길 원한다.

그러나 여성성은 하나로 정의되는 경험이 아니며 우리가 여성성을 표현하는 데 사용하는 도구들은 무디기 짝이 없다.[29] 큰 가슴, 풍만한 엉덩이, 쏙 들어간 허리처럼 단순하고 뻔한 표지들은 단순하고 이분법적인 젠더 환상을 만들어낸다. 훨씬 더 유동적이고 복잡한 진실이 존재한대도, 결국 단정하고 여성스러운 내면을 암시하는 건 여성적인 외형이다. 이 사실이야말로 모순의 정곡을 찌른다. 여성성을 단순하고 단일한 형태로 규정함으로써 우리는 여성성에 내포된 미묘한 뉘앙스들을 지나쳐버린다.

내가 열세 살의 소녀로 살아가는 자유와 주체적인 성인 여성의 특질이라고 상상한 요소를 동시에 갈망한다는 것을, 가감 없이 표현해줄 브라는 세상에 존재하지 않았다. 친구 결혼식이 열리는 교회 앞에 서 있던 날, 변비를 유발하는 거들이나 풍성하게 주름 잡힌 드레스로는 내 안에 존재하는 젠더를 표현할 수 없었다. 그날 나는 나를 세련되고 사랑스러운 여성처럼 꾸몄으며, 내가 판에 박힌 들러리처럼 보인다는 점에 만족했다. 하지만 그렇게 꾸민 나는 교회 앞에 서서, 나를 그곳까지 데려다준 아름다운 부치butch(레즈비언 커플 가운데 전통 이성애 관계의 남성 역할을 하는 사람-옮긴이) 여성과 눈을 맞추려 애쓰고 있었다. 결혼이 한 남성과 한 여성의 결합이라고 목사가 단언하는 걸 들으면서 우리 둘 다 몸을 어색하게 꼼지락거렸다. 배반의 순간이었다. 나는 로맨틱 코미디 배우만큼이나 여성스러워 보였지만, 젠더와 섹슈얼리티 둘 다에 위장을 두르고 있었다.

"여성은 태어나는 게 아니라 만들어지는 것이다."[30] 시몬 드 보부아르Simone de Beauvoir가 《제2의 성*The Second Sex*》에 적은 유명한 말이다. 여성이 만들어지는 장소는 내 몸과는 다른 환상 속 몸이 손 닿을 듯 아슬아슬한 거리에 존재하는 란제리 가게 복도다. 보부아르의 감성은 20세기와 21세기 젠더 철학에도 녹아 있다. 주디스 버틀러Judith Butler의 《젠더 트러블*Gender Trouble*》에서는 젠더를 고정된 실체가 아니라 구성되고 수행되는 것으로 여긴다.[31] 우리는 '여성적'이거나 '남성적'이라 여기는 장신구를 착용할 수도 있고, 우리 몸의 어떤 부위들을 강조하거나 뽕을 대거나 조일 수도 있다. 그러나 **외면의 표지는 내면의 자아를 드러내지 않는다.** 젠더의 수행이 외면과 내면의 대비를 오히려 고조시킬 때도 있다.

버틀러는 진정한 내면의 자아 같은 건 애초에 존재하지 않는다고 주장한다. 진정한 자아가 있다는, "여성성"이라는 안정적인 개념이 있다는 것은 환상이며 착각일 뿐이다. 정상은 없다. 여성적인 것도 없다. 어떤 방식으로든 단 하나의 젠더로 나를 표현할 때 내가 혼란을 느끼는 이유는, 매우 여성스러운 신부 들러리 드레스를 입고 열심히 가슴과 엉덩이를 부풀려 꾸미는 게 어쩐지 얄팍하게 느껴졌던 이유는, 그런 표현이 실제로 존재하는 다수성을 무시하고 단일성을 주장해서다. 이런 불편에는 비극이 있지만, 어쩌면 기회도 있을지 모른다. 루폴이 말했듯 "우리는 모두 벌거벗고 태어나며 나머지는 전부 드래그"니까.

쿠치아와 바틀릿이 플래닛 페퍼에서 판매하는 제품들은 몸을 만들어내는 것에 관해 새롭게 생각해보자고 제안한다. 그들의 방식은 벨스키와 디킨슨이 노마에 담아 내놓은 것과도, 란제리 가게 복도에서 찾을 수 있는 것과도 다르다. 노마에는 여성성을 정의하고 규제하려는 시도가 담겨 있다. 스팽스를 착용하거나 와그너의 몸에 맞게 디자인된 바지에 내 몸을 욱여넣는 헛된 시도를 할 때, 나는 그 규제를 어렴풋이 느낀다. 내가 타인이 규정한 여성성에, 정상성에 내 몸을 끼워 맞추려 애쓰고 있다는 것을.

바틀릿과 쿠치아는 나와 똑같은 의상들을 착용하면서 내가 느끼지 못하는 자유를 느낀다. 그들에게 의상은 다양한 자아를 표현하는 즐거움을 주는 매체다. 바틀릿이 말한다. "어느 시점에 이르면, 무엇이 남성이고 여성인가에 관한 개념은 추상적인 것이 됩니다. 이렇게도 해보고, 저렇게도 해보는 거죠. 내 경우엔, 맨날 청바지랑 검은 티셔츠만 입는 게 지겨웠어요. 재미있고 화려한 옷도 한번 입어보고 싶었습니다. 나 자신에게 물었죠. 왜 나는 멋진 드레스를 입으면 안 돼? 그래서 나는 그런 옷을 입어도 되는 공간을 찾았습니다. 치장하는 데에는 마법이 있어요. 그때 나는 더욱 나다운 내가 됩니다.”

5장

탄탄하여라

Fit

강철처럼 단단하게

1994년에 그려진 어느 네 컷 만화의 첫 번째 컷, 여자가 레오타드와 운동용 머리띠를 착용하고 데이트 장소에 도착한다.[1] 그를 만나러 온 남자는 정장과 타이 차림에 흰 천을 두르고 테이블에 앉아 있다. 두 번째 컷에서 여자가 자리에 앉는 순간, 공중에 어떤 소리가 울려퍼진다. 커다란 대문자로 "쨍그랑"이라고 적혀 있다. 세 번째 컷에서 남자가 처음 입을 연다. "언제부터 강철 엉덩이를 지녔던 건가요?"

피트니스의 한 시대를 풍미한 〈번즈 오브 스틸Buns of Steel〉

은 1980년대 말부터 1990년대 초까지 무수하게 패러디되었다(여기엔 이름이 한몫했을 것이다). 〈새터데이 나이트 라이브Saturday Night Live〉[2]에서 패러디되고, 제이 르노Jay Leno의 한밤 토크쇼에 언급되고, 연재만화 〈캐시Cathy〉에 등장했다. 어쨌든 엉덩이 얘기는 재미있고, 강철 엉덩이를 지닌다는 발상은 매력적이면서 살짝 우스꽝스럽다. 하지만 〈번즈 오브 스틸〉은 단순히 우스갯소리로 취급하기엔 너무나 대단했다. 피트니스 사업가 그레그 스미시Greg Smithey가 개발한 운동 루틴을 바탕으로 하는 '홈트레이닝'용 비디오테이프 〈번즈 오브 스틸〉은 정말로 강철처럼 단단한 엉덩이를 가지고 싶었던 온 세상 사람들에게 판매되었고, 이내 베스트셀러에 등극했다. 이 사실이 몸이 어떻게 보여야 하고 어떻게 기능해야 하는지에 관한 사람들의 기대가 근본적으로 변화했음을 보여준다.

엉덩이는 (혹은 적어도 그것을 가리키는 속어인 "ass"는) 먼 과거부터 노력과 언어학적으로 연관되었다. "엉덩이가 뚱뚱하다have a fat ass"는 건 게으르고 나태하다는 것과 동의어라서 "뚱뚱한 엉덩이 들고 일하러 가라" 같은 표현에서 쓰인다. 누군가의 "엉덩이를 걷어찬다kick in the ass"는 건 움직이고 일하게 만든다는 뜻이다. "강한 엉덩이hard-ass"는 타협하지 않는, 완강한 사람을 가리킨다. "엉덩이가 빠지도록 일한다work their ass off"는 표현은 작은 엉덩이와 성실한 노동을 직접 연결 짓는다. 그러니 이런 함의가 전부 한데 모여서, 사업가 정신과 자기 창조를 추켜세우는 복음이 미국에서 정점을 찍던 시기에 역사상 가장 성공한 운동 프로그램이 탄생했다는 것은, 그 프로그램을 만든 사람의 개인사에 이런 성공 원칙이 철두철미하게 담겼다는 것은 하나도 놀랍지 않다.

그레그 스미시를 찾아내는 데 자그마치 여섯 달이 걸렸다.[3] 나는 그가 2008년에 만든 웹사이트에 적힌 메일 주소로 몇 번이고 이메일을 보냈다. 그가 한때 살았다는 앵커리지와 라스베이거스의 전화번호부를 쥐 잡듯 뒤졌고 그의 대리인과 친척을 찾아내려고도 해봤다. 그가 흘러간 유명인들이 사는 지하세계로 잠수해버렸나 생각하고 그만 포기하려던 어느 오후, 스미시에게서 이메일이 도착했다. 나와 기꺼이 대화하겠다는 것이었다. 그동안 연락이 되지 않은 건 단순히 메일 수신함을 주기적으로 확인하지 않아서라는 설명과 함께. 그래서 나는 그에게 전화했다. 한번 말을 시작한 그는 사흘 내내 입을 다물지 않았다.

스미시가 내게 들려준 이야기 몇 개는 미심쩍게 느껴졌다. 그는 밴드 와일드 체리Wild Cherry의 노래 "플레이 댓 펑키 뮤직Play That Funky Music"에 등장하는 "백인 소년"이 자기라고 주장했다(그럴 리 없다). 앵커리지에 있는 자기 에어로빅 스튜디오에서 밴드 코모도스Commodores와 미스 알래스카를 훈련시켰다고 말했다(불가능한 건 아니지만 가능성이 희박한 일이다). 자기가 폭풍을 추적하고 다니며 여덟 개의 태풍의 눈에 들어가 보았다고도, 회색곰을 마주치는 끔찍한 상황에서 긍정적 사고와 치아를 드러내는 환한 미소를 활용해 살아남았다고도 말했다. 경험을 과장하고 신화에서 볼 법한 일화들을 꾸며내는 그의 성향을 감안하면, 그가 하는 말은 반드시 에누리해서 들어야 한다. 하지만 그런 그레그 스미시에게도 절대적으로 확실한 진실이 하나 있다. 지난 40년 동안 가장 성공한 피트니스 프로그램을 발명한 사람이라는 것이다.

스미시가 처음 운동에 관심을 가진 건 장대높이뛰기의 세계를 알게 된 열두 살 때였다. 스미시는 능력이 출중해서, 1969년에 육상 장학금을 받고 아이다호 주립대학에 진학했다. 그곳에서도 스미시는 4.8미터 높이뛰기에 성공하며 맹활약을 펼쳤다. 대학을 졸업하고 체육 교사가 되겠다고 결심한 그는 알래스카로 이사해서 와실라 고등학교 육상 코치로 일했다(그는 자기 제자 중에 전 알래스카 주지사 세라 페일린Sarah Palin도 있었다고 주장한다[4]). 가르치는 것도 코치 일도 좋았지만, 스미시에게는 더 큰 야심이 있었다. 자기만의 에어로빅 스튜디오를 열어서 대중에게 운동에 대한 새로운 접근법을 소개하고 싶었다. 명언 제조기인 자기계발 연설가 지그 지글러Zig Ziglar의 동기부여 강연을 듣고 인생을 바꾸겠노라 결정한 그는 마침내 사직서를 내고 앵커리지로 이사해, 1984년에 '앵커리지 알래스카 힙합 에어로빅 클럽'을 개업했다.

모든 일이 술술 풀렸으면 좋았겠으나 현실은 그렇지 않았다. 스미시는 곧 재정적으로 곤궁에 빠졌다. 임대인에게 월세를 미뤄달라고 사정해야 했고, 에어로빅 수강생을 모집할 방법도 고민해야 했다. "운동 스튜디오는 한 마디로 실패한 것처럼 보였습니다. 저는 분노했고 절망했어요." 스미시가 말한다. 그는 분노를 에어로빅 수업에서 격한 운동으로 승화시켰다. "구체적으로, 엉덩이를 제대로 불태워줄 운동 루틴을 만들어냈죠."

아직 살아 있는 그의 웹사이트[5] 속 설명에 의하면, 스미시의 수업은 특이한 기행으로 점철되어 있다. 그는 카세트테이프와 긴 가죽 채찍(그냥 소품일 뿐이니 안심하라고 적혀 있다)을 들고 수강생들 앞에 나타나 자신을 닥터 번즈, '엉덩이학' 교수, 고통의 왕자, 마조히즘의 대가, 엉덩이 마스터라고 칭한다. 그는 스튜디오의 조도를 낮추고 자신에게 스포트라이트를 맞추고 음악을 튼 다음 50분 동안 수강생들에게 엉덩이를 쓰는 운동을 50개 넘게 시킨다. 그러는 내내 그는 소리친다. "아름다운 다리… 아름다운 다리… 그 다리를 쓰세요! 허벅지에서 치즈버거를 한번 빼봅시다! 당근 케이크도… 감자튀김도 빼자고요!"

스미시의 수업은 처음엔 수강생 대여섯 명으로 시작했지

만, 꾸준히 등록하는 수강생이 금세 40명 이상으로 불어났다고 한다. "엉덩이가 얼얼하도록 운동을 시키니까 사람들이 오더라고요. 조금 지나니까 자기 엉덩이가 보기 좋아졌고 남편이 만족한다는, 근사한 이야기들을 들려주더군요." 어느 날 수업을 마치고 수강생들과 대화를 하던 중에 영감이 폭발한 순간이 찾아왔다. "세상에, 엉덩이가 강철이 된 것 같아요." 수강생 한 사람이 말했다. 스미시는 그 순간을 회상한다. "순간 정적이 감돌았죠." 모두 그 말에서 번득이는 천재성을 알아차린 것이다.

스미시가 〈번즈 오브 스틸〉을 내놓은 타이밍은 그야말로 완벽했다. 1960년대와 70년대에 운동이 무엇이며 누구를 위한 것인가를 둘러싼 개념은 뿌리부터 달라졌다.[6] 운동 역사학자이자 뉴스쿨 대학 교수인 나탈리아 페트르젤라Natalia Petrzela에 의하면, 미국 피트니스 문화에서 열풍이 일어난 시기는 대체로 화이트칼라 노동자의 존재가 부상한 시기와 일치한다. 1920년대와 50년대가 그러하다. 갈수록 늘어나던 사무직 종사자들은 신체를 주로 사용하는 직업의 사람만큼 많이 활동하지 못했고, 그로 인해 사회적 불안이 쌓여갔다. 운동하지 못하는 것에 대한 (그래서 뚱뚱해질 것에 대한) 걱정은 그 시대의 중산층 문화에도 침투했는데, 그건 운동의 효과가 단지 기능적인 몸이나 건강한 몸을 얻는 것에 국한되지 않기 때문이다. 운동한 몸을 지닌다는 건, 언제나 그 이상을 의미한다.

페트르젤라의 설명에 따르면 미국에서 신체 운동의 개념은 흔히 애국심과 연결되는데, 국민의 신체 건강과 역량이 (최근까지도) 군사적 역량으로 이어진다고 생각했기 때문이다. 강인한 몸을 지닌 사람은 전쟁에서 싸울 준비가 더 잘 되어 있다. 예를 들어 1950년대에는 냉전이 언제든 '뜨거운' 전쟁으로 바뀔 수 있다는 불안감이 팽배했고, 드라마 〈매드맨Mad Men〉에서처럼 처진 몸을 이끌고 일하는 사무직 남자들은 싸울 준비가 되지 않았다는 우려가 퍼져 있었다. "사람들은 미국이 초강대국이라는 믿음을 굳게 품고 있죠. 하지만 여기엔 어떤 불안이 수반됩니다. 맙소사, 미국을 강하게 만들어주는 모든 것(자동차와 TV와 세탁기와 냉동식품)이 사실은 미국인들을 무절제한 뚱보로 만들고 있잖아." 미국 정부가 미국 아동들이 힘과 체력을 키우고 활력 있는 인생을 살게끔 대통령 체력검정Presidential Physical Fitness Test을 시작한 것도 이런 불안을 잠재우기 위해서였다.

1970년대 말에 이르자 신체 건강에는 또 다른 층위의 의미가 더해졌다.[7] 1960년대와 70년대를 거치며 노동조합의 힘이 강해지고, 환경보호국과 산업안전보건국 같은 새로운 정부 규제가 시작되었다. 이런 변화에 대응하기 위해 미국의 부유하고 권력 있는 자들은 제한 없는 자유 시장, 가차 없는 사유화, 개인 자유를 추앙하는 신자유주의 경제 철학을 받아들였다. 신자유주의 철학은 1970년대의 경제 위기를 해결할 방법으로 홍보되었고, 미국에서 꾸준히 사랑받는 자수성가의 신화에도 부합했다. 덕분에 다양한 계급에서 점진적으로, 널리 신봉자를 늘릴 수 있게 되었다.

그러나 신자유주의는 단순한 경제 철학 이상이었다. 신자유주의는 미국 생활의 거의 모든 부분에 촉수를 뻗쳤다. 자유시장을 개인의 주체성과 융합시키고, 집단으로 의견을 내거나 행동에 나설 방법은 없애버렸다. 사람의 가치마저 시장에서의 가치를 기준으로 평가했다. 신자유주의의 발상을 진지하게 믿는 사람은, 자기 자신에 관해 전면적으로 전과 다르게 생각했다. 물론 자기 몸에 대해서도 마찬가지였다. 날씬한 몸을 자기 관리와 동일시한 것은 일시적 현상은 아니었지만, 1970년대에 신체 건강은 규율과 자기 창조라는 가치를 드러내는 중요한 방식으로 부상했다. 건강한 몸은 강건한 노동 윤리와 자신을 통제할 능력을 드러내는 시각적 상징이 되었다. 개인이 자기 운명을 개척해간다는 발상에 열중하던 미국에서, 이 두 자질은 매우 중요해졌다.

이런 개인주의의 열풍이 막 몰아치기 시작한 1968년에, 케네스 쿠퍼Kenneth Cooper라는 이름의 공군 군의관이 《에어로빅

스*Aerobics*》[8]라는 책을 펴내 팔다리와 상체뿐 아니라 심장 안의 근육까지도 강화하는 운동의 미덕을 극찬했다. 그때까지 미국인 대부분은 체육관이라는 단어를 들으면 보디빌딩을 떠올렸다.[9] 보디빌딩은 서커스 공연과 프릭 쇼가 남긴 자손 격으로서, 거의 전적으로 남성만의 영역인 일탈적 하위문화였다. 보디빌더들은 지나치게 여성적(남자들과 시간을 너무 많이 보내고 외모에 신경을 쓴다는 점에서 동성애자로 의심받았다)이라고 인식되기도 했고, 기괴할 정도로 근육의 크기를 키우고 눈에 띄게 힘을 과시한다는 점에서 지나치게 남성적이라고 인식되기도 했다. 보디빌딩은 이처럼 극단적이라서 보통 사람 대부분은 시도해볼 생각조차 하지 않았다. 그러나 쿠퍼의 저서는 근육을 무지막지하게 키우지 않는 다른 근력 운동도 있다며 대안을 제시했다. 장거리 주자나 무용수와 같은 늘씬한 근육을 만드는 운동을 홍보한 것이다. 이런 몸매는 모든 젠더에게 매력적으로 느껴졌지만, 특히 여성들이 열광했다. 지금처럼 그때도 에어로빅 운동은 체력을 키워주고 심혈관계 건강을 개선할 뿐 아니라, 동시에 날씬한 몸매를 갖게 해준다고 약속한다. 에어로빅 운동에서 근력을 키워봤자, 남성성(혹은 부치스러움)의 표지가 될 수 있는 우락부락한 근육질 몸매로 이성애 규범의 한계를 넘는 일은 없었다.

에어로빅 댄스(쿠퍼가 저서에 담은 개념을 바탕으로 한)는 인간 언어가 만들어진 방식과 마찬가지로 같은 시기에 여러 장소에서 만들어졌다. 스핀부터 발레와 〈번즈 오브 스틸〉까지, 여러 형태의 운동이 태곳적의 움직임에서 제각기 진화한 결과다. 주디 미세트Judi Missett는 1969년에 시카고의 무용 스튜디오에서 세계 최초의 '재저사이즈Jazzercise' 수업을 했고, 재키 소런슨Jacki Sorensen은 이듬해 뉴저지 지역의 YMCA에서 비슷한 스타일의 에어로빅 댄스를 가르쳤다. 두 수업의 기본 형태는 놀랍도록 유사했다. 여성 강사가 한 무리의 사람들 앞에서서 심박수를 올리도록 설계된 빠른 춤을 추며 신체의 특정 부위를 강화하는 움직임을 보여준다. 대부분 여성으로 구성된 수강생들은 강사를 보면서 동작을 따라 한다. 수강생과 강사 모두 레오타드처럼 몸에 꼭 붙는 옷차림으로 활기찬 팝 음악(주로 디스코)에 맞추어 움직이고, 수업이 끝날 때면 한 사람도 빠짐없이 땀에 푹 젖게 된다.

미세트와 소런슨의 에어로빅 댄스는 대인기를 끌었다. 소런슨은 책을 쓰고 미국의 여러 도시를 순회하며 각종 TV과 라디오 방송에 출연했다. 1981년까지 에어로빅 강사 4천 명 이상을 길러내고 자격증을 주기도 했다. 미세트도 자기 책을 내서 40만 부 이상 파는 한편, 통찰을 발휘해 재저사이즈를 프랜차이즈 사업으로 키워서 강사들이 수익 일부를 나눠받도록 했다. 미국엔 재저사이즈가 들어오지 않은 동네가 거의 없을 정도였다.

에어로빅이 이토록 빠르게 인기를 얻은 데에는 몇 가지 합당한 이유가 있다. 우선 미세트와 소런슨의 수강생은 가족 수입에 약간이나마 여유가 있고, 시간도 조금 있고, 레이건과 닉슨에게 투표하고, 바자회에서 판매할 쿠키를 굽고, 자신의 여성성과 활력이 국가에 기여할 것이라 보는, 비교적 보수적인 중산층 여성들이었다. 소런슨의 남편은 공군이었으며 소런슨은 종종 공군 기지에서도 수업을 열었다. 도시를 옮겨 다닌 덕분에 소런슨의 운동은 미국 전체로 퍼져나갈 수 있었다.

역설적으로 들릴지 모르겠지만, 에어로빅의 인기는 2세대 페미니즘의 물결 속에서 더욱 높아졌다. 2세대 페미니즘에서는 여성성을 약함과 엮는 일에 반기를 들었고, 그들의 활동 덕분에 1972년에 더 많은 여성이 경쟁 스포츠에 참여할 수 있게 해주는 '타이틀 나인' 법안이 통과되었다. 그 전 수십 년 동안 체육관은 많은 여성에게 적대적인 장소였다. 몸을 움직이고 싶은 건 인간의 기본적인 욕구인데도, 몸을 움직이고 싶은 여성은 외로움을 느꼈다. 움직이는 것(헤엄치고, 들어올리고, 뛰고, 달리는 것)은 인간에게 해방감과 연결감을 준다. 그러나 에어로빅이 등장하기 전에는 많은 여성이 그 느낌에 다가설 수 없었다. 오늘날 우리는 에어로빅 이전의 세계를, 여성의 일상에 규칙적인 운동이 존재하지 않고 운동한 몸은 남성적이며 수상한 것으로 취급되던 과거를 상상하기 어렵다. "정말로 큰 변화였습니다. (…) 여성들이 모여서 강도 높은 운동을 하며 몸을 움직이다니요." 페트르젤라가 말한다. "힘들고 고된 운동이 섹시하고 여성적인 것의 영역에 편입된 건 정말 큰 변화였죠."

에어로빅을 발명한 사람은 미세트와 소런슨일지 몰라도, 세계적 에어로빅 열풍을 불러일으킨 공로를 인정받을 사람은 따로 있다. 정치적으로는 좌파이면서 즐기는 취미는 보수적이고 신자유주의적인, 절묘한 균형을 이뤄낸 그는 영화배우 제인 폰다Jane Fonda다.

스크린의 우상 헨리 폰다의 딸이었던 제인 폰다[10]는 1960년대에 연극 및 희극 배우로 이름을 알렸고, 1968년작 SF 영화 〈바바렐라Barbarella〉의 주연을 맡은 뒤 섹스 심벌로 떠올랐다. 후에 그는 〈콜걸Klute〉과 〈귀향Coming Home〉 같은 영화에서도 진중한 배역을 맡아 상을 받았으나, 좌파적 정치 성향과 베트남 전쟁에 관한 저항 운동에 깊게 관여한 것으로도 본업 빰치게 유명했다. 1972년에 그는 '민주사회를 위한 학생회'의 공동 설립자이자 훗날 남편이 되는 탐 헤이든Tom Hayden과 함께 북베트남을 찾아 미국 폭격이 일으킨 피해를 확인했다. 미국 내에서는 그에게 애국심이 없다는 여론이 들끓었다. 베트콩 대공포 포좌 위에 앉아서 찍은 그의 사진은 많은 미국인에게 충격을 주었으며 폰다는 그 후 "하노이 제인"이라는 멸칭으로 불리게 된다.

페미니스트들에겐 백치 같은 할리우드 섹스 심벌로 폄하

당하고, 많은 미국인에겐 반역자로 불리는 혼돈 속에서 폰다는 새 영화 배역을 준비하기 시작했다. 준비의 일환으로 그는 길다 막스Gilda Marx의 에어로빅 수업을 듣기 시작했다. 미세트와 소런슨의 수업처럼 수강생을 최고의 컨디션으로 끌어올리기 위해 설계된 고열량 소모 댄스 수업이었다. 폰다는 에어로빅에 푹 빠졌다. 에어로빅이 너무 좋았던 그는 베벌리힐스의 스튜디오에서 직접 수업을 진행하기 시작했고, 곧 열성적인 수강생들을 여럿 모으게 되었다.

1981년에 폰다는 부를 재분배하고 환경을 보호하는 정책을 홍보하는 급진 단체 '경제 민주주의 캠페인Campaign for Economic Democracy'의 기금을 모으기 위해 에어로빅 강의 책을 출간했다.[11] 그는 이 책으로 얻은 수익이 캠페인의 활동을 뒷받침하는 데에 쓰일 것이라고 공표했다. 책에는 에어로빅에 대한 설명과 더불어 레오타드를 입은 폰다의 사진 수백 장이 실렸는데, 이후 이 이미지들은 새로운 유형의 이상적 신체를 형성하는 데 중요하게 쓰인다. 표지에서 폰다는 댄스 스튜디오로 보이는 장소의 바닥에 한쪽 팔꿈치로 몸을 지탱하고 누워서 두 다리를 공중으로 뻗고 있다. 손으로는 발등을 쭉 펴서 '포인' 동작을 한 발의 발꿈치를 잡고 있다. 포즈를 취한 폰다는 발레리나 같으면서도 강인해 보인다. 폰다의 몸은 활동할 수 있는 몸, 유연하고 강하고 누가 봐도 날씬한 몸, 남들에게 갈망 받는 몸 그리고 눈에 띄게 엉덩이가 없는 몸이다.

《제인 폰다 워크아웃 북*Jane Fonda's Workout Book*》[12]은 출간 즉시 베스트셀러가 되었고 대성공을 거두었다. 폰다와 같은 몸매를 탐내던 미국 방방곡곡의 사람들이 그런 몸매를 가꾸는 법을 알려줄 매뉴얼을 사러 달려갔다. 책은 출간 후 2년 동안 2백만 부가 팔렸고, 50개 언어로 번역되었다. 1982년 출판사 사이먼 앤 슈스터에서는 폰다에게 출판계에서 전례 없는 고액의 인세를 지급했다. 하지만 진짜 노다지가 열리는 건 이제부터였다. 비디오테이프의 시대가 시작된 것이다.

1980년대 초에 대다수 가정에는 VCR이 없었다. 비디오테이프는 주로 영화광과 포르노 중독자들의 영역이었다. '홈트레이닝' 비디오 같은 건 아직 존재하지 않았다. 이때, 칼 홈 비디오Karl Home Video의 스튜어트 칼Stuart Karl은 체육관과 에어로빅 스튜디오를 아직 낯설고 환대받지 못하는 곳으로 느끼는 여성들이 많다는 아내의 말을 듣고 폰다의 운동법을 더 널리 퍼뜨릴 기회를 포착했다. 칼은 폰다에게 접근해서, 운동 루틴을 영상으로 찍어보자고 설득했다. 폰다는 동의했고, 둘은 5만 달러를 들여서 첫 번째 비디오를 찍었다(폰다 본인은 비디오 제작 경험에 대해 "침을 뱉고 기도나 했다"라고 이야기한다).[13] 비디오테이프엔 개당 59.95달러의 소매가가 책정되어 있었지만, 사람들이 폰다 운동법에 투자하는 금액은 그보다 컸다. 비디오를 보려면 수백 달러를 추가로 들여 VCR부터 구매해야 했기 때문이다.

이런 경제적 걸림돌이 존재했음에도 테이프는 굴하지 않고 돌풍을 일으켰다. 자그마치 3년 동안 비디오 베스트셀러 목록 상위권에 머물렀고 1천 7백만 부가 팔렸다(지금까지도 가정용 비디오의 역대 베스트셀러 목록에 들어간다). 폰다 열풍은 인종의 경계를 넘어 퍼져나갔다. 〈에센스*Essence*〉처럼 흑인 여자들을 독자로 하는 패션 잡지에서도 주기적으로 에어로빅 특집을 실었다. 폰다의 비디오를 포함해 많은 에어로빅 비디오 속 주인공은 거의 백인이었지만 수강생에는 꼭 유색인종을 넣었다. 비디오테이프의 값이 내려가면서 에어로빅 비디오는 비싼 체육관 회원권을 감당할 여유가 없는 여성들에게 접근성 좋은 운동법이 되었다. 1980년대 말에 이르자 폰다는 에어로빅을 전 세계에 대중화한 사람을 넘어 피트니스의 아이콘이 되었고, 다른 강사들이 활동할 기반을 닦아주었다. 그레그 스미시도 그중 한 사람이었다.

1987년에 스미시는 빚더미에 허우적대고 있었다. 수업은 항상 만석이었지만 여전히 몇 달치 월세가 밀려 있었다. 에어로빅 업계에서 수익을 내려는 마지막 절박한 시도로, 그는 제인 폰다를 흉내 내어 자기만의 운동 비디오를 찍기로 결심했다. 앵커리지에서 인기를 끈 엉덩이 불태우기 운동이 적합할 것 같았다. 그는 렌탈 가구를 마련하고, 스튜디오를 열대 느낌이 나는 파스텔 빛으로 칠하고, 가짜 야자나무도 들였다. 촬영 전날 밤 그는 수강생들을 불러 피자와 탄산 음료를 쏠 테니 촬영에 참여해달라고 부탁했다. 〈오리지널 번즈 오브 스틸The Original Buns of Steel〉은 그렇게 단 두 번의 촬영으로 완성되었다.

영상에서 (유튜브에서 볼 수 있다) 스미시는 채찍은 꺼내지 않고, 꽉 끼는 스웨트 팬츠와 가슴이 깊이 파인 탱크톱 차림에 운동용 머리띠를 착용하고 있다. 제작의 퀄리티는 형편없다(조명은 요란하고 화질은 거칠며 소리는 너무 작다). 〈앵커리지 데일리 뉴스〉에서는 후에 "알래스카 느낌"[14]이 난다고 묘사했는데, 싸구려로 제작된 티가 난다는 걸 돌려 말한 것이다. 배경에서 동작을 따라 하는 수강생들은 서로 동작이 맞지 않거나 서로에 의해 가려지는 일이 빈번하다. 그러나 의상만큼은 휘황찬란하다. 광이 나는 파란색 쫄쫄이 점프슈트와 환한 보라색 레그 워머, 겨자색 하렘 팬츠, 앞면에 플로리다 풍경이 새겨진 밝은 흰색 레오타드에 받쳐 신은 자주색 레깅스까지.

스미시는 영상에서 쉴 새 없이 격려의 말을 던진다. 거의 다정하게 느껴질 정도다. "몸매 진짜 좋은 거, 알고 있죠!" 그가 관중을 향해 조잘거린다. "이제 반대쪽 다리도 해볼까요!" '고통의 왕자'는 등장하지 않지만, 루틴 자체는 다소 지루하게 느껴질지언정 엄청나게 힘들다. 네 발로 엎드려 다리를 뒤로 차거나 등을 대고 누워서 다리를 위로 올리는 동작이 끊임없이 변형되어 되풀이된다. 배경에는 별 특색 없는 부드러운 재즈 음악이 반복 재생된다.

〈번즈 오브 스틸〉이 처음부터 불 같은 인기를 누린 건 아니다. 1988년 한 해 동안 판매된 테이프는 고작 114개였으며 거의 모든 구매가 앵커리지 지역에서 이루어졌다. 이걸로는 턱없이 부족했다. 스미시는 스튜디오를 폐업할 준비 중이었고 생계를 꾸릴 돈이 필요했다(임대인을 계속 피해다닐 수는 없었다). 그는 마지막 시도라 생각하며 애너하임에서 열린 에어로빅 콘퍼런스에서 운을 시험해보지만, 손으로 만들어 세운 부스에서 테이프를 산 사람은 엘렌 드제너러스Ellen DeGeneres의 조수 한 사람뿐이었다(콘퍼런스에서 스탠드업 코미디를 하기로 한 드제너러스는 스미시의 테이프를 개그 소재로 삼으려고 했다).

마침내 스미시의 운이 트인 건 (본인은 몰랐지만) 리 스피커Lee Spieker라는 이름의 비디오 유통업자를 만난 순간이었다. 현금이 절실했던 스미시는 스피커에게 〈오리지널 번즈 오브 스틸〉 유통권을 팔았고 (현명하게도 상표권은 넘기지 않았다) 스피커는 테이프를 메이어 그룹이라는 유통 업체에 넘겼다. 스미시는 이윽고 괌으로 향해 자신의 표현대로라면 "체육 교사계의 지미 버핏Jimmy Buffett"으로 활동하기 시작했고, 메이어 그룹은 새로 획득한 자산의 광고를 제작했다(주요 비디오 체인

점이 이제 막 만들어지던 1980년대에 테이프는 주로 인쇄 광고와 카탈로그를 통해 판매되었다).

스미시의 수강생 대부분이 여자였고 테이프에서 소구한 관객도 여성이었지만, 〈번즈 오브 스틸〉 테이프 표지와 홍보물은 스미시와 그의 강철 같은 엉덩이 사진을 부각해 꾸준히 비디오를 보고 운동하면 이런 몸매를 얻을 수 있을 거라고 약속했다. 곧 메이어 그룹의 회장 하워드 메이어Howard Maier는 비디오가 샌프란시스코에서 날개 돋친 듯 팔린다는 사실에 주목했다. 그가 생각하기엔 제목도 큰 역할을 했지만, 스미시의 악동 같은 면모가 게이들의 마음을 사로잡은 것 같았다. 그렇다면 스미시 말고 제인 폰다처럼 여성 소비자들에게 노력해서 쟁취할 롤모델이 되어줄 누군가가 필요했다. 1988년에 메이어는 적임자를 찾아냈다. 떠오르고 있던 에어로빅 강사 타밀리 웹Tamilee Webb은 이후 10년 동안 '스틸' 시리즈의 얼굴(이자 엉덩이)을 맡아 메이어와 스미시를 돈방석에 앉게 해주었다.[15]

웹은 이력부터 이상적이었다. 캘리포니아 주립대학 치코 캠퍼스에서 체육교육 및 운동과학 학위를 취득하고 샌디에고로 간 그는 80년대 초 캘리포니아 남부를 휩쓸고 있던 피트니스 열풍을 맞닥뜨렸다. 그는 미국에서 가장 호화로운 스파이자 셀럽들의 '핫플레이스'였던 골든 도어에서 경력을 쌓기 시작했다. 일하기 시작한 첫 주에 그는 모델 크리스티 브링클리Christie Brinkley와 그의 어머니를 가르쳤다. "그때는 '팻팜'이라고 불렸어요. 지금은 골든 도어 스파 앤 리조트로 불리지만요. 일주일 머무는 데 1만 달러가 들죠."

이윽고 3년 동안 웹은 골든 도어의 지점 몇 군데에서 일했다. 골든 도어 크루즈에도 두 번 올랐는데, 그곳에서 휴무일마다 조금씩 써낸 《타밀리 웹의 오리지널 고무 밴드 운동법 *Tamilee Webb's Original Rubber Band Workout*》은 베스트셀러가 되었다. 1986년에 웹은 피트니스 셀럽 비슷한 존재가 되어 세계 투어를 다니고, 에어로빅 컨퍼런스에서 강의하고, 샌디에고에서 언제나 만원을 이루는 수업을 진행했다. 하지만 그의 진짜 야심은 따로 있었다. 급성장 중이던 피트니스 비디오 업계의 스타가 되는 것이었다.

1988년에 하워드 메이어는 웹에게 접근해 스미시의 운동 요법의 얼굴과 목소리와 몸이 되어달라고 부탁했다. 웹에 의하면, 둘을 연결해준 친구가 메이어에게 웹을 추천하며 이런 이유를 들었다고 한다. "첫째, 자기가 뭘 하는지 아는 애예요. 둘째, 엉덩이가 있죠." 메이어가 프로젝트 얘기를 꺼내자마자 웹은 덥석 그의 제안을 물었다. "저는 엉덩이 운동을 정말 좋아했어요. **이름 한번 잘 지었다**고 생각했죠." 어릴 땐 "비눗방울 같은 엉덩이"라고 놀림 받곤 했지만 이젠 그것으로 스타가 될지도 몰랐다.

웹은 몇 주 동안 자기 집 거실에서 성실하게 〈번즈 오브 스틸〉 루틴을 연습한 다음 비행기를 타고 덴버로 갔다. 세트장은 유치한 저예산 느낌이 물씬 풍겼다. 그가 출연한 다른 비디오 세트장에 비하면 특히 그랬다. 조명은 조악했고 촬영 팀은 몇 사람 되지 않았으며 "백(배경에서 따라 하는 사람들)"도 없었다. 하지만 웹은 프로였기에, 결의에 찬 표정으로 실전에 들어갔다.

웹은 회색 카펫이 깔린 단상 위에 혼자 올랐다. 배경은 유리블록이 박히고 이상하게 텅 빈 선반이 달린 황량한 흰색 벽이었다. 겨우 들릴 법한 음악을 배경으로 그는 "스포츠 생리학의 최신 연구"를 기반으로 한 운동을 보여주겠다며 열띤 설명을 이어나갔다. 금발 머리는 높이 반묶음으로 묶고, 산호색 운동용 비키니 하의와 스포츠 브라를 입고, 엄청나게 커다란 테니스 신발과 피부색 타이즈를 신었다. 웹은 이 테이프를 촬영하는 경험이 외로웠다고 회상한다. 정말 그래 보인다. 이 비디오 전체에는 뭔가 기묘하게 멜랑콜리한 구석이 있다. 테이프 속 웹의 모습은 마치 시트콤 〈골든 걸스Golden Girls〉의 소품 창고에 인질로 잡힌 것처럼 보인다.

어색한 구성에도 불구하고 타밀리 웹과 "강철 엉덩이"라는 카피의 조합은 히트를 쳤다. "처음 로열티를 받은 순간 기뻐서 팔짝 뛰었어요." 웹이 내게 말해주었다. 대략 2만 달러나 되는 돈이었다. "그다음에 받은 로열티는 5만 달러였죠. 계속 늘어나더라고요." 길을 걸으면 사람들이 알아봤다. 공항에서 무얼 들어 올리려고 몸을 숙이면 누군가 등을 두드리며 물었다. "〈번즈 오브 스틸〉 아가씨 아니에요?" 엉덩이 하나만으로 알아볼 수 있는 유명 인사가 된 것이다.

이어지는 10년 동안 웹은 '오브 스틸' 시리즈 비디오 21편을 더 찍었다. 그의 몫은 크지 않았지만("알잖아요, 전 그냥 출연자일 뿐이었다는 거"라고 그가 일러주었다). 비디오는 적어도 1천만 부가 팔렸고 웹에 의하면 메이어 그룹은 1천 7백만 달러를 벌어들였다고 한다. '오브 스틸' 시리즈의 상표권 소유자로서 그레그 스미시도 상당한 몫을 챙겼다. "사람들이 이 이름에 환장해요. 나는 딱 세 단어 가지고 1백만 달러를 벌었다니깐."

체육관 문화가 부상하고 DVD와 어플이 생겨나면서, '홈트레이닝' 비디오의 유행은 결국은 주류에서 밀려났다. 그러나 〈번즈 오브 스틸〉이 남긴 유산은, 여전히 피트니스 문화가 무엇을 열망하는지를 우리에게 강력하게 일깨운다. 〈번즈 오브 스틸〉은 비디오를 보고 따라 하는 사람들을 초인 비슷한 것으로 변신시키겠다고, 불완전하고 부드러운 살을 단단한 금속으로 바꿔주겠다고 약속한다. 주류의 이상은 노마의 생식력 있고 튼튼한 몸매에서 앙증맞고 쫀쫀한 근육질의 엉덩이로 다시 한번 달라졌다. 이제 사람들이 꿈꾸는 건 제인 폰다가 "로버의 복수"라고 부른 레퍼토리 수천 번을 반복하여 만들어진 엉덩이, 강철로 만들어진 엉덩이였다.

열 살 즈음(내 몸이 남에게 평가되고 점수가 매겨질 수 있다고 막 이해하기 시작한 참이다) 나는 발레 수업에 갈 때 신는 타이즈와, 동네 수영장 바닥에서 다과회 놀이를 하러 갈 때 입는 수영복 차림으로 친구네 집에 갔다. 우리는 베이지색 카펫이 깔린 지하실에 내려가 **제인**을 했다. 비디오를 끝까지 따라하는 일은 거의 없었다. 우리는 낄낄대며 스쾃과 크런치를 하다가 금세 지루해져 다른 놀이를 하러 갔다. 우리가 하고 있던 건 분장 놀이와 비슷했다. 엄마들이 하는 걸 보았던 무언가를, 우리가 성인 여성성에 필수적인 의식이라고 이해한 무언가를 해본 것이다. 우리는 수건을 깔고 네 발로 엎드려 발차기를 했고, 친구 엄마가 TV에서 배우 수잔 소머스Suzanne Somers가 나오는 광고를 보고 산 스프링이 들어간 싸이마스터ThighMaster를 가지고 놀았다.

하지만 운동이 놀이였던 나날은 금방 끝나버렸다. 운동은 곧 필수가 되었다. 나는 운동은 젬병이었는데도 7학년 때 달리기 연습에 도전했다. 살을 빼고, 학교 축구팀의 인기 있는 여자애들이 별 노력 없이 유지하고 있는 것처럼 보이는 늘씬하고 건강한 몸매를 나도 한번 가져보고 싶었다. 하지만 결국 나는 성공하지 못했다. 동네 몇 바퀴를 가까스로 돌 수 있었고 그 이상은 무리였다. 그때 나는 운동에 대한 신자유주의적

믿음의 핵심에 있는 주문을 나 자신에게 자주 들려주었다. 나는 규율이 부족하다고, 난 게으르다고, 살을 빼야 더 나은 인생을 살 수 있을 거라고.

이후 여러 해가 지나는 동안 나는 팀 스포츠를 하거나, 암벽 등반을 하거나, 장거리 달리기를 하는 여성들이 느끼는 신체적 자유와 숙달의 경험을 자주 갈망했다. 하지만 내게 운동은 싫어도 해야 하는 일로, 끊임없이 실패할 기회로 느껴지는 일이 더 잦았다. 운동이 내 몸을 더 작고 더 올바른 몸으로 바기 위해 반드시 해야 하는 활동이라고 생각하면 내 안에서는 운동에 대한 반항심이 들끓고, 운동으로 얻을지 모르는 즐거움은 죄다 소멸되어버렸다. 나는 운동이 나를 돌보는 방법임을 잘 안다. 내가 강하고 자유롭다고 느끼게 해주는 방법인 것도 안다. 그런데 이상하게도, 내게 운동은 어김없이 어느 형태의 자기비판처럼 느껴지고 만다.

운동의 가능성과 현실이 이루는 이런 긴장은 에어로빅의 이야기 자체에도 녹아 있다. 누군가는 에어로빅이 여성들이 몸을 단련할, 해방될 기회라고 주장했지만 에어로빅의 유행은 이상적인 몸매라는 개념을 따라야 한다는 압박에서 여성들을 구해주지 않았다. 어떤 신체 기준이 있던 기존의 자리에 다른 신체 기준을 세울 뿐이었다. 여성 개개인에게 그 기준을 충족시킬 책임을 지울 뿐이었다. 에어로빅에서 강인한 몸은 여성성과 공존할 수 있었지만, 그건 에어로빅이 신체에 관한 젠더 의식에 전면으로 도전하지 않았기 때문이었다. 에어로빅에서는 언제나 전통적 여성성에 부합하는 몸매가 강조되었다. 강사들은 여성들에게 강해지되, 늘씬하고 나긋하고 이성애자 남성들에게 성적 매력을 지니는 몸매를 포기하진 말라고 권장했다. 에어로빅 스튜디오에서 우락부락한 근육은, 부치 미학은, 커다란 엉덩이는 눈을 씻고 봐도 찾을 수 없었다. 1980년대에 에어로빅과 피트니스 문화가 부상하면서 굳어진 미의 기준은 여성의 겉모습에 관한 새로운 기회를 열어주기는커녕, 오히려 점점 더 높아지는 기준을 충족시키기 위해 해야 하는 노력만 두 배로 늘렸다. 폴 푸아레와 코코 샤넬이 코르셋을 없앴으나 식단으로 통제되는 몸매를 요구한 것과 같이, 〈번즈 오브 스틸〉도 또 다른 미학적 지령을 내리는 데 그친 셈이다.

에어로빅(더 넓게는 일반적인 운동)은 변혁과 자기 계발이라는 환상을 품고 있다. '운동을 해서 제일 좋은 버전의 나 자신이 될 것이다. 통제되는 몸이자, 그 몸을 통제하는 몸이 될 것이다.' 이는 과잉 책임과 최면적 수동성 둘 다로 향하는 환상이며, 에어로빅 비디오에도 그 양면이 모두 녹아 있다.[16] 〈제인 폰다의 워크아웃〉과 〈번즈 오브 스틸〉은 무용 비디오가 아니다. 예술적 해석이나 자기표현의 기술을 가르치지 않는다. 비디오를 보고 운동하는 사람은 다른 누군가를 닮기 위해 그 누군가를 한 박자씩 성실하게 따라 한다. 에어로빅은 대체로 고분고분한 운동이다. 에어로빅을 하는 사람은 작은 직사각형을 그리는 매트에 머물면서 강사가 시키는 동작을 그대로 따라 한다. 이런 식으로 에어로빅은 결국 순종과 획일성에 보상을 주고 힘을 실어준다. **체력을 키우는 데 도움이 될지는 몰라도 수동성과 복종을, 여성에 관한 가장 오래되고 해로운 수사를 덩달아 가르친다.**

그렇게 에어로빅 열풍은 건강의 새로운 방식뿐 아니라 여성성의 새로운 방식마저 만들어냈다. 80년대에 적절한 여자가 되기 위해선 제인 폰다나 타밀리 웹 같은 외모를 지녀야 했다. 폰다나 웹 같은 몸매는 죽었다 깨나도 얻지 못할 여성들(날씬하지도 강하지도 않고 백인도 이성애자도 아닌 여성들)에게, 피트니스 혁명은 또 하나의 달성 불가능하며 억압적인 이상을 만들어냈을 뿐이다. 에어로빅 운동의 이상을 쟁취하는 건 실로 많은 이에게 불가능했다. 그런데, 아무리 노력해봤자 강철 엉덩이를 만들 수 없다는 걸 일찍이 알아차린 몇몇 여성들이 있었다. 그들은 에어로빅이 줄 수 있는 다른 것들에서 즐거움을 누릴 방법을 찾아냈다.

뚱뚱해도 즐겁게

로젤라 캔티-레트섬Rosezella Canty-Letsome[17]에게 인생 이야기를 들려달라고 하자 그는 이런 문장으로 입을 열었다. “나는 광부의 딸이에요. 하지만 백만장자는 아니죠.” 그가 자란 곳은 1950년대의 펜실베이니아 서부의 작은 철길 마을 코넬스빌이었다. 그곳으로부터 500킬로미터 조금 안 되는 거리에서, 같은 애팔래치아산맥 탄광에서 일하는 광부 가족의 집에 훗날 싱어송라이터가 되는 로레타 린Loretta Lynn이 살았다. 1950년대는 여전히 인종 분리가 이루어지던 시대였고 캔티-

레트섬의 가족은 지역사회에서 몇 안 되는 흑인이었다. 캔티-레트섬의 아버지는 민권 운동에 활발하게 참여했으며, 아직 어렸던 로젤라는 아버지와 함께 흑인을 고용하지 않는 가게 앞에서 피켓 시위를 벌였다. 그가 인종 통합을 경험한 건 지역의 싸구려 잡화점 GC 머피 컴퍼니에서 일하던 십대 시절이었다.

캔티-레트섬의 가족에는 몸집 큰 여성들이 여럿 있었으나 하나같이 자기 몸에 만족했다. "우리 가족은 지방을 푸짐하게 저장해두는 사람들이었어요. 엄마는 체중이 110킬로그램이 넘었고 할머니는 키와 너비가 똑같이 150센티미터쯤 됐지요. 하지만 그걸 수치스러워하는 사람은 한 명도 없었어요." 그들은 음식을 사랑했다. "매일 밤 아이스크림이나 젤로나 케이크를 후식으로 먹는 게 낙이었죠. 아이스크림을 엄청나게 먹어치우는 가족이었어요." 그래서 캔티-레트섬도 뚱뚱해졌다. 그는 회상한다. "저는 그때 완벽하게 행복했어요. 프롬 파티에도 갔어요. 남들이 하는 건 다 했지요."

고등학교를 수석으로 졸업한 그는 하워드 대학에 진학해서 초등 교육을 공부하고 앤티오크-퍼트니 교육 대학원에서 석사 학위를 땄다. 이렇듯 그는 착실히 교사가 될 준비를 하고 있었지만, 활동가 가정에서 자란 내력 덕분인지 변호사가 되겠다는 꿈도 꾸고 있었다. "그때 흑인이 변호사가 된다는 건 무진장 어려웠어요." 그러나 그는 꿈을 버리지 않았다.

캔티-레트섬은 1969년에 하워드 대학을 졸업하고 1970년에 피츠버그의 듀케인 대학 로스쿨에 진학해서 학위를 땄다. 미국 연방 통신위원회에서 최초의 흑인 변호사의 한 사람으로서 일하고, 하버드 대학에서 법학석사를 딴 다음, 캔티-레트섬은 샌프란시스코의 골든게이트 대학에서 법학을 가르치는 일자리에 지원했다. 면접에는 중고 가게에서 산 밍크코트를 입고 갔다.

다섯 명 전부 백인인 면접관들 앞에 앉은 캔티-레트섬은 아무리 실력이 출중하더라도 그들이 기대한 건 모피를 두른 거구의 흑인 여성이 아니었다는 사실을 곧바로 깨달았다. 면접관들은 불편한 기색을 숨김없이 내비치며 그를 비하하는 질문 세례를 퍼부었고, 그가 매번 유능하게 답하자 놀라는 듯했다. 면접이 진행될수록 캔티-레트섬은 짜증이 치솟았다. 그러다가 마침내 그가 하버드 대학에서 쓴, 17세기 뉴잉글랜드에 살았던 존 윈스럽John Winthrop의 법 개념에 담긴 청교도 사고에 관한 논문이 도마 위에 올랐다. "왜 그런 주제를 골랐습니까?" 면접자 한 사람이 비난조로 물었다. 흑인 여성이 너무나 **백인적인** 주제에 대해 글을 썼다는 게 이상하다는 투였다.

"당신네가 어떻게 생각하는지 보고 싶어서요!" 캔티-레트섬은 분통을 터뜨렸다. 그는 일자리를 얻었고, 대학에서 고용한 두 번째 흑인 법학 교수로서 오클랜드에서 일하게 되었다.

캔티-레트섬은 원체 몸집이 컸다. 하지만 연년생인 두 딸을 출산한 뒤에는 체중이 더 심하게 늘어서, 의사들에게 살을 빼라고 권유받기에 이르렀다. 그는 의사의 조언에 그다운 자신감과 행동으로 답했다. “날 있는 그대로 받아들여야 할 거예요. 이게 나니까요. 나답게 해결할 겁니다.” 그는 건강 공원에서 친구와 야외 운동을 시작했다. 평행봉에서 철봉으로 달리고, 기구에 도착하면 운동을 하고, 그다음엔 반대 방향으로 달렸다. 그는 회상했다. “운동은 항상 재미있었어요. 하지만 공원은 버클리에 있었고 제겐 어린아이가 둘이나 있었죠. 거리가 좀 멀었어요.”

집에서 좀 더 가까운 곳에서 운동할 방법을 모색하던 그는 운동 비디오테이프에 생각이 미쳤고, 다른 수백만 명의 여성들처럼 〈제인 폰다의 워크아웃〉 비디오를 샀다. 비디오 자체는 마음에 들었다. 하지만 자신과 같은 몸을 지닌 여성들을 위한 건 아니라는 생각이 들었다. 제한된 동작 범위와 에어로빅 능력에 맞도록 동작을 자주 변형시켜야 했는데 그러다 보면 김이 샜다. 뎁 버가드Deb Burgard를 만난 게 그때였다.

버가드도 케임브리지를 거쳐 베이 지역에 온 사람이었다. 1980년에 하버드 대학에서 학사 학위를 받고, 여성의 몸에 관한 활동에 집중하는 의식 제고 집단과 페미니스트 조직에 참여했다. 이런 열정은 세인트루이스 교외에서 자란 유년의 경험에서 비롯했다.

그는 비교적 전통적인 1960년대의 백인 중산층 가정에서 자랐다. 아버지는 의사였고 어머니는 학교 교사였다. 당시의 수많은 여성처럼, 버가드의 어머니도 트위기Twiggy나 재클린 케네디 오나시스Jacqueline Kennedy Onassis 같은 몸매를 만들려고 유행하는 각종 다이어트를 시도해보았다. 아버지 역시 신체적 건강과 외모에 신경을 많이 썼다.

버가드는 자신이 작고 통통한 아이였지만 근력은 좋았다고 묘사한다. 강하고 운동에 적합한 몸을 타고났는데, 바로 그 점으로 인해 놀림을 당하기도 했다. "'레드 로버(두 팀으로 나뉜 아이들이 손을 맞잡고 상대 팀 술래가 통과하지 못하게 막는 놀이–옮긴이)'를 할 때 결코 적으로 만나고 싶지 않은 상대가 바로 저였죠." 그는 회상한다. 버가드는 춤추는 것도 좋아했다. 어릴 적에 아버지가 그에게 지터버그jitterbug 추는 법을 가르쳐주었다. 부모님이 파티를 여는 밤이면 버가드는 취침 시간을 훌쩍 넘긴 시각에 아래층으로 몰래 내려와, 어른들 앞에서 잠옷 차림으로 춤을 추었다. 어린 버가드는 재미있고 매력적인 익살꾼이었다.

몸을 움직이는 걸 그토록 좋아했는데도, 버가드의 부모님은 딸의 체중에 대해 걱정했다. 어머니는 채 열세 살이 되기도 전에 버가드를 다이어트 프로그램인 '웨이트 워처스' 모임에 데려갔다. 버가드는 십대 내내 다이어트를 하며 살이 빠졌다가 쪘다가를 반복했다. 그러다가 대학 1학년에서 2학년으로 올라가던 시기에 체중을 13킬로그램이나 감량했다. 드디어 몇 년 동안 목표로 삼아온 체중에 도달한 것이다. 하지만 그때, 버가드는 체중 감량을 위해 너무 큰 대가를 치렀다는 걸 깨달았다. 어렸을 적 이후 처음으로 엉덩이를 만졌을 때 튀어나온 뼈를 느낄 수 있었다. 그것이야말로 그가 오랫동안 꿈꿔온 몸매의 증표였다. 하지만 음식을 깨작거리며 몇 달을 지내고 보니, 자기 몸과 분리된 것 같은 이상한 기분이 들었다. "이런 생각이 들었죠. '너 지금 뭐 하는 거야? 대체 왜 이러고 있는 거야?'" 버가드는 회상한다. 그는 많은 특권을 누리고 있었다. 하버드 대학에서 공부하고 있었고, 의미 있는 친구들과 지인들을 곁에 두고 있었다. 그가 인생에서 느끼는 성공과 힘은 거기서 나오지, 저울이 가리키는 숫자에서 나오지 않았었다. "커다란 깨달음이었어요. 이런 생각이 들더군요. '이 게임에선 어차피 이길 수 없어. 이길 수 있는 다른 게임을 하자.'"

1983년에 버가드는 어릴 적 거실에서 춤출 때 느낀 즐거움을 다른 뚱뚱한 여성들도 느끼도록 돕겠다는 사명을 안고 베이 지역으로 이사했다. 그리고 뜻이 맞는 지역 여성들 몇 사람과 힘을 합쳐, 뚱뚱한 여성들을 위한 에어로빅 수업을 시작했다. 에어로빅에 참여할 수 있는 사람의 가능성을 확장할 뿐만 아니라 에어로빅 자체의 목적을 근본부터 새로 상상하는 혁명적인 발상이었다.

수업의 원칙은 단순했다. "뚱뚱하거나 체중이 많이 나간다고 해서 반드시 운동해야 하는 건 아닙니다. 운동을 전혀 하지 않아도 괜찮아요. 하지만 누구에게나 운동할 **권리**는 절대적으로 보장되어 있습니다." 그는 필요한 것과 원하는 것을 구별하는 게 핵심이었다고 설명한다. "뚱뚱한 사람들에게 운동은 벌과 속죄를 연상시킵니다. 그 연상관계를 뒤집어서, 운동이 인간의 기본적 권리라는 걸 알리고 싶었어요."

버가드의 수업은 직접 짠 안무 운동과 자유 댄스와 근력운동을 신중하게 조합한 것으로서 매우 구체적인 수강생을 겨냥했다. "우리 수업은 체중 90킬로그램이 넘는 여성들만 받는다고 홍보했어요. 자기 허벅지가 좀 굵다고 생각하는 사람들을 위한 게 아닌 걸 분명히 해두고 싶었거든요. 체중에 대한 낙인을 자주 경험하는 사람들을 위한 공간을 만들려고 한 거예요."

버가드가 훗날 팻 라이언스Pat Lyons와 함께 쓴, 몸집이 큰 여성을 위한 운동 지침서인 《대단한 몸매*Great Shape*》[18]에서 저자들은 비만이나 과체중이라는 단어보다 '크다'거나 '뚱뚱하다'라는 단어를 선택한 까닭을 설명한다. "'뚱뚱하다'라는 단어를, 가치판단이 들어가지 않는 중립적인 방식으로 사용하면서 그 의미를 정상화하고 안에 든 독소를 빼내려는 시도였죠." 다른 사회 운동 활동가들처럼 그들도 자신들을 억압해 온 단어들을 되찾고, 주류 피트니스 문화에서 배제되었다고 느끼는 사람들에게 무엇이 가능한지 새로 상상하게 하는 걸 목표로 했다. 라이언스와 버가드는 《대단한 몸매》에 적었다. "우리가 알게 된 건, 체중 때문에 생겨났다고 생각하는 고통이 사실 움직임 없는 삶, 놀이 없는 삶, 심호흡과 열정 없는 삶에서 비롯한다는 것이다. 자, 보시라. 움직임, 놀이, 심호흡, 열정 모두 **당장** 우리 것이 될 수 있다!" 그들은 이어서 중요한 질문을 던진다. "신체 활동이 그 자체로 목적이 될 수 있을까?"

버가드가 '위 댄스We Dance'라는 이름을 붙인 수업은 1980년대 중반 내내 오클랜드와 노스 버클리의 공원과 레크리에이션 센터와 댄스 스튜디오에서 열렸다. 체육관 같은 방이든, 발레 바와 거울이 달린 방이든, 많은 여성이 춤출 만큼 넓고 탁 트인 바닥이 있는 곳이라면 어디든 좋았다. 수업의 하이라이트는 버가드가 음악을 트는 순간이었다. 어스 윈드 앤 파이어Earth, Wind & Fire, 펑크, R&B 음악을 트는 순간 모든 사람이 그루브에 올라탔다. 때론 스트롤, 포니, 부갈루, 매시드 포테이토 같은 50년대의 구식 댄스를 안무에 넣기도 했다. 버가드는 여기서 한 발짝 더 나아가, 전통 에어로빅의 관습을 깨고 수강생들에게 직접 동작을 만들어보라고도 주문했다.

버가드의 수업에 참여한 캐티-레트섬은 흥분했다. 비로소 몸집이 큰 여성들이 남의 평가에서 벗어나 자유롭게 운동할 수 있는 공간을 찾은 것이다. "제가 따라갈 수 있는 수업이었어요. 부담스럽지도 않았고요. 한마디로 대단했죠." 그가 말한다. 하지만 안타깝게도 캔티-레트섬은 전과 똑같은 난관에 부닥쳤다. 어린 두 아이를 키우며 바쁘게 일하는 그에겐 운동하러 멀리 나갈 시간이 없었다.

캔티-레트섬은 해결책을 찾아나섰다. 하워드 대학에서 사귄 친구를 집에 초대해서, 버가드의 수업에서 배운 운동을 변형해서 함께 해보기도 했다. DIY 홈 에어로빅 수업을 몇 차례 해보니, 버가드가 하는 수업과 비슷한 것을 오클랜드 여성들에게 가르치면 좋겠다는 생각이 들었다. 그래서 캔티-레트섬은 이번엔 에어로빅 강사 자격을 따는 수업에 등록했다. "물론 다른 수강생 중엔 뚱뚱한 사람이 없었어요. 저 혼자였죠." 그가 회상한다. 집단에서 유일한 흑인 여성으로 사는 건 이미 익숙했다. 깡마른 여성들로 가득한 에어로빅 교실에서 유일한 뚱뚱한 여성으로 사는 것도 별로 문제는 아니었다. "내가 누군지는 항상 정확히 알고 있었으니까요." 그가 말한다.

에어로빅 강사 자격증을 딴 캔티-레트섬은 제일 먼저 보험에 가입한 다음, 수업할 장소를 찾아나섰다. 오클랜드 YMCA에서 일주일에 두 번 공간을 내주겠다고 했다. 두 딸도 레오타드와 타이즈를 입혀서 YMCA로 데려오기로 했다. 그렇게 법학 교수로 일하면서 에어로빅을 가르칠 수 있는 일정을 만들어냈다.

캔티-레트섬이 '두 발 가볍게: 크고 사랑스러운 숙녀들을 위한 운동 수업'이라고 이름 붙인 수업은 워밍업으로 시작해서 여러 신체 부위를 겨냥하는 운동들로 이어졌다. 스트레칭과 바닥 운동도 있었지만, 바닥에 눕기 어렵다면 그냥 자기가 할 수 있는 만큼만 해도 괜찮았다. "우리에게 뭘 해야 하는지 알려주는 건 우리의 몸이에요." 복잡한 기예보다 편안함을 우선시하는 그의 조언이었다. "수강생들이 자기가 안전한 공간에 있다는 걸 알아차렸으면 했어요. 하고 싶은 말은 뭐든 해도 괜찮았어요. 신음하고 투덜거려도 됐고요."

개방적이고 수용하는 분위기 덕분에, 수업에 참여하는 다양한 인종의 수강생들 안에서 더 큰 변화가 일어나기 시작했다. 캔티-레트섬은 수강생들이 뚱뚱한 몸에 맞는 운동복을 찾을 수 없어서 "처음엔 낡은 트레이닝복으로 몸을 감추고 나타났다"고 회상한다. 하지만 시간이 흐르자 그들은 직접 의상을 만들어서 "분홍색과 보라색 레오타드를 근사하게 차려입고" 수업에 나타나곤 했다. 캔티-레트섬이 개인적으로 가장 좋아했던 복장은 빨간색과 흰색 줄무늬가 있는 레오타드에 벨트를 두르고 타이즈와 레그워머를 받쳐 신은 것이었다. "타이즈는 어디에나 어울려요." 그가 회상했다. 버가드도 애정을 담아 자신의 패션을 기억한다. "레오타드랑 유니타드가 아주 많아서 레이어링해서 입곤 했어요. 형형색색의 쨍한 의상들이었죠. 무릎 아래까지 가랑이가 내려오는 바지도 있었는데 그걸 입으면 광대 같아 보였죠."

캐나다 역사박물관에서 스포츠와 여가 분야 큐레이터로 일하는 제니 엘리슨Jenny Ellison은 캔티-레트섬과 버가드의 수업이 1980년대에 북아메리카 전역과 특히 서부의 베이 지역에서 다양한 버전으로 등장한 '뚱뚱한 운동' 움직임의 일부였다고 말한다. 밴쿠버에서는 케이트 패트리지Kate Partridge라는 여자가 '실물 크기Large as Life'라는 모임을 만들어서 공동체를 형성하고, 구성원들을 대상으로 에어로빅 수업도 하고 몸을 움직이는 나들이도 주최했다. '큰 여성들Women at Large'라는 이름의 체인 피트니스 스튜디오는 짧게나마 미국과 캐나다 남서부 지역에서 다수의 지점을 운영했다. 《대단한 몸매》의 뒤쪽에 버가드와 라이언스는 거의 50개에 달하는 뚱뚱한 여성을 위한 운동 수업 목록을 넣었는데, '넘쳐흐르는 기회Ample Opportunity'나 '거거익선Positively More' 같은 말장난이 들어간 이름이 많다.

엘리슨에 의하면 이런 수업들의 정치적 의미는 제각각이었다. 버가드의 수업처럼 공공연히 페미니즘을 표방하는 수업도 있었다. '큰 여성들'처럼 뚱뚱한 사람들을 위한 피트니스를 여성화하여 주류에 편입시키려는 시도도 있었다. "과하게 여성스러운 복장을 착용하는 게 필수였어요. 고객들을 '통통한 아가씨들'이라고 부르겠다고 고집했죠." 다양한 공동체에서 온 여성들이 다양한 이유로 수업에 참여했다. 주류 피트니스 문화에서 소외감을 느끼고, 소속감을 얻으려 찾아온 사람도 있었다. 뚱뚱해도 충분히 건강할 수 있다는 걸 증명하고자 한 사람도 있었다. "그중에 죽도록 날씬해지고 싶은 여성들은 거의 없었어요. '강철 엉덩이'는 이번 생에 갖게 될 리 없는 사람들이었죠. 그들이 가진 비판 정신의 핵심이 바로 그거였어요. 이상은 거짓말이고, 모든 사람이 달성할 수는 없는 거라고요." 엘리슨이 말한다.

오래 지나지 않아 '두 발 가볍게'와 '위 댄스'는 전국 미디어의 주목을 받았다.[19] 〈뉴욕 타임스〉와 〈휴스턴 크로니클〉 기자들이 베이 지역의 뚱뚱한 피트니스 열풍을 취재했고, 캔티-레트섬은 심지어 〈필 도나휴 쇼The Phil Donahue Show〉에 출연하기도 했다. 하지만 대부분의 취재에서 뚱뚱한 피트니스를 당시 만연한 에어로빅 문화에 반드시 필요한 교정책이 아니라 일종의 기현상으로 취급했다. 또한 버가드와 캔티-레트섬을 포함한 뚱뚱한 에어로빅 활동가들이 품은 급진적 야망에 대해서는 거의 다루지 않았다. 뚱뚱한 사람들이 에어로빅에 도전한 이유가 살을 빼기 위해서가 아니라, 움직이는 걸 그 자체로 즐기기 위해서라는 발상은 주목받지 못했다.

〈번즈 오브 스틸〉은 여성들에게 강한 엉덩이를 만들어 주겠다고 약속했다. 그런데 비디오 제목에 내포된 의미는 그 이상이다. 인간의 몸에 붙은 살의 한계를 초월하는 엉덩이를,

완벽하지 못하고 치욕스러우며 탈출 불가능한 우리의 신체로부터 엉덩이를 해방해주겠다는 것이다. 강철 엉덩이는 인간의 엉덩이가 아니다. 제조된 엉덩이, 규격화된 엉덩이다. 연마되고 완벽하게 다듬어진 엉덩이다. 그러나 우리가 거듭 확인하고 있듯, **몸은 규격화될 수 없다. 살은 언제나 저항한다.**

버가드와 캔티-레트섬 같은 여자들은 이런 저항에서 하나의 운동을 만들어냈다. 뚱뚱한 엉덩이가 게으름과 자기 통제의 부족으로 해석되는 세상에서, 뚱뚱한 에어로빅을 하는 여자들은 자기들도 건강하다고, 자기들도 자신을 통제할 수 있다고 증명했다. 게으른 지방질 엉덩이를 들고 일어나 움직이라고 말하는 깡패들에게 보란 듯 반기를 들었다. 그들은 몸의 현실을 받아들였다. 몸이 할 수 있는 모든 일을 수용했다. 그리고 세상에 대고 말했다. 뚱뚱한 엉덩이는 즐거운 엉덩이이고, 건강한 엉덩이라고. 즐겁고 건강한 내 엉덩이에 당신들은 신경을 꺼달라고. 버가드는 내게 설명한다. “내가 평생을 살면서 부린 모든 요술의 목적이 이거였어요. 즐거운 공간을 만들고, 그 즐거움을 세상에 전파해서 사람들에게 이해시키는 것이요. 이게 당신이 타고난 권리라고, 원하는 만큼 당신의 몸에서 즐거움을 느껴도 된다고 말하고 싶었어요.”

6장

아이콘

Bootylicious

케이트 모스

나 자신의 엉덩이를 제외하고 내가 1990년대에 제일 많이 생각한 엉덩이는 아마 케이트 모스Kate Moss의 엉덩이였을 것이다. 대략 170센티미터의 신장으로 패션모델치고는 작은 축에 속했던 그의 몸에는 부족한 키를 보완하고도 남을 장점이 있었다. 깡마른 몸, 시크하고 중성적인 느낌 그리고 얼음처럼 싸늘하고 무관심한 분위기였다. 1988년에 14세의 나이로 모델로 발탁된 모스는 그을린 피부에 키 크고 강한 모델로 대표되는 80년대 패션에서 변화를 꾀하고 있던 90년대 패션 산업

문화에서 영원히 상징적인 존재의 자리에 올랐다. 21세기가 시작되기 전에 그는 〈아메리칸 보그〉의 표지에 여섯 차례, 〈보그〉 국제판 표지에 32번 등장했으며 디올·버버리·샤넬·베르사체·돌체&가바나의 광고 모델로 활동했고 가장 유명하게는 캘빈 클라인 광고의 얼굴이 되었다. 업계에서 손꼽히게 높은 보수를 받는 모델이기도 했다.

뼈가 드러날 만큼 앙상하고 수척한 모스의 몸매와 어려 보이는 외모는 1990년대 미디어 지형에서 주류를 차지한 이상적 몸매의 전형이었다. 나 역시 그가 풍기는 저항과 보헤미안적 분위기의 강력한 조합을 어찌나 갈망했는지 모른다. 내 몸은 결코 그렇게 될 수 없다는 걸 알았다. 하지만 그와 같은 몸을 지니면 내가 감히 닿을 수 없다고 느껴진 공간들에 받아들여질 것 같았다. 진정성, 어두운 매력 그리고 두말할 것 없이 로큰롤의 공간들에.

내가 모스의 몸에서 그런 공간들을 연상한 건, 캘빈 클라인의 의도였다. 모스는 1991년에 디자이너 캘빈 클라인과 처음 광고를 찍었다.[1] 상반신은 나체로 드러낸 채 헐렁한 푸른색 청바지를 입고 바닥에 앉은 그는 몸이 어찌나 말랐는지, 척추가 스테고사우루스의 삐죽삐죽한 척추판처럼 튀어나와 있었다. 얼굴은 공허했고 표정은 수수께끼 같았으며 혼란스러울 정도로 어려 보였다. 이 광고로 모스는 '그런지' 룩을 상업화한 버전인 '헤로인 시크' 룩의 가장 두드러진 아이콘이 되었다. 그런지 음악은 레이건이 정권을 잡고 있던 1980년대의 과잉 소비주의·보수 정치·기업 영향력·미국에서 노동계급과 중간계급의 기회를 극적으로 빼앗아간 경기 침체에 대한 저항 정신을 담아낸 장르로서, 불필요한 건 전부 내버린 날것의 느낌을 강조했다. 패션으로서의 그런지 역시 같은 분위기를 담아냈다. 관습적 미의 기준을 거부하고 누더기에 가까운 중고 의류와 길고 더러운 머리칼, 수척하고 영양결핍인 신체와 같은 현실 노동계급의 거친 요소들을 미화시킨 것이다. 그런지 룩에서 지향하는 신체는 성별에 관계없이 중성적이고 비쩍 말랐으며, 뻔뻔하게도 약물 주사를 자주 연상시켰다.

이런 미학을 추구한 예술가들은 부르주아적이고 상업적인 가치를 명시적으로 거부했지만 (적어도 처음엔 그래 보였지만) 그들에게 멸시받고 있던 기업들은 브룩 실즈와 크리스티 브링클리로 대표되는 "쭉쭉빵빵한" 글래머 여성들의 시대에서 벗어날 기회를 포착하고 조바심이 났다. "그런 여성들은 싫었어요. 왜, 있잖아요…. 가슴이 큰 여성들이요."[2] 캘빈 클라인이 2017년에 설명했다. "그런 여성들은 자기 몸을 부풀리죠. 인공 보형물 같은 걸 넣어서요. 그게 기분 나빴어요. 매력 없고 건강하지 못하고 나쁜 메시지를 준다고 느끼거든요." 사실 1980년대의 패션모델과 1990년대 클라인의 취향에 맞은 모델들의 몸은 잘 뜯어보면 별로 다르지 않다. 양쪽 다 눈에 띄게 훤칠하고 날씬했는데, 90년대에 새로 유행한 몸이 근육이 덜하고 전통적 여성미가 덜하다는 정도의 차이가 있었다. 클라인은 패션이 언제나 추구하는 것, 그러니까 참신함을 찾고 있었던 것뿐이었다. 그런지 룩과 케이트 모스의 몸에 그가 찾던 것이 있었다.

물론 마르고 굴곡 없는 몸이 스타일리시한 저항과 함께 연상된 것은 이게 처음이 아니었다. 19세기 말에 병약하고 밋밋한 몸[3]은 방랑주의와 저항문화와 관련되었는데, 그 전형으로 시인 랭보와 키츠를 꼽을 수 있다("어릴 적 나는 몸무게가 45킬로그램 이상 나가는 사람은 서정 시인으로 받아들일 수 없었다."[4] 낭만주의 시인이자 비평가 테오필 고티에Théophile Gautier의 말이다.) 1920년대의 플래퍼는 새로운 유형의 성적·정치적 자유를 주장하고 표현하고자 몸에서 여성적인 굴곡을 지웠다. 플래퍼 룩을 탄생시킨 1920년대 경제 호황의 낙관주의는 수그러들었지만, 날씬하고 중성적인 여성을 저항과 동일시하는 상징은 계속 명맥을 이어나가 비트족·히피·펑크를 비롯해 20세기에 폭발한 다양한 저항문화에 영향을 미쳤다. 그리고 당시 주류 패션은 이런 저항문화의 스타일을 전유하는 데에는 선수였다.

1990년대에 패션 디자이너들이 무기력하고 호리호리한 새로운 유형의 몸매에 열광하기 시작하자 백인 중산층 부모들은 초조해졌다. 클라인의 생각과 달리, 그들은 거식증 약쟁이를 미화하는 듯한 새로운 유행에서 건전한 구석을 눈곱만큼도 찾을 수 없었다. 〈보그〉와 〈세븐틴〉 지면에서 수척한 외모의 유행이 빠르게 번져나가자 부모 집단에서는 격하게 반응했다. "얼마나 마른 게 너무 마른 것인가?" "헤로인, 모델이 죽는 법" "타락한 팝 문화의 완벽한 현신" 같은 헤드라인을 단 기사들이 쏟아져 나왔다.[5] 부모들의 걱정이 일파만파 퍼져나가자, 1997년에 대통령이었던 빌 클린턴은 마약 사용을 촉진한다는 이유로 "헤로인 시크"를 공개 비판하기에 이르렀다.[6]

그러나 캘빈 클라인과 극도로 마른 모델들을 기용하는 여타 브랜드의 주요 고객층이었던 자녀 세대는 기성세대의 훈계를 받아들이지 않았다. (내가 다닌 중학교 복도에선 'CK 원' 향수 냄새가 풍겼고, 캘빈 클라인 로고가 박힌 사각팬티가 슬쩍 보이는 게 쿨함의 상징이었다.) 1992년에 모스가 마크 월버그Mark Wahlberg와 함께 찍은 캘빈 클라인 속옷 광고는 하나의 신드롬을 일으켰다.[7] 몸 좋고 섹시한 남자와 앙상하게 마르고 연약해 보이는 여성이 상의를 벗은 채 표백한 듯 새하얀 "캘빈"(속옷에 붙게 되는 별명)만 입고 서 있었다. 여자의 엉덩이는 카메라를 향해 있다. 엉덩이는 존재하긴 하지만, 여성의 나머지 부분과 마찬가지로 뼈만 남아 있다.

케이트 모스의 엉덩이는 1990년대 전반에 어디서나 볼 수 있는 가장 눈에 띄는 엉덩이였지만, 그 엉덩이의 부피는 크지 않았다. 굴곡이 거의 없으며 전반적으로 매끈한 몸매를 매력으로 내세운 백인 여성의 뒤편에 붙은 엉덩이는 작은 혹 같았다. 당시엔 작고 납작한 엉덩이가 지난 몇십 년 동안 그랬듯 미국 여성 대부분의 이상이자 목표로 굳어진 것 같았다. 그때 (나를 포함한) 사람들은, 말하자면 '심판의 날'이 다가오고 있다는 걸 미처 알아차리지 못했다. 비쩍 마른 엉덩이의 지위는 사실 상당히 위태로웠다. 주류 백인 문화에서 오랫동안 무시당한 아름다움과 몸과 섹시함의 개념들이 슬슬 제자리를 찾아나서고 있었다. 이런 문화적 변화로 인해, 향후 30년 동안 많은 사람이 이상적으로 생각하는 엉덩이의 모양은 극단적으로 달라진다.

서 믹스어랏[8]

"세-상-에, 베키, 저 여자 엉덩이 좀 봐."[9]

해는 1992년, 베키의 친구가 미국 서부 특유의 밸리걸 억양으로 내뱉는다. 청재킷 차림의 두 백인 여성이 몸에 딱 붙는 노란색 드레스를 입은 흑인 여성을 바쁘게 흘끔거린다. 솟아오른 단상에 올라서 몸을 앞으로 수그린 채 엉덩이와 허벅지를 쓰다듬고 있는 흑인 여성은 자신이 눈길을 받고 있다는 걸 모른다.

베키의 친구가 군침을 삼키더니 말한다. "엉덩이 진짜 크다! 래퍼들이 만나는 여자 같아. 왜, 래퍼들이 그렇잖아. 딱 봐도 창녀 같은 여자를 데리고 다니지." 두 사람의 대화 위로 전염성 있는 베이스 멜로디가 깔린다. 노란색 드레스를 입은 여성이 올라선 단상이 천천히 회전하기 시작한다.

"내 말이. 엉덩이가 너무 크잖아. 엄청 빵빵하고. 이상해. 역겨워." 두 친구는 여자의 커다란 엉덩이를 이해할 수 없다. 저런 엉덩이가 누군가에게 매력적일 수 있다는 걸, 저런 엉덩이를 남들 앞에서 쳐들고 다닐 수 있다는 걸 믿을 수 없다. 둘 중 한 사람이 그들이 느끼는 혼란과 혐오를 세 단어로 짧게 요약한다. "정말… 너무 흑인이야."

이때 바닥에서 커다란 황금빛 엉덩이가 불쑥 솟아난다. 그 위에 가죽 재킷과 페도라를 걸친 서 믹스어랏Sir Mix-A-Lot이 두 발로 양쪽 볼기를 밟고 당당히 서 있다. 베키의 친구가 큰 엉덩이를 매춘 및 흑인성과 같은 것으로 취급하는 독백을 마치자마자, 남자가 열정적인 목소리로 응수한다. "난 큰 엉덩이가 좋고 거짓말은 못 해!" 이 대사는 문화적 아이콘의 지위에 오른다.

이어지는 4분 동안, 그가 활기차게 랩을 하는 동안 몸에 딱 붙는 금빛 의상을 입은 여성들이 카메라에 대고 엉덩이를 흔들어댄다. 여성들은 머리가 프레임에 잘려서 몸뚱이만 보인다. 어느 시점에 카메라가 이동하여 춤추는 여성들을 위에서 찍기 시작한다. 원을 그리고 선 여성들은 원의 중심을 향해 엉덩이를 내밀고 버스비 버클리Busby Berkeley 풍의 안무를 한다. 그러는 동안 DJ는 레코드 축을 덮은 작은 플라스틱 엉덩이 모형으로 레코드판을 긁는다. 바나나, 복숭아, 레몬, 귤, 토마토가 엉덩이와 가슴과 음경을 대신해 화면에 나타난다.

서 믹스어랏은 이 노래 "베이비 갓 백Baby Got Back"으로 세상의 '베키'들에게, 아니 온 세상 사람들에게 똑똑히 전하고 싶은 메시지가 있었다. 자신이 큰 엉덩이를 좋아하고, 다른 남성들도 똑같다는 거다. 그는 거짓말을 할 생각 따위는 없다. '베키'들이 다른 여자의 몸에 대해 (어쩌면 자기 자신의 몸에 대해서도) 역겹다고 선언하는 엉덩이를 서 믹스어랏은 당당하게 추앙하고 대상화한다. '베키'들은 엉덩이를 보고 진저리치지만, 서 믹스어랏은 자극받는다.

"베이비 갓 백"은 신나는 비트를 지닌 노래이고 뮤직비디오에는 시각적 농담이 가득 담겨 있다. 그러나 서 믹스어랏은 인터뷰를 할 때마다 이 노래가 '노벨티 송novelty song(유머와 익살을 담은 노래-옮긴이)'이 아니며 농담 따먹기를 의도한 게 아니라고 분명히 밝혀왔다. 오히려 그는 확고한 메시지를 염두에 두고 있었다. 그 메시지는 당시 그의 연인이었으며 엉덩이 큰 혼혈 여성이었던 에밀리아 도시-리바스Amylia Dorsey-Rivas의 경험에서 비롯한다. "속이 뒤집어지는 사건이 있었어요."[10] 2013년에 〈벌처*Vulture*〉에서 "베이비 갓 백"의 구술사를 정리하기 위해 진행한 인터뷰에서 그가 말했다. "에이미랑 같이 투어 중에 어느 호텔에 갔는데, 슈퍼볼 기간이라 스퍼즈 매켄지 Spuds MacKenzie(맥주 브랜드 버드와이저 광고에 사용된 가상의 개–옮긴이)가 등장하는 버드와이저 광고가 있더군요. (…) 그 광고에 나온 여자들은 머리를 크게 부풀리고 다리는 새 다리처럼 말라빠져서 무슨 정지 표지판처럼 보였어요."

1980년대의 유물이었던 '정지 표지판' 룩이 서 믹스어랏의 눈에는 우스꽝스럽게 보였다. "우리 게토 지역 여성들은 그렇게 생기지 않았어요. 굴곡깨나 있는 여성들이, 아니, 나처럼 배가 나왔다는 게 아니라 매일 8킬로미터를 달리고, 배에 빨래판 같은 식스팩이 있고, 둥글고 아름답고 탄력 있는 근사한 엉덩이를 가진 여성들이, 몸매를 가린답시고 허리에 스웨터를 묶고 다니더라니까요!" 그와 그의 친구들에게 TV속 머리를 부풀린 깡마른 여성들의 모습은 그리 섹시하지 않았다. 그러나 당대 대중문화의 지형을 지배하고 있던 건 그런 유형의 여성들이었기에, 배우이자 성우였던 도시-리바스는 일거리를 찾기가 힘들었다. "내가 자란 시애틀 교외에선 패리스 힐턴 같은 몸매가 아니면 철저히 무시당했어요." 도시-리바스 본인이 〈벌처〉에 들려준 이야기다. "세상에서 광대뼈가 제일 높은 사람이어도, 엉덩이가 조금만 넓으면 꽝이었다고요." 애인('믹스'라고 불렀다)에게 왜 일거리를 못 구하느냐는 질문을 받으면 그는 답하곤 했다. "뒤태를 보면 알잖아."

"뮤직비디오에 말라깽이 모델 같은 여자가 나오지 않으면,

내 노래가 미국 주류에게 먹히지 않을 거라고 느꼈어요. 그땐 그게 엄연한 사실이었다고요." 서 믹스어랏은 변화를 일으키고 싶었다. 엉덩이 큰 여성들이 자기 몸에 달린 걸 자랑스러워하길, 미디어에서 모습을 드러낼 기회를 잡길 바랐다. 그래서 그는 흑인 여성의 몸을 추켜세우는 노래를, 자신이 도시-리바스의 몸에서 가장 좋아하는 부분을 떠받드는 노래를 쓰기로 했다. 서 믹스어랏에게 이 노래는 개인적 선언인 만큼이나 정치적인 선언이었다.

"베이비 갓 백" 노래와 뮤직비디오는 제작에 참여한 사람들에게도 분분한 해석을 이끌어냈다. 그냥 끝내주게 재미있다고 여긴 사람이 있는가 하면 불편하고 여성을 대상화한다고 본 사람도 있었고, 반대로 여성에게 힘을 준다고 느낀 사람도 있었다. 오프닝 대사는 도시-리바스 본인이 맡아서, 자신의 것과 같은 엉덩이를 **역겹게** 여기는 백인 여성들의 목소리를 따라 했다. 〈벌처〉에 들려준 이야기에 따르면, 그는 노래가 마음에 들었다. 노래가 자기 모습을 드러낼 기회라고 생각되었다. 심지어 심오하게 느껴지기까지 했다. "사람들은 이 노래가 모멸감을 준다고 했어요. 하지만 저는 평생 저랑 비슷한 느낌을 받으며 살아온 사람들에겐 이 노래에 모멸적인 구석이 하나도 없다고 받아치곤 했죠." 비스티 보이즈Beastie Boys, B-52즈B-52s, 데이 마잇 비 자이언츠They Might Be Giants와의 작업으로 잘 알려진 뮤직비디오 감독 아담 번스틴Adam Bernstein은 처음엔 그렇게 생각하지 않았다. "제일 처음 이 노래를 들었을 땐 여자를 대상화한다고 느꼈어요. 하지만 웃음을 유발하는 노래였죠." 그가 말했다.

이러한 생각의 차이는 뮤직비디오의 의상 디자인에도 반영되었다. 서 믹스어랏은 무용수들이 섹시하기보단 스포티한 복장을 입길 원했지만, 세트장에 도착해보니 단상에 올라간 여성들은 금발 가발과 짧은 반바지와 금목걸이를 착용하고 있었다. "엉덩이가 있는 여자에 대한 노래지, 창녀에 대한 노래가 아니라고요." 서 믹스어랏은 화가 나서 번스틴에게 말했다. 데프 아메리칸 레코딩스Def American Recordings의 음반 산업팀 부팀장이었던 댄 차나스Dan Charnas는 설명했다. "뮤직비디오에 나오는 여성을 캐스팅한 담당자들은 우리 작업이 문화적으로 어떤 의미인지 잘 이해하지 못하고 있었어요." 작업에 참여한 백인들 대부분은, 엉덩이 큰 여성들이 기괴하게 성애화되지 않고서도 욕망의 대상이 될 수 있다는 개념을 도통 받아들일 수 없었다.

뮤직비디오를 제작하는 과정에서 맞닥뜨린 걸림돌은 그뿐만이 아니었다. 엉덩이를 논할 때 자주 일어나는 오해를 풀어야 했다. 볼기 얘기지, 구멍 얘기가 아니라는 것 말이다. 항문 성교, 똥에 대한 금기를 다루는 곡이 아니라는 점을 확실히 짚고 넘어가야 했다. 갈색 정장을 빼입고 16미터 높이의 황금 엉덩이골에서 솟아나겠다는 서 믹스어랏의 제안은 빠르게 기각되었다.

마침내 완성된 "베이비 갓 백" 뮤직비디오가 MTV에 제출되자, 심의위원회에서는 여성의 얼굴을 잘라내고 신체 부위만 보여주는 뮤직비디오 방영을 금지하는 새로운 방송국 정책을 들어 비디오를 틀 수 없다고 말했다. MTV에서는 카메라로 여자의 신체 부위를 컷으로 잘라 보여주는 것도 그만두기로 했다. 최소한의 시각적 페미니즘을 받아들여, 여성을 문자 그대로 온전한 사람으로 그리도록 한 것이다. 희망과 꿈과 커리어가 있는 사람으로 그릴 필요까지는 없었지만, 최소한 머리는 있어야 했다.

당시 MTV 음악 및 예능 부문 상무였던 패티 갈루치Patti Galluzzi가 〈벌처〉에 설명한 바에 따르면, MTV는 "워런트Warrant의 '체리 파이Cherry Pie'처럼 파이 조각들이 여자 무릎으로 떨어지는 비디오가 온종일 나오는 근래의 경향에서 벗어나려 하고 있었"다. 갈루치는 이런 뮤직비디오가 성적이고 성차별적이라는 걸 알아차렸으며, 티퍼 고어의 부모 음악 자원 센터Tipper Gore's Parents Music Resource Center 같은 보수 단체와 포르노그래피에 반대하는 여성들Women Against Pornography 같은 페미니즘 단체 양쪽에서 그런 화면을 내보내지 말라는 압박이 들어왔다.[11] MTV가 이렇듯 적극적으로 반응했으니, 특정 유형의 페미니즘 진영에선 압박을 가한 보람이 있었다. 하지만 "베이비 갓 백"이 방송 부적격 판정을 받은 게 진짜로 성차별과 여성의 대상화 때문이었는지, 아니면 엉덩이와 흑인을 전면으로 지나치게 내세웠기 때문인지는 의심스럽다. 서 믹스어랏은 이 노래와 비디오의 목적이 워런트가 "체리 파이"에서 의도한 것과는 다르다고 주장했다. 오히려 대상화를 비판하고, 백인 중심의 지배적인 미의 기준에 도전한다고 생각했다. 대부분의 록 음악 비디오들은 대놓고 성차별적이었다. 반면 창작자의 주장대로라면 "베이비 갓 백"은 성차별적인 게 아니라, 성차별 자체를 다루었다. 나아가 인종차별 자체를 다루었다. 서 믹스어랏은 굴곡 있는 흑인 여성의 몸매를 추앙하는 비디오가, 90년대 초 대중문화에 깔린 못된 여성혐오와 함께 싸잡혀선 안 된다고 생각했다.

서 믹스어랏은 비디오에서 미적 기준을 바꾸자는 정치적 메시지를 의도했다고 한다. 하지만 그는 미적 기준을 '없애는' 것엔 어지간히 무관심했던 것으로 보인다. 화면 속 여성들은 정지 표지판 실루엣에서는 벗어났지만, 여전히 천편일률적인 몸매를 가지고 있었다. "가운데는 잘록하지만 뒤는 아주 빵빵한" 모래시계 같은 몸매였다. 노래에서는 특정 부위에 지방이 붙어 있다며 여성들을 칭찬하면서도, 옆구리 늘리기 운동이나 윗몸일으키기 운동을 해서 몸매를 유지하라고도 권했다. 즉 이 노래에서 서 믹스어랏은 여전히 무엇이 **올바른** 몸의 구성 요소인지 결정하려 든다. 달라진 건 세부적인 정의뿐이다. 그는 또한 흑인 여성이라면 모름지기 엉덩이가 크다는 고정관념을 강화하고 있는데, 물론 이는 사실과 다르다.

그리고 여기, 베키가 흉보고 있는 여성이 있다. 뮤직비디오가 시작할 때 그는 단상 위에 서 있다. 얼굴은 똑바로 보이지 않는다. 엉덩이에 의해 자신의 물리적 존재를 규정받는 그는 마치 진열된 조각상 같아서, 살아서 전시되고 죽어서도 전시된 세라 바트먼을 무의식적으로 연상시킨다. 물론 "베이비 갓 백"의 전시가 가리키는 방향은 바트먼과는 딴판이다. 제일 두드러지는 차이는 전자의 경우 커다란 엉덩이를 대중이 이해할 수 있고, 별나지 않으며, 동경할 대상으로 바꾸려 애쓰고 있다는 것이다. 하지만 둘 다 흑인 여성을 문자 그대로 **대상화**한다는 건 같다. 사실 이런 현상은 주위에 너무 흔하다. 여성의 몸이 정상으로 받아들여지거나 허용될 유일한 방법은 남성에게 욕망을 불러 일으키는 대상이 되는 것뿐이다. 믹스는 엉덩이를 공격적으로 성애화하면서, 주류 백인 문화에서 "역겹다"고 여겨졌던 이 신체 부위가 사실 좋다고 주장한다. 모든 몸이 아름답거나 받아들여질 수 있기 때문이 아니라, "쏙 들어간 허리에 둥그런 엉덩이를 지닌 여자가 보란 듯 걸어가면 혼이 쏙 빠지기 때문"이다. 이 노래에서 여성의 몸은 남자의 시각적 만족을 위해 존재한다. 무엇이 허용되고 무엇이 매력적인지 선언하는 주체는 어김없이 남성이다.

"그 뮤직비디오는 벡델 테스트를 통과하지 못해요."[12] 민족 음악학자로서 올버니 대학에서 음악과 연극을 가르치는 조교수이기도 한 카이라 D. 건트Kyra D. Gaunt가 망설이는 기색 없이 말한다. 그가 말하는 벡델 테스트는 영화에서 여성이 그려지는 방식을 평가하는 대중적 지표로서, 이름을 가진 여성이 둘 이상 등장하고, 여성들이 서로 이야기하며, 그 주제가 남자에 관한 것이 아니라는 세 가지 기준을 제시한다. 건트가 보기에 "베이비 갓 백" 노래와 뮤직비디오는 인종차별적이며 고정관념에 대한 페티시로 점철되어 있다. 서 믹스어랏이 아무리 여성들에게 힘을 주려고 이 노래를 만들었다고 주장해도 그 사실이 달라지진 않는다. 서 믹스어랏에게 동의하는 여성이 있을지도 모른다. 하지만 건트는 이 노래가 여성들에게 주려는 유형의 힘에는 관심이 없다. 그에게 "베이비 갓 백"은 기껏해야 **힘을 얻은 여성혐오**에 불과하다. 눈요깃거리와 페티시에 정치권력을 실어줘봤자, 그 본질이 변하진 않는다는 뜻이다.

건트는 90년대 초가 실제로 정치나 경제 권력을 얻는 데 관심이 있었던 흑인 여성들에겐 가혹한 시기였다는 설명을 근거로 든다. 백번 옳은 말이다. 1991년에 애니타 힐Anita Hill은 청문회에서 한 무리의 백인 남성들에게 성희롱 경험에 대해 취조당했다. 남성들이 던진 질문과 그에 대한 미디어 취재는 섹슈얼한 흑인 여성이라는 고정관념의 장단에 맞추는 것이었다. (브랜다이스 법과대학 교수였던 흑인 여성 애니타 힐은 연방 대법원 판사로 지명된 흑인 남성 클레어런스 토머스Clarence Thomas

의 부하로 일할 때 그에게 지속적인 언어적 성희롱을 당했다고 주장했다. 공청회에서 의원들은 힐에게 "강제로 침대에 끌려갔습니까?" "강제로 키스 당했습니까?" "그가 강제로 몸이나 가슴을 더듬었습니까?" 등의 질문을 던지고 성적인 내용을 캐물었다. 이 과정에서 힐을 괴롭히고 비웃는 듯한 모습이 TV를 통해 생중계되었다. 결국 상원에서는 판사 지명을 인준했다. 이 사건은 미국 정치에 여성들이 적극적으로 참여하게 된 계기로 꼽힌다.-옮긴이) 1990년대 정치인들은 또한 "복지의 여왕" 운운하는 인종차별적 고정관념을 내세워 흑인 여성에게 해로운 정책들을 바쁘게 만들어냈다(1996년 복지 개혁 법안이 하나의 예다).[13] 같은 해에 흑인 여성의 임금은 백인 남성보다 34퍼센트 낮았으며, 90년대 내내 흑인 여자는 백인 여성보다 가정 폭력을 35퍼센트 더 많이 경험했다. 건트가 보기에 "베이비 갓 백" 같은 뮤직비디오에서 흑인 여성들에게 준답시고 주장하는 "힘"은, 그 안에서 떠받드는 여성들에 대한 구조적 인종차별을 해결하는 데에 기여한 바가 거의 없다.

그러나 《춤추는 혁명*Dancing Revolution*》의 저자인 또 다른 민족 음악학자 크리스토퍼 스미스Christopher Smith는 이 뮤직비디오를 오롯이 여성 대상화로만 독해하면 놓치는 게 있다고 말한다.[14] 그가 보기에 "베이비 갓 백"에서 댄서들이 추는 춤은 당시 힙합(특히 웨스트코스트 크렁크 쪽의) 뮤직비디오의 특징이다. 그쪽 전통에서는 댄서를 "강렬하게 신체적이고, 가시적이며, 독립적인 리듬 트랙의 표현"[15]으로 활용했기에, "체리 파이" 유의 비디오에 나오는 텅 빈 눈빛으로 몸을 돌리는 인형과는 달랐다는 것이다. 댄서들은 "베이비 갓 백"의 여러 부분에서 프리스타일 춤을 추며 자신만의 즉흥 안무를 펼치는데, 이는 개인의 주체성을 보여준다. 스미스가 보기에 댄서들은 단순한 눈요깃거리가 아니라 "베이비 갓 백"의 핵심을 차지하는 존재였다. 그들의 엉덩이는 거리낌 없고 규제받지 않으며, 버슬이나 거들로 통제당하지 않는다.

1992년에 서 믹스어랏은 시애틀에서 열린 라디오 컨퍼런스에서 갈루치를 만나, "베이비 갓 백" 비디오를 MTV에서 금지한 논란성 콘텐츠에서 빼달라고 설득했다. "이 노래의 메시지는 모든 여성이 TV와 잡지 속 대단히 마른 모델의 이미지를 통해 끊임없이 폭격 받고 있으며 (…) 여성들과 어린 소녀들에게 모든 사람이 마른 몸을 좋아하는 건 아니라고 알려주는 것"이라는 그의 말이, 백인이긴 해도 몸에 굴곡이 꽤 있었던 갈루치에게 직통으로 먹혔다. "나는 그때나 지금이나 앞뒤가 제법 나왔거든요." 갈루치가 말한다. 그래서 그는 MTV로 가서 상사들을 설득했다. 상사들은 결국 생각을 바꾸어, 저녁 9시 이후에는 "베이비 갓 백" 뮤직비디오를 송출해도 된다고 허락했다.

"베이비 갓 백"을 형용하는 수식어는 예나 지금이나 많다. 이 노래는 우스꽝스럽고, 기이하고, 중독성 있으며, 다소 난감하다. 춤추기 좋은 곡이고, 누가 뭐래도 재미있다. 창작자는 계속 부인하지만 사람들 대부분은 이 노래가 노벨티 송이라고 생각한다. '엉덩이butt'라는 단어가 너무나 도드라지게 자주 등장하기 때문이다. 그 용법은 딱히 공격적이거나 음란하지 않다. 오히려 따뜻하고 유치하고 즐거운 분위기를 자아낸다. 믹스는 '엉덩이'라고 몇 번이고 외친다. '뒤'나 '부티booty' 같은 완곡 어휘도 많이 사용하지만 특히 '엉덩이'라는 단어를 활용하는 방식에서 이 노래는 한껏 유치해진다. 초등학교 2학년짜리가 던지는 농담 같달까. 이 노래는 마음껏 노래하고 춤추고 웃을 수 있는 세계로 청자를 초대하는 듯하다. 미국 온 동네의 결혼식에서, 바르 미츠바(12~13세에 행하는 유대교의 성년 의례-옮긴이)에서, 고등학교 댄스파티에서 백인 남성들과 베키(백인 여성을 뜻하는 단어-옮긴이)들은 즐겁게 '엉덩이'를 외친다. 그들이 이 노래의 세계에서 악역이라는 걸 깨닫지 못한 채로.

"베이비 갓 백"은 폭풍 같은 인기를 끌었다. 1992년에는 빌보드 핫 100 차트에서 5주 동안 1위를 지켰고[16] 7개월 동안 차트에 머물렀다.[17] 그 해에 두 번째로 잘 팔린 음반의 자리에 올랐는데 1위는 역대급 베스트셀러 곡인 휘트니 휴스턴의 "아이 윌 올웨이즈 러브 유"였다.[18] 석 달 뒤엔 더블 플래티넘 판매고를 기록, 1992년에 그래미상에서 베스트 솔로 랩 부문을 수상했고 지금까지 1억 달러 이상의 수익을 벌어들였다.[19]

"베이비 갓 백"이 출시되었을 때 나는 초등학생이었다. 그 말은, 내가 학교 댄스파티에 갈 준비를 하고 있던 나이에 이 노래가 중서부 공립 고등학교 DJ의 레퍼토리에 단골로 들어가 있었다는 뜻이다. 홈커밍 데이와 사교 행사에 참석한 나는 바닥에 리놀륨이 깔린 카페테리아의 조명이 어두워지고 스피커에서 익숙한 코드가 흘러나올 때마다 기겁했다. 상징적인 첫 대사가 울려 퍼졌다. "세-상-에, 베키, 저 여자 엉덩이 좀 봐." 나는 엉덩이가 컸지만, 어느 차원에선가 이 노래가 나를 위한 노래는 아니라는 걸 알았다. 이 노래는 내가 애독하는 〈YM〉과 〈세븐틴〉 잡지 표지를 장식하는 엉덩이 작은 백인 여성들을 놀리고 있었다. 하지만 이 노래는 내가 가진 외모와 내가 원하는 외모의 차이를 부각하고 있어 나는 어쩔 수 없이 굴욕감이 들었다. 서 믹스어랏이 소통하고자 했던 거창한 메시지가 뭐였는지는 몰라도, 우리 고등학교 벽을 넘어 의미 있게 전달되진 못했다. 그래, 그는 큰 엉덩이가 좋았나 보다. 내게 중요한 건, 나는 아니라는 거였다. 내가 아는 사람 중에 큰 엉덩이를 좋아하는 사람은 없었다.

"악의 없는 농담처럼 보이죠. 멍청한 금발이나 트워킹에 대한 농담이 악의 없어 보이는 것처럼요." 카이라 건트가 말한다. 하지만 이런 유형의 농담이야말로 고정관념과 자기 인식을 형성하는 기틀이 된다. 농담은 깊은 숙고의 대상이 되는 일이 드물기에 손쉽게 우리의 무의식에 잠입한다. "제가 알기로는, 모든 노벨티 송이 이런 유형의 고정관념을 주제로 해요. 상당히 묵직한 주제를 가져다가, 가벼운 것처럼 취급하죠. 뭔가에 대해 진지하게 생각하고 대화한다는 착각을 일으키지만 실제론 그렇지 않아요." 건트는 "베이비 갓 백" 같은 노래가 암암리에 해로울 수 있는 방식들을 설명하면서 노래에서 가장 유명한 부분을 지적한다. 두 '베키'가 엉덩이 큰 여자를 역겹다느니 창녀라느니 하며 묘사하는 부분이다. "이 말이 모두의 기억에 남았지요. 청자는 그 대사를 앵무새처럼 따라 하면서, 그런 생각을 받아들이도록 정신적으로 훈련받는 거예요."

고등학교 시절 우리는 모두 댄스 플로어에 서서 비트가 나오길 기다리면서 밸리 걸 억양을 따라 하며 외쳤다. "딱 봐도 창녀… 역겨워… 정말… 흑인이야." 우리는 그저 흉내를 내고 장난을 치고 있었지만, 우리가 외치는 말은 **그냥 노래, 그냥 농담**이었지만 우리는 그 말을 머릿속에 새겼고 그런 고정관념을 덩달아 마음 깊이 심었다. 건트는 우리가 흑인 여성에 관한 인종차별적 개념들을 무의식적으로 머릿속에 새겨넣는 방식을 두고, 일종의 후성유전과 같다고 말한다. 더 나쁜 건,

그런 일이 벌어지는 동안 노래 자체는 긍정적인 메시지를 담았다며 우쭐거린다는 것이다. 청자는 노래를 들으면서 뭔가 좋은 일을 한다고 믿게 된다. "흑인 여성을 위해 뭔가 좋은 일을 해주려 하는 흑인 래퍼를 응원한다고 느끼죠. 하지만 흑인 여성에게, 당사자들은 어떻게 생각하는지 물어본 사람은 아무도 없어요."

물론 엉덩이를 다룬 노래가 "베이비 갓 백" 하나뿐인 건 아니다. 1992년만 해도, "베이비 갓 백" 말고도 유행한 엉덩이 노래가 또 있다. 같은 해에 렉스 앤 이펙트Wreckx'n Effect가 "럼프 셰이커Rump Shaker"라는 곡을 발매해서 빌보드 핫 100 차트 2위까지 올랐다.[20] (물론 14주 동안 1위를 지키는 기록을 세운 휘트니 휴스턴의 "아이 윌 올웨이즈 러브 유"에 밀렸지만.[21]) 뮤직비디오는 버지니아 해변에서 비키니 차림으로 춤추는 흑인 여성들을 주로 담아냈다. 일부는 색소폰을 연주했지만 카메라의 초점은 그들의 몸을 훑었고 그중엔 당연히 흔들리는 엉덩이도 있었다.[22] 이 뮤직비디오 역시 MTV에서 송출 금지 처분을 받았다.

"엉덩이는 더럽지 않아요."[23] 이 곡의 공동 작곡가이자 제작자인 테디 라일리Teddy Riley가 1992년에 〈로스앤젤레스 타임스〉에 말했다. 그는 프린스Prince 같은 아티스트들은 이른바 '더러운' 것들에 관해 노래해도 뮤직비디오를 버젓이 틀어주는 반면 엉덩이와 관련된 뮤직비디오들은 금지당하는 현실에 절망했다고 회상했다. "우리가 엉덩이를 더럽게 그린 건 아니거든요. 그냥 엉덩이가 좀 흔들리는 것뿐이에요. 기분 나쁠 것 없잖아요. 여자들한테 존경을 표시하려는 거지, 놀리는 게 아니에요. 왜 엉덩이만 나오면 그렇게들 열을 받는지 모르겠어요." 그가 설명했다.

사람들을 **정말로** 열받게 한 앨범은 투 라이브 크루2 Live Crew의 〈애즈 내스티 애즈 데이 워너 비As Nasty as They Wanna Be〉[24]였다. 1980년대 말~1990년대 초에 가장 큰 논란을 일으킨 이 앨범도 엉덩이에 초점을 맞추었다. 앨범 표지에는 해변에서 끈 비키니를 입고 카메라에 엉덩이를 들이대고 있는 네 여성의 모습이 실렸다. 거의 나체에 가까운 네 여성의 얼굴은 보이지 않는다. 투 라이브 크루는 활동 내내 엉덩이에 대한 노래를 많이 내놓았는데 그중 하나가 1990년에 출시된 "페이스 다운 애스 업Face Down Ass Up"[25]이었다. 투 라이브 크루가 추구하는 장르는 힙합의 서브 장르인 마이애미 베이스였는데, "부티 뮤직booty music"이라고도 불렸다. 깊이 울리는 베이스 소리와 신경질적인 심벌즈 소리, 시종일관 엉덩이 운운하는 가사가 특징이었다.

투 라이브 크루는 대놓고 야했다. 역겨울 정도였다. 〈애즈 내스티 애즈 데이 워너 비〉에서 히트를 친 곡은 "미 소 호니Me So Horny"였는데, 여기서는 영화 〈풀 메탈 재킷Full Metal Jacket〉에 나오는 베트남 성노동자 캐릭터의 대사를 샘플링해 반복하는 챈트 코러스로 사용했다. 노래 가사는 대충 이런 식이었다. "네 입술을 내 자지에 대고 똥구멍도 빨아봐 / 나는 발정난 괴짜, 경고하지 않는 개새끼지 / 섹스가 입맛에 딱 맞아 나는 존나 꼴렸거든."

1989년에 앨범이 출시되었을 때 보수 단체가 분통을 터뜨린 건 놀랍지 않다. 티퍼 고어의 부모 음악 자원 센터가 음악 업계를 로비하는 데 성공한 뒤로 폭력적이거나 불쾌한 가사가 들어 있는 앨범에 '부모 주의 권고' 스티커가 붙었지만, 90년대 초에 이르자 스티커 하나로는 젊은이들의 구매를 막을 수 없다는 게 분명해졌다. 〈애즈 내스티 애즈 데이 워너 비〉는 대부분 라디오 방송국에서 금지 처분을 받았음에도 날개 돋친 듯 팔렸고 빌보드 주간 차트 13위까지 기록했다. 몇 개 주에서 이 앨범을 판매한 소매점이 **음란** 앨범을 판매했다고 고소당하는 일이 있었다. 밴드 멤버들은 플로리다에서 공연 후 체포당하기까지 했다.

이어진 재판은 1990년대 발언의 자유와 상스러움 사이에 존재한 긴장을 여실 없이 보여주는 한편, 흑인 문화가 백인 청년들로부터 인기를 얻는 것에 대해 백인 중산층 공동체 내의 불안이 커지고 있다는 사실도 드러냈다. 수많은 음악 평론

가가 투 라이브 크루의 편에서 증언했고, 존경받는 역사학자이자 교수인 헨리 루이스 게이츠 주니어Henry Louis Gates Jr.는 〈뉴욕 타임스〉에 쓴 사설에서 기소를 부른 근본적인 오해를 지적했다. "투 라이브 크루는 흑인과 백인 미국 문화의 고정관념을 좀 서툴게 패러디했을 뿐이다. 이 젊은 아티스트들은 활기찬 댄스 음악에 맞추어, 과잉 성애화된 흑인에 대한 오래된 고정관념을 과장한 패러디 공연을 하고 있다. (환영처럼 지나가는 성기들과 같은) 과장법을 풍성하게 사용했으므로 흑인 문화 코드를 유창히 구사할 줄 아는 사람은 누구나 이들의 가사를 곧이곧대로 듣지 않을 것이다."[26]

게이츠는 이렇듯 투 라이브 크루의 편에서 변론을 펼치긴 했으나, 그렇다고 해서 음악의 모든 부분을 무사통과시키진 않았다. "음란하다고 지적받는 부분보다 훨씬 더 문제가 되는 건 아티스트의 공공연한 성차별이다." 그는 이렇게 덧붙인 뒤 청자들에게 투 라이브 크루의 성차별에 대해 생각해보라고 청한다. 성차별은 극단적인 과장을 거쳐 더는 성차별로 인식되지 않을 지경에 이른다. 하지만 그는 "우리는 길거리 문화를 마냥 감상적으로 다루도록 스스로 허락해선 안 되며, 언어적 기교를 인정한다고 해서 모든 해로운 편견을 비판할 의무가 줄어드는 건 아니"라고도 경고한다.

투 라이브 크루가 내놓은 엉덩이 찬가들, "베이비 갓 백"과 "럼프 셰이커", 엘엘 쿨 제이LL Cool J의 "빅 올 벗Big Ole Butt(다른 곡들보다 먼저 발매된, 엉덩이를 주제로 한 노래였으나 차트 성적은 별로 좋지 않았다)"은 음악적 실험인 동시에 시각적 실험이기도 했다. 사실상 백인 방송국으로 시작했으며 자칭 '록 방송국'을 표방했던 MTV는 1980년대 말에 그 영향력이 정점에 달했고, 원래 자기 영역이 아니었던 힙합 음악을 아우르기 시작했다. 마이클 잭슨Michael Jackson과 런-디엠시Run-DMC가 각각 MTV의 인종과 장르의 선을 깨뜨렸다. 1988년에 MTV는 힙합 뮤직비디오를 틀어주는 순위 프로그램 〈요! MTV 랩스Yo! MTV Raps〉를 론칭했다. 이 프로그램은 시청률이 아주 잘 나와서 첫 주에 닐슨 지수가 두 계단이나 올랐고[27] 곧 매일 오후에 편성되어 미국에서 제일 인기 있는 힙합곡을 송출했다.

〈요! MTV 랩스〉는 지리적으로 멀리 떨어져 있던 힙합 아티스트들이 서로의 작품을 보고, 듣고, 창조적 대화를 나누도록 도왔다. 또한 힙합 청중이라는 집단을 형성했고 힙합 스타일을 널리 퍼뜨리는 수단으로서 기능했다. 스눕 독Snoop Dogg은 《검열 없는 MTV*MTV Uncensored*》에 실린 인터뷰에서 〈요! MTV 랩스〉에 대해 이렇게 말했다. "그 덕에 우리는 로큰롤과 전체 음악과 같은 선상에 놓일 수 있었습니다, (…) 모두 찾아와 단합하고 자기가 새로 내놓은 비디오를 보여줄 수 있는 공간이었죠."[28] 래퍼이자 VJ인 에드 러버Ed Lover가 더 자세히 설명했다. "〈요! MTV 랩스〉는 힙합을 대중에게 데려왔습니다. 캘리포니아 캠튼에 사는 사람이 뉴욕에서 어떤 일이 벌어지는지 알 수 있었고, 반대도 가능했죠."

MTV의 핵심 시청자들은 주로 백인들이었기에 〈요! MTV 랩스〉의 흥행은 백인 시청자들이 전례 없는 방식으로 힙합에 노출되는 효과를 낳았다. 일부 부모들은 이에 불안을 느낀 나머지, 투 라이브 크루에 대해 소송을 거는 등 법에 기대기도 했다. 보수 단체들은 솔직한 성적 표현, 만연한 성차별, 힙합 음악 및 시각 문화의 이른바 '음란성'이 백인 청년들을 타락시킬까 봐 걱정했다. 겉보기에 그들의 걱정은 성적 언어와 이미지에 관련한 것이었지만, 그 바탕에는 인종차별적인 메시지가 자주 함의되어 있었다. 그들은 서 믹스어랏이 목표를 달성할까 봐 두려웠다. 그러니까, 뮤직비디오 속 출렁거리는 흑인 엉덩이가 백인 청소년들을 매료시킬까 봐.

제니퍼 로페즈

1998년에 주류 미국인들은 제니퍼 로페즈Jennifer Lopez의 엉덩이를 **발견**했다.[29] 미국 백인 남자들은 마치 엉덩이를 처음 본 것처럼 행동했다. 인간 여성, 즉 아내나 어머니나 자매가 허리 아래로도 나오고 들어간 굴곡이 있다는 사실을 지금껏 몰랐던 것처럼 굴었다. 그게 아니라면, 그들은 그동안 내내 엉덩이에 대해 뭔가를 생각하지도 느끼지도 않으려고 꾹 억누르고 있다가 드디어, 마침내, 입을 열어도 된다고 느낀 걸지도 모른다.

제니퍼 로페즈는 1991년에 스케치 코미디 쇼 〈인 리빙 컬러In Living Color〉의 '플라이 걸Fly Girl'로 발탁되어 엔터테인먼트 업계에서 커리어를 시작했다. 그는 방송에서 연한 자주색 립스틱을 바르고 풍성한 곱슬머리를 흩날리며 바운스 그루브 춤을 추고 다리 찢기를 했다. 젊은 댄서 겸 배우치고는 화려한 데뷔였다. 하지만 로페즈에겐 그보다 훨씬 큰 야심이 있었다. 90년대 말에 그의 목표는 미국 문화에서 희귀한 존재인 멀티미디어 메가스타가 되는 것이었다. 로페즈는 굵직한 할리우드 영화에서 주연을 맡고 싶었고, 동시에 플래티넘 레코드 판매 기록을 세우는 아티스트가 되고 싶었다. 말하자면 줄리아 로버츠와 머라이어 캐리를 합친 사람이 되길 원했다. 로페즈는 그럴 능력이 있었고, 실제로 그 목표를 이루었다. 하지만 그러기 전에, 자기 신체에 관해 쏟아지는 무수한 질문에 답해야 했다.

제일 먼저 질문을 던지기 시작한 건 스페인어 미디어로서, 로페즈가 1997년 영화 〈셀레나Selena〉에서 테하노(히스패닉계 텍사스 사람-옮긴이) 슈퍼스타 셀레나 킨타니야를 연기하며 처음 스타로 등극한 때였다. 킨타니야는 굴곡 있는 몸매로 추앙받았고 그의 신체는 많은 이에게 라틴아메리카 및 남아메리카 여성성의 전형적인 이상을 대표하게 되었다. 감독 그레고리 나바Gregory Nava가 킨타니야 역에 푸에르토리코 혈통인 로페즈를 캐스팅했을 때 다소 논란이 일었지만 (킨타니야는

멕시코계 미국인이었고, 킨타니야가 속한 공동체의 구성원들과 팬들은 혈통을 정확히 구별하는 걸 중시했다) 그는 로페즈의 몸매를 논거로 들어 자신의 선택을 정당화했다. "이 나라에서 어릴 적부터 자란 사람은 아름다움에 대해 특정한 이미지를 갖게 됩니다. 포차(멕시코계 미국인을 일컫는다)는 스스로 그 이미지에 해당하지 않는다는 걸 알게 되죠. 어릴 적부터 자기 외모나 몸매에 대해, 엉덩이가 크다거나 뭐 그런 특징에 대해 만족하지 못하게 됩니다."[30] 학자 프랜시스 네그론-먼태너Frances Negrón-Muntaner가 1997년에 논문 〈제니퍼의 엉덩이*Jennifer's Butt*〉[31]에서 설명했듯 로페즈와 나바는 정치 운동·언어·지리·계급이 아니라 신체와 몸매의 굴곡으로써 라틴계 여자로 사는 것이 어떤 의미인지 표현하고 있었다.

〈셀레나〉가 개봉하자, 로페즈는 자신의 몸에 대해 쏟아지는 질문에 미소 띤 얼굴로 답했다. 그가 셀레나를 연기하기에 적합하지 않았다는 우려의 목소리를 누그러뜨리려는 시도였을지도 모르겠다. 로페즈는 〈셀레나〉 전에 협업했던 의상 디자이너들은 그의 엉덩이를 감추려고 애썼지만, 사실 자신은 엉덩이를 자랑하고 싶었다는 이야기를 자주 꺼냈다. "또도 에소 에스 뚜요?(이게 다 당신 건가요?)"[32] 한 인터뷰어가 물었다. 로페즈가 활짝 웃으며 답했다. "또도 에소 미오(전부 제 거죠)." 로페즈는 커리어 내내 이 문답을 반복하게 된다. **그 엉덩이 진짜예요?** 영화 속 언론도 셀레나에게 같은 질문을 던졌더랬다. 두 경우 모두, 스타의 엉덩이는 마치 그의 몸에서 분리된 존재인 것처럼, 따로 고려해야 할 실체인 것처럼 대우받았다.

1998년에 로페즈가 스티븐 소더버그 영화 〈표적Out of Sight〉에서 캐런 시스코 역을 맡으면서 그와 그의 엉덩이는 더 넓은 관객층을 맞이했다. 영화는 대작이었다. 비평가들의 찬사와 상업적 성공 두 마리 토끼를 잡은 1989년작 영화 〈섹스, 거짓말 그리고 비디오테이프Sex, Lies, and Videotape〉를 감독한 소더버그가 장장 9년 만에 내놓은 박스오피스 히트작이었다. 〈표적〉에서 로페즈는 드라마 〈ER〉에서 매력남 더그 로스 역을 맡아 4년 동안 연기했으며 〈피플〉에서 현존하는 가장 섹시한 남자로 선정된 조지 클루니George Clooney의 상대역을 맡았다. 〈표적〉은 대중을 겨냥한 영화였고 수많은 극장에 개봉되었다. 홍보를 위해 배우들은 으레 그러듯 야밤 토크쇼에 출연했고 주요 잡지와 인터뷰를 했다.

"베이비 갓 백" 인트로에 등장하는 '베키'들처럼, 로페즈와 이야기하거나 로페즈에 관해 이야기하는 인터뷰어들 모두 목구멍까지 올라온 말을 도무지 참지 못하고 내뱉었다. **엄청나게 크네요!** 그들은 입을 틀어막고 당혹스러우면서도 신난 기색으로 말했다. 그러나 1997년에 언론은 "베이비 갓 백"에서 베키가 읊는 대사까지 따라 하진 않았다. 제니퍼의 엉덩이가 도마 위에 오르거나 그에 관한 질문이 나오더라도, 그 엉덩이가 역겹거나 불쾌하다는 뉘앙스는 느껴지지 않았다. 로페즈와 대화하는 남성들은 놀랍게도 수용적인 태도로, 관심과 갈망을 숨길 생각조차 없어 보였다. 〈프리미어Premiere〉에서는 "제니퍼 로페즈의 엉덩이"가 "샤론 스톤의 가랑이"를 대체할, 현재 할리우드에 "존재하는" 최고의 "여성적 자산"이라고 선언했다.[33] 〈새터데이 나이트 라이브〉에 게스트로 초대받은 루시 롤리스Lucy Lawless는 거대한 가짜 엉덩이를 매달고 로페즈를 흉내 내는 스케치 코미디를 했다. 제이 르노가 그를 무대 위에서 빙글 돌게 하고 관객에게 엉덩이를 훑어보라고 격려했다. 〈타임〉에 실린 로페즈와의 인터뷰는 "당신 엉덩이, 대체 뭔가요?"라는 질문으로 시작했다. 로페즈는 답했다. "좀 크죠."

달리 뭐라 말할 수 있었겠는가? 이 질문은 이상하다. 답변을 요구하기보다는 질문하는 사람에 대해 무언가를 드러내는 질문이다. "당신 엉덩이, 대체 뭔가요?" 마치 이렇게 응수해주길 간청하는 듯하다. '엉덩이에 왜 그렇게 관심이 많아요? 왜 그렇게 집착해요?'

이어지는 25년 동안 로페즈는 엉덩이에 관한 끝없는 질문과 풍자를 받는다. 잡지는 표지에 로페즈의 운동 루틴에 담긴 비밀을 알아냈다고 발표했고, 파파라치들은 일상을 살아가거나 레드카펫 위에 선 로페즈의 엉덩이를 최대한 많이 포착하려 혈안이 되었다. 로페즈가 그래미 시상식에 몸매를 훤히 드러내는 초록색 정글 프린트 드레스를 입고 참석한 2000년에, 구글 프로그래머 훼이찬 주Huican Zhu와 수전 워치츠키Susan Wojcicki는 드레스와 그 안에 숨겨진 몸을 보고 싶어 하는 사용자의 수가 급증함에 따라 이미지 검색 기능을 추가해야 했다.[34] 로페즈가 엉덩이에 보험을 들었다는 소문이 여러 해 동안 돌았고 (가장 많이 나오는 보험 금액은 2천 7백만 달러였다) 서 믹스어랏의 엉덩이 찬가의 제목에 등장하는 "백"이 로페즈의 엉덩이라는 소문도 무성했다. 2016년에 제임스 코든James Corden이 진행하는 "카풀 가라오케" 코너에 출연한 로페즈는 보험에 대한 소문은 거짓이라고, 그런 보험이 있는지조차 모른다고 밝혔다.

처음에 로페즈는 사람들의 질문을 굴욕으로 받아들이지 않고, 웃어넘겼다. 엉덩이는 로페즈가 지닌 신체의 자연스러운 일부이자 그를 남들과 구별해주는 특징이었다. 그의 노래 "제니 프롬 더 블록Jenny from the Block"[35] 뮤직비디오에서 당시 남자친구였던 배우 벤 애플렉Ben Affleck이 로페즈의 엉덩이에 집착하는 세상을 유쾌하게 풍자하는 의미로 진짜로 입맞춤을 하기도 했다. 그러나 엉덩이 서사는 지나치게 단순했고, 금세 반복적으로 느껴졌다. 로페즈가 목표한 대로 멀티미디어 메가스타 반열에 올랐을 때쯤엔 확실히 그랬다. 〈카풀 가라오케〉에 출연해서 엉덩이 질문에 답하는 로페즈는 즐겁다기보다 지쳐 보였다. **"정말로 아직도 이 얘기를 하는 거예요?"**

로페즈가 유명해지며 시작된 엉덩이에 관한 집착은, 주류 미국 문화에서 장장 10년에 걸쳐 일어날 중요한 변화의 시금석이 되었다. 힙합과 엉덩이를 겨냥한 운동 요법을 통해 엉덩이는 이미 대중의 관심과 담론 속으로 침투했지만 1990년대 초에 대중 인쇄 및 전자 매체에서 대놓고 엉덩이를 다루는 일은 여전히 드물었다. '데리에르' 같은 완곡어법이 애용되었고, 엉덩이는 주로 숨기고 훈련하거나 통제할 대상으로서만 논해졌다.

그러나 제니퍼 로페즈가 이름을 날린 1990년대 말에 이르자 여성의 엉덩이는 〈코스모폴리탄〉과 〈세븐틴〉처럼 여자들에게 무엇이 정상이고 무엇이 아름다운지 알려주는 걸 업으로 하는 잡지에서 단골로 다루는 신체 부위가 되었다. 2000년대 초에는 달라진 여성의 이상적 신체에 관련해 "이제 가슴 대신 엉덩이인가?" "부틸리셔스: 남자들이 뒷모습에 대해 이야기하다" 같은 제목의 기사가 실리기 시작했다.[36] 제니퍼 로페즈가 〈셀레나〉로 시작해 소더버그를 거쳐 그 너머로 진출한 직후 몇 년 동안, 엉덩이에 대해 시스코Sisqó의 "쏭 송Thong Song"과 블랙 아이드 피스Black Eyed Peas의 "마이 험프스My Humps" 같은 새로운 종류의 대중가요가 쏟아져 나왔다(대중의 반발도 전보다 덜했다).[37] 심지어 백화점에 전시되는 마네킹의

엉덩이도 과거보다 커졌다.[38]

이런 변화가 일어나는 동안 미국의 인구 구성이 유의미한 변화를 겪은 것은 우연이 아니다. 미국은 점점 백인 국가에서 벗어나고 있었다.[39] 1990년대에 미국 인구에서 흑인의 비율은 15.6퍼센트, 아시아 및 태평양 제도 출신의 비율은 46.3퍼센트, 히스패닉(미국 인구 통계에서 사용하는 분류)의 비율은 57.9퍼센트 증가했다. 여전히 다른 인종보다 백인이 압도적인 수적 우위에 있었지만 유색인종의 비율은 높아지고 있었고, 그런 경향은 2010년 내내 이어져 적어도 2050년까지는 꾸준히 늘어날 것으로 전망된다.[40] 통계학자들은 2050년에 이르면 히스패닉 인구가 미국 인구의 30퍼센트를 차지하고 백인이 소수 인종이 될 거라고 예측한다. 이런 변화 앞에서, '주류 미국 문화'의 정의 자체에 의문이 생긴다.

"주류"란 좀처럼 포착하기 어려운 개념이다. 주류라는 건 대안·하위문화·일탈·아웃사이더·별종이 **아니라는** 뜻이다. 주류란 변두리에 의해 정의되는 중심으로서, 언뜻 명백해 보이지만 자세히 들여다보면 명료한 구석이 하나도 없다. 어떤 때 주류는 '백인'을 가리키는 완곡어법이고, '대중' '보수적인' '많이 소비되는'과 동의어이기도 하다. 이 모든 걸 합친 개념일 때도 있다.

미국의 인구가 변화했다고 해서 비백인 문화의 모든 면모가 널리 수용되기 시작했냐면, 그건 절대 아니다. 그러나 미국

기업들은 늘고 있는 비백인 소비자들에게 소구하는 데 갈수록 관심을 가지게 되었다.[41] 할리우드에서 〈하우스 파티House Party〉, 〈보이즈 앤 후드Boyz n the Hood〉, 더 뒤에 나온 〈사랑을 기다리며Waiting to Exhale〉 같은 영화들이 상업적 성공을 거두자 엔터테인먼트 회사의 높으신 분들은 흑인 관객들이 자기를 닮은 사람들이 나오는 이야기에 돈을 쓸 수 있으며 실제로 상당한 돈을 썼다는 사실을 확인했다.[42] 흑인 소비자들의 패턴을 추적하는 시카고 기반의 매체 〈타깃 마켓 뉴스*Target Market News*〉의 발행인 켄 스미클Ken Smikle은 1991년에 〈뉴욕 타임스〉에 말했다. "흑인 인구는 젊고, 미국 인구의 다른 인종보다 더 빠르게 늘고 있습니다. 영화표를 사는 건 주로 젊은 사람들이니까 영화사 입장에선 미래가 창창하지요."[43]

1990년대에는 TV에 나오는 흑인 인물의 수도 크게 늘어서 전체의 거의 17퍼센트에 이르렀다.[44] 이런 경향은 〈프레시 프린스 오브 벨 에어The Fresh Prince of Bel-Air〉나 〈행잉 위드 미스터 쿠퍼Hangin' with Mr. Cooper〉 같은 시트콤이 황금 시간대에 방영된 1990년대 초에 특히 두드러졌다(비록 연구 결과에 따르면, TV 속 흑인 및 라틴계 여성 인물들은 대부분 하이퍼 섹슈얼하고 무능하다는 오랜 고정관념에 부합했지만). 흑인 인물의 비율은 정점을 찍은 뒤 차츰 줄어서 1990년대 후반에는 10~14퍼센트 사이를 오갔다. 그러나 이는 실제 미국의 흑인 인구 비율에 필적할 만한 비율로서 여전히 의미가 있었다. 라틴계 관객에게 어필하는 건 할리우드에서 좀 더 어려운 과제였다.[45] 시장 조사에 의하면 라틴계는 인종적으로 대단히 다양한 집단으로, 배우의 인종을 기준으로 영화를 선택할 가능성이 흑인보다 낮았다. 2000년대에 인구조사를 통해 미국의 라틴계 인구가 얼마나 늘고 있는지 밝혀지자 대기업들은 다른 소수 인종을 비롯해 라틴계 집단을 끌어오는 데 힘을 쏟았다.[46] 제너럴 밀스, 타이드, 혼다는 라틴계를 겨냥한 광고를 찍었고 맥도널드와 아디다스는 흑인 청중과 힙합 문화에 관심을 가진 백인들을 겨냥한 광고를 찍었다.

인구 변화가 주류 미국의 얼굴을 바꿔놓는 사이, 향후 30년 동안 신체의 이상에 심오한 영향을 미치는 또 다른 변화가 일어나고 있었다. 백인들이 힙합 음악·패션·문화를 게걸스럽게 소비하기 시작한 것이다.[47] 2000년의 조사에 의하면 1990년대 말에 랩/힙합 레코드를 구입한 소비자의 무려 70퍼센트가 백인이었다고 한다. 저명한 힙합 페미니스트 트리샤 로즈Tricia Rose를 포함한 일부 학자들은 이 숫자가 흑인 공동체 내 해적판 구입과 친구들 사이의 활발한 공유 사례 등을 고려하지 않고 나온 것이라고 지적한다. 이를 감안하면 수치는 일부 왜곡된 것일 수도 있다. 하지만 힙합이 대중문화를 지배하는 장르로 등극하는 데 있어 백인 청중이 핵심 요소였으며, 힙합이 특히 젊은 백인들에게 점점 중요하고 흥미롭게 다가간 장르였다는 건 부인할 수 없는 사실이다.

그런데, 백인 젊은이들이 그들의 삶과는 아무런 상관없는 힙합 문화에 그토록 열심히 참여한 건 무엇 때문이었을까? 브롱크스에서 기원해 미국 전역으로 퍼져나간 힙합은 미국에서 체계적으로 억압받는 흑인 및 라틴계로 살아가며 경험하는 불안·분노·즐거움·정치를 표현하는 문화 형태다. 힙합의 주체인 흑인과 라틴계의 역사와 경험은, 힙합 레코드 전체의 70퍼센트를 구매하는 백인들의 정체성으로는 소속될 수 없는 것들이었다.

2000년에 〈MTV 뉴스〉 기자 크리스 코널리Chris Connelly가 이 의문에 대한 간결한 답을 내놓았다. "20세기 대중문화의 역사를 쓰고자 하면 한 문장으로 요약할 수 있다. '흑인 애들만큼 쿨해지고 싶은 백인 애들.'"[48] 2019년에 웨슬리 모리스Wesley Morris는 흑인 음악에 대해 백인들이 보이는 관심을 탐구한 글에서 같은 내용을 다르게 표현했다. "이것은 살아남은 자들의 음악, 멈추지 않을 것이며 멈출 수도 없는 자들의 음악이다. (…) 그 안에 담긴 약속과 가능성, 거침과 유머와 육욕으로 모두를 집합시키는 음악이다. 다른 흑인들을, 잉글랜드의 백인 아이들과 인도네시아 중산층 아이들을 한데 모으는 음악이다. 자유가 울리고 있는데 같이 종을 치고 싶지 않은 사람이 누가 있겠는가?"[49]

재즈 이후, 백인 젊은이들이 떼를 지어 흑인 문화 상품에 (특히 흑인 음악에) 매료되고 그 안에 녹아 있다고 여겨지는 쿨함과 진정성에 끌리는 현상은 미국에서 고정 요소가 되었다.[50] 거의 포식자를 연상시킬 만큼 백인들이 엄청나게 열정적으로 수용한 흑인 대중음악으로는 이미 재즈·블루스·로큰롤·펑크가 있었다. 그리고 80년대와 90년대에 백인들에게 따끈따끈하게 전유appropriation 당한 장르가 힙합이었다. 백인에 의한 흑인 문화의 전유는 미국 대중문화와 음악의 기반 자체를 이루고 있지만, 사실 미국에서 지배 집단에 의해 주기적으로 전유되는 것은 흑인 문화만이 아니다. 타 문화에서 짜릿하고 전복적이고 성적인 부분들을 취하되 문화·정치·사회 같은 더 넓은 맥락은 무시하는 전유의 제스처는, 인디언·일본·인도를 포함해 수많은 비백인 문화를 거의 예외 없이 건드렸다.

그런데 토니 모리슨Toni Morrison이 이런 유형의 숭배와 모방을 일컬어 표현했듯, 백인들이 "아무것도 모르고 놀 때" 그들은 대체 무얼 찾고 있는 걸까? 아마 가장 직접적이고 흔한 답변은 백인이 문화적 정체감을 갈망한다는 것일 테다. 백인에게 백인성 자체는 정체성으로서의 힘이 없다. 그들에게 백인성은 아무것도 의미하지 않기 때문이다. 백인성은 규범이자,

중간이자, 다른 모든 것이 그들을 반대 삼아 형성되는 기본값이다. 한 마디로 주류다. 백인성은 너무 중립적이고 따분하고 정상적이라서 정체성을 형성하는 자질로선 실격이다. 청소년기 이후 가족과 부모에게서 분리되기 위해 많은 이가 모색하는 차별감과 개성과 반항심이, 백인성에는 없다.

만일 백인성을 정체성으로 인지할 경우, 그 정체성은 불편한 것이기 쉽다.[51] 백인의 정체성은 억압자의 정체성이다. 백인은 역사적으로, 어쩌면 천성적으로 잔인하다. 백인성은 흑인성처럼 허울만 그럴듯한 분류(단순히 위계를 만들어내고 유지하기 위해 구성된 분류)이기에, 백인으로 정체화한다는 건 그런 인종 위계의 구성에 공모했다고 인정하는 것이다. 따라서 자신의 백인성이 불편한 사람들은 정체성과 소속감을 얻기 위해 다른 문화에 기대려는 유혹에 빠지기 마련이다.

문화 전유를 주제로 한 중요한 저서 《사랑과 절도*Love and Theft*》에서 저자 에릭 로트Eric Lott는 19세기와 20세기에 큰 인기를 끌었던 민스트럴 쇼(백인들이 흑인 분장을 하고 고정관념 속 흑인 모습을 연기한 공연)를 들여다보며 이런 행동을 탐구한다. 민스트럴 쇼는 오랫동안 미국 대중문화에서 유서 깊은 문화 전유의 원초적 순간으로(또한 가장 선명한 행위로) 간주되었다.[52] 로트에 의하면, 주로 뉴욕 같은 대도시 도심에 사는 백인 노동계급이었던 민스트럴 쇼의 관객들은 공연을 보면서 동시에 다른 생각을 하고 있었다. 한편으로는 공연 속 반항적이고 본능적인 흑인성과 자신의 정체성을 동일시했고, 다른 한편으로는 흑인을 멍청한 아이처럼 묘사하는 악의적인 연출의 고정관념을 통해 우월감과 만족감을 느꼈다. 민스트럴 쇼는 백인들이 보기에 흥분되고 자유로운 흑인성의 특정 부분들과 자신을 일치시키면서, 반대로 자신의 백인성을 강화하는 방법이었다. 모리슨이 말하듯 그들은 "아무것도 모르고 놀았지만" 그 자리에 죽 머무르는 법은 결코 없었다. 백인들은 마지막엔 늘 흑인에게서 떨어져 나와, 흑인보다 우월하다고 믿는 자기 자리로 돌아갔다.

로트를 비롯한 여러 문화 역사학자들은, 백인들이 흑인 문화 형태를 수용하고 해석하는 데 관심을 가질 때면 어김없이 이런 이중성이 작용한다고 봤다. 엘비스 프레슬리가 흑인 블루스 가수 아서 "빅 보이" 크러덥Arthur "Big Boy" Crudup이 쓴 노래 "댓츠 올 라잇That's All Right"을 불렀을 때, 백인 관객들을 그를 저항적이고 자유롭고 섹시하다고 해석했다. 그러나 그를 흑인으로 보지는 않았다. 그야 그가 딱 봐도 백인이기 때문일 테다. 하지만 프레슬리의 백인성은 그가 흑인성과의 관계에서 차지한 위치에 의해 강화되었다. 그는 흔히 흑인성에 내재한 흥분과 위험과 에로티시즘을 밀반입하면서, 그것을 익숙하고 위협적이지 않은 백인성으로 안전하게 포장해 활용했다. 그렇게 관객들은 두 마리 토끼를 다 잡을 수 있었다. 흑인성의 스릴을 두려움도, 죄책감도 없이 즐기기만 하면 됐다.

그런데 90년대에 백인이 전유한 힙합의 전개는 로큰롤(그리고 블루스와 재즈 등)과는 다르게 흘러가는 듯이 보였다. 비스티 보이즈Beastie Boys가 대성공을 거두긴 했지만, 바닐라 아이스Vanilla Ice나 마키 마크Marky Mark 같은 백인 래퍼들은 흑인 아티스트 제이지Jay-Z와 우탱 클랜Wu-Tang Clan에 비해 오래가지 못했다. 전 세대와 달리, 90년대의 백인 십대들은 진정성을 내뿜는 (적어도 그렇게 보이는) 흑인 아티스트에게 마음과 지갑을 열었다. 그 결과로 등장한 것이 코넬 웨스트Cornel West가 "백인 젊은이들의 아프로-아메리칸화"[53]라고 부르는 문화 소비 패턴이다. 백인 아이들은 음악을 흡수하는 것에 그치지 않고 그들의 우상이었던 MTV 힙합 스타들처럼 입고 말하고자 했다. 쿨해지려고, 정체성을 만들어내려고, 웨슬리 모리스에 의하면 언제나 흑인 음악의 일부였던 자유·즐거움·거침·유머의 느낌에 가까워지려고 그들은 도시 흑인들의 말투와 문화를 적극적으로 채택했다. 특히 백인 남성들에게 힙합은 남성성의 문제를 해결할 방법이 되어주었다. 문화 비평가 그레그 테이트가 2003년 저서 《부담스러운 건 빼고 나머지 전부》에 적었듯 "[아프리카계 미국인의 음악 형식은] 사회의 다수를 차지하는 젊은 백인 중산층 남성의 주제가가 되었다. 이 인구 집단이 미국의 궁극적 아웃사이더인 흑인 남성이 보이는 비극적-마법적 정력의 전시에 시간과 노력을 쏟은 것이 주된 원인"이다.[54]

문화 역사학자 자넬 홉슨은 이렇듯 힙합 문화가 더 널리 받아들여지면서 여성의 엉덩이에 관한 인식과 관심이 높아졌다고 설명한다.[55] 홉슨에 의하면 아프리카계 미국인들의 토속 춤에서 엉덩이는 항상 중요한 요소였는데, 이것이 아프리카계 미국인의 이상적 아름다움에서 엉덩이가 주요 대상이 된 동시에 힙합의 미학에서 특히 두드러지는 주된 이유라는 것이다. "흑인 문화에서 추는 춤의 표현을 살펴보면 엉덩이와 골반을 흔드는 동작이 많은 편인데, 그게 확실히 시선을 끕니다." 홉슨이 설명한다. 그는 여기서 세라 바트먼의 전시와 그의 몸에 대한 백인들의 집착이 남긴 그림자를 포착하지만, 조지아 시대 런던 사람들이 바트먼에게 쏟은 관심과 1990년대에 백인들이 힙합과 엉덩이에 쏟은 관심에는 중대한 차이가 있다. "큰 엉덩이에 대한 선호는, 사실 흑인 남성의 욕망에서 오는 겁니다. 솔직히 까놓고 말해봅시다. 흑인 남성과 그들의 시선을 통해서 백인 남성들은 비로소 엉덩이를 알아차리기 시작한 거죠." 홉슨이 말한다.

그렇다면 제니퍼 로페즈의 엉덩이에 쏟아진 열광은 어떻게 이해해야 할까? 그는 정확히 말해 흑인 여성이 아니라, 인종이 명확하지 않은 배역을 맡아 장르를 넘나드는 성공을 거둔 푸에르토리코 출신 여성이다(〈표적〉에서 그의 인종은 언급되지 않으며 아버지 역은 이탈리아계 미국인 배우 데니스 파리나Dennis Farina가 연기했다). 언론이 이해하기에 그는 확실히 라틴계였다. 힙합 TV 쇼에서 춤을 춰서 유명해졌고, 테하노 음악의 상징인 셀레나 킨타니야 역을 연기했으며, 〈표적〉에 대해 글을 쓴 많은 기자가 그의 인종을 인식하고 있었다. 로페즈의 인종 정체성은 종종 그가 큰 엉덩이를 지니고 그 사실을 즐기는 것에 대해 편리한 설명을 제공하기도 했다.[56] 그러나 저널리스트 테리사 윌츠Teresa Wiltz와 같은 사람들은 반대로 로페즈가 주류에 받아들여질 수 있었던 이유의 핵심은 그의 피부색이 상대적으로 밝아서 백인들이 그를 대상으로 편안하게 자신들의 욕망을 표현할 수 있었기 때문이 아닌지 의심한다.[57] 1998년 기사에서 윌츠는 "인종적으로 모호한 신체 특징, 크림을 듬뿍 넣은 카페오레 같은 피부색이 대중의 입맛에 맞았던 걸지도 모른다"라고 적는다.

물론 욕망은 복잡하다. 백인 남성들이 너나할 것 없이 큰 엉덩이를 욕망하기 시작한 게, 혹은 공개적으로 그 욕망을 인정한 게 힙합 문화를 소비하고 흡수했기 때문이라고 말하면 지나친 단순화일지도 모른다. 욕망은 사회적 힘이자 개인의 경험으로서, 우리를 둘러싼 세상이 빚어내는 것이며 동시에 개인만이 소유하는 고유한 것이다. 그렇지만 우리가 소비하는 문화 중 무엇이 바람직한지를 직접 결정할 수 있고, 전에는 인정하지 않고 탐험하지 않던 욕망들에 다가가 이를 꺼내놓을 수 있다는 것 역시 의심할 여지가 없는 사실이다. 1990년대 말과 2000년대 초에 대규모로 힙합을 소비하기 시작한 현상은 없던 욕망을 만들어냈을지도 모르고, 원래 있던 욕망의 고삐를 풀었을지도 모른다. 어느 쪽이든, 여성의 엉덩이가 백인 남성의 욕망에서 차지하는 위치는 대대적인 변화를 겪고 있었다.

킴
카다시안

비욘세 놀즈Beyoncé Knowles가 과거에 속했던 그룹 데스티니스 차일드Destiny's Child의 2001년 히트곡 "부틸리셔스Bootylicious"에 대해 자주 등장하는 이야기가 있다. 비욘세가 그 곡의 가사를 쓴 건, 몸무게가 많이 나간다며 자기를 놀려대던 언론에 대들고 싶어서였다는 것이다. "저는 자꾸만 살이 붙고 있었어요. 그 얘기를 하고 싶어서 그 노래를 썼어요."[58] 2002년에 비욘세가 〈뉴스위크〉에 털어놓은 이야기다. "저는 먹는 걸 좋아하는데, 이 업계에서 그건 문제가 되죠. 지금도 저는 웬만한 여배우보다 몸집이 두 배는 클 거예요. 맨날 그 생각에 사로잡혀 사는 건 싫은데 벗어날 수가 없군요."

비욘세를 어느 의미로든 "몸집이 크다"라고 말할 수 있었다니, 1990년대 말과 2000년대에 신체 이미지에 관해 어떤 모순이 있었는지 알 만하다. 제니퍼 로페즈가 인기를 얻은 뒤 몇 년 동안 미디어에서는 갈수록 **굴곡** 있는 몸매에 대해 열광했다. 그러나 이런 변화는 여성의 몸을 조각조각 뜯어보고 평가하는 새로운 방법이었을 뿐, 인간 외양의 넓은 스펙트럼을 전부 끌어안는 것과는 거리가 멀었다. 1920년대에 코르셋이 양배추 다이어트로 대체되었듯, 1990년대에 더 크고 풍만한 엉덩이에 열광하기 시작했다고 해서 여성들이 갑자기 다이어트·체중·건강에 관한 압박에서 해방된 건 절대 아니었다. 오히려 가십을 다루는 잡지들은 비욘세에게(누가 뭐래도 날씬했던 그녀에게) 프렌치프라이를 너무 많이 먹는다며 핀잔을 줬다.

"부틸리셔스"는 데스티니스 차일드의 세 번째 앨범 〈서바이버Survivor〉의 세 번째 싱글로서 빌보드 핫 100 차트에서 1위에 올랐다.[59] 앨범은 전체적으로 호평을 받았고 대중에게도 인기를 끌었는데, 굴곡 있는 몸매와 큰 몸집을 찬양하는 가사가 이유 중 하나였다. 혹자는 "전체 관람가의 재미"[60]와 성인의 섹슈얼리티를 한데 섞은 이 앨범이 젊은 팬들에게 부정적 영향을 줄 수도 있다며 비판하기도 했다. 그러나 이런 비판은 자기 인생을 스스로 통제하는 섹시한 여성의 모습을 내세워, 2000년대 초 페미니즘에 새로운 물결을 일으키려 한 앨범의 의도를 제대로 파악하지 못한 것이었다.

"부틸리셔스"는 앨범의 의도를 더할 나위 없이 훌륭하게 담아낸 곡이다.[61] 이 노래는 클럽에 놀러가서 (아마도) 남성을 유혹하는 중인 여성의 관점을 취한다. 여성은 자신의 섹시함과 자신감을 남성이 다룰 수 있을지 의심한다. 여성이 가진 힘의 원천은 (적어도 원천 중 하나는) 엉덩이와 '젤리'(데스티니스 차일드는 처음엔 젤리가 엉덩이를 뜻한다고 얘기했지만 다른 설명에서는 특정 신체 부위가 아닌 어느 부분이든 될 수 있다고도 말했다-옮긴이)다. "자기는 이 젤리를 위해 준비가 되지 않은 것 같아"라고 여성은 노래한다. "……'부틸리셔스'한 내 몸을 감당 못 할 걸, 베이비." 웬만한 남성이 아니고서는 여성의 몸에 깃든 놀라움을 다룰 수 없다. 오늘 밤의 도전자는 자격 미달인 듯하다.

"부틸리셔스"가 발매된 뒤, 많은 사람이 이 노래를 신체를 긍정하는 페미니즘의 주제가로서 떠받들어 왔다. "부틸리셔스"는 이렇게 말하는 것 같다. **나는 나 자신을 있는 그대로 사랑하고 존중해. 두말할 필요 없이 당신도 나를 사랑하고 존중하거나, 적어도 나를 섹시하게 느껴야 해. 누군가는 내 몸에, 내 젤리에, 내 엉덩이에, 수치심을 주려고 하지만 지금 여기서 선언하건대 그것들은 내게 가장 소중한 자산이자 자신감**

의 원천이야.

그런데, 사실 이 곡의 뮤직비디오에는 '젤리'가 별로 나오지 않는다.[62] 적어도 비평가들은 그렇다고 지적했다. 뮤직비디오의 도입부와 중간에 등장하는 몸집이 큰 댄서들이 있긴 하지만, 데스티니스 차일드 멤버들은 풍만한 엉덩이로 주목받긴 했어도 대체로 날씬하다. 어쩌면 그거야말로 핵심일지도 모른다. 비욘세가 당대의 이상에서 크게 벗어나지 않은 몸을 지니고서도 언론으로부터 조롱당했다는 것. **여성의 몸에 거는 기대는 이처럼 엄격하고 까다롭기에, 몸을 향하는 비판에서 여성이 자유로워질 방법은 사실상 존재하지 않는다.** 그래서 비욘세는 참신하고 생기 넘치는 답변을 내놓았다. 엉망이라고, 틀렸다고 평가받는 자기 몸을 스스로 찬양하며 섹시하다고 선언한다.

그러나 "부틸리셔스"의 뮤직비디오에서 흑인 여성의 몸에 대해 던지는 메시지는 굴곡 있는 몸매에 관한 것만이 아니다. 뮤직비디오에서 사용된 여러 의상은 1970년대 뚜쟁이와 성 노동자의 의복을 본떠서 만들어졌다.[63] 학자 아이샤 더럼Aisha Durham은 이것이 데스티니스 차일드의 다른 노래와 뮤직비디오 여럿에서 발견되는 패턴이라고 지적한다. 예를 들어 "내스티 걸Nasty Girl"은 엉덩이 큰 흑인 여성이 전형적으로 하류 계급에 속하며 성적으로 난잡하다는 발상에 기인하고 있다. 보아하니 모든 엉덩이가 힘의 원천은 아닌 모양이다.

지난 20년 동안 학자들과 기자들은 비욘세가 진정한 페미니스트인지 아닌지, 또한 만일 페미니스트라면 어떤 유형의 페미니스트인지를 두고 갑론을박을 벌여왔다.[64] 비욘세는 여성을 대상화하는 데 있어 공범인가, 아니면 대상화를 비틀고 있는가? 본인의 성 주체성을 주장하고 자기 몸을 당당하게 내세우고 있는가, 아니면 어느 학자가 표현했듯 "자신의 몸을 상품 페티시로 제공하고" 있는가? 가부장제를 전복하고 있는가, 아니면 2016년에 벨 훅스Bell Hooks가 주장했듯 흑인 여성성의 "관습적 고정관념의 틀" 안에 머물러 있는가?[65] 2001년에 막 시작된 이런 담론의 중심에 "부틸리셔스"와 그 뮤직비디오가 있었다. 데스티니스 차일드와 서 믹스어랏은 똑같이 엉덩이와 굴곡을 찬양했지만, "부틸리셔스"가 "베이비 갓 백"과 달랐던 건 논란의 엉덩이를 가진 당사자들에 의해 만들어지고 공연되었다는 점이다. 흑인 여성 셋은 직접 노래를 작곡했고, 노래의 소유권을 지녔고, 비욘세의 어머니 티나 로슨Tina Lawson이 주로 디자인한 의상을 포함해 본인들의 이미지를 직접 구축할 통제권을 쥐고 있었다. 제니퍼 로페즈처럼 그들은 자기 몸이 자랑스러웠다. 그리고 안달복달하는 기자들의 끝없는 질문을 힘겹게 피해 다니던 로페즈와 달리, 신체에 관한 대화를 적극적으로 이끌었다. 설령 비욘세의 페미니즘이 아름다움과 섹스의 영역에만 해당하는 무기력한 유형의 페미니즘이라 해도(여성의 몸에 지방이 얼마나 있어야 매력적이고 적당한지에만 집중하는 건, 엄밀히 말해 가부장제를 뒤엎는 것과는 거리가 멀다), 이에 아무 의미가 없는 건 아니다.

"부틸리셔스"에 쏟아진 미디어의 관심은 'bootylicious'라는 단어로도 향했다. 이게 정확히 무슨 뜻일까? 'Bootylicious'가 처음 등장한 곳은 1992년에 발표된 스눕 독의 노래였는데, 이때는 비하의 의미로 쓰였다.[66] 하지만 이 단어가 정말로 일상에서 사용되기 시작한 건 데스티니스 차일드의 곡이 발매된 뒤였다. 이 단어는 반드시 엉덩이만 의미하진 않았다. 그보다 더 넓고 모호한 용법으로 여성에게 힘을 실어주는 단어였다. 어쨌든 'booty'는 구체적으로는 엉덩이, 넓은 의미에서는 섹스, 둘 다를 의미했기에 'bootylicious'는 엉덩이 또는 섹스할 능력과 관련될 수 있다. 2003년에 오프라 윈프리Oprah Winfrey에게 이 단어를 정의해 달라는 요청을 받고 비욘세는 그것이 "아름답고, 풍만하고, 아찔하게 흔들 수 있다beautiful, bountiful, and bounceable"는 의미라 생각한다고 답했다.[67] 이 정의는 멋지게 두운이 맞아떨어지긴 해도 실제로 의미를 밝혀내는 데에는 쓸모가 없었다. 이듬해 'bootylicious'는 옥스퍼드 영어 사전에 등재되었다.[68] 정의는 "특히 여성에 대해, 주로 엉덩이와 관련하여: 성적으로 매력적인, 섹시한; 맵시 있는"으로 기술되었다. 이런 **공식적** 정의를 통해 현재와 미래의 대중들이 긍정적 의미로 엉덩이를 일컬을 단어가 기록되었다. 맵시 있는 엉덩이를 지니는 것은 바람직했다. 'Bootylicious'

는 같은 뜻을 지닌 예스러운 단어 'callipygian'보다 훨씬 재미있었고, 잘난 척한다는 느낌도 덜했다. 이 단어가 최첨단과는 거리가 멀고 콧대 높기로 유명한 옥스퍼드 영어 사전에 실릴 만큼 널리 사용되었다는 사실은 의미 있는 변화를 방증했다. "부틸리셔스"는 노래와 단어와 개념 모두 문화적으로 힘을 얻고 있었다.

◡

"부틸리셔스"는 일종의 진보가 일어났다는 지표로 해석될 수 있으나, 2000년대는 여전히 대중문화 내에서 극심한 '지방 불안'이 존재한 시기였다. TV 프로그램과 잡지에서는 몸매의 굴곡을 칭찬하고, 로우라이즈 진에 딱 어울리는 만큼 엉덩이골을 드러내는 새로운 방법들을 제안하는 동시에 지방흡입술을 장려하고 비현실적으로 날씬한 연예인들의 보정된 신체 이미지를 끊임없이 보여주었다. 얼리샤 실버스톤Alicia Silverstone과 드루 배리모어Drew Barrymore는 비욘세와 더불어 대다수의 미국 여성보다 훨씬 날씬한데도 꾸준히 뚱뚱하다는 지적을 받았고, 파파라치들은 그들이 (그리고 다른 많은 여성 연예인들이) 레드카펫에 설 준비가 부족해 보이는 순간들을 포착해 돈깨나 벌었다.

패션 업계는 케이트 모스가 대중화한 유사-보헤미안 방랑자 스타일에서 벗어났지만 여전히 칼리스타 플록하트Calista Flockhart, 제니퍼 애니스턴Jennifer Aniston, 제니퍼 러브 휴잇Jennifer Love Hewitt, 〈섹스 앤 더 시티Sex and the City〉 출연진과 같은 여성들의 극단적으로 마른 몸을 찬미했다. 런웨이 모델들이 2000년대에 위태로워 보일 정도로 말라가자 유럽의 몇 개 국가들은 특정 체중에 미달하는 모델 고용을 금지하는 법안을 통과시키기도 했다.[69] 하지만 그걸로 문제가 해결되진 않았다. 패션업계에서는 디지털 사진 역시 받아들이고 있었다. 포토숍 등의 편집 기술을 활용해서, 모델의 몸이 비현실적으로 앙상하게끔 보정하는 관행은 거의 보편적으로 퍼져나가서 훗날 미디어와 아름다움의 기준을 결정하기에 이른다.

모델은 아니었지만 (모델 외에도 많은 일을 했지만) 엄청난 '관심종자'였던 가녀린 체구의 상속녀 패리스 힐턴Paris Hilton은 2000년대 초반에 유행한 또 다른 계열의 섹시함인 '부틸리셔스하지 않은 쪽'의 전형이었다. 재벌인 힐턴가에 태어난 그는 백인이었고, 건방졌고, 골반뼈가 튀어나올 정도로 말랐으며, 높은 옥타브로 섹시하게 꾸민 목소리를 냈다. 그런지 패션이 유행하기 전 80년대의 복고를 연상시키는, 공격적일 만큼 전형적인 캘리포니아 출신 금발 미인이었다. 힐턴은 유명한 친구들과 교류했고, 전 남자친구가 미디어에 유출한 적나라한 섹스 동영상 그리고 직접 찍은 섹시 홈비디오(빠르게 미디어에서 열풍을 일으켜 날개 돋친 듯 팔렸다)로도 명성을 얻었다. 당시 흔했던 표현으로 그는 "유명한 걸로 유명했"다. 새로운 종류의 셀러브리티가 탄생한 것이다. 그가 로데오 가에서 쇼핑을 하고 바이퍼 룸에서 보틀 서비스를 즐기는 모습이 각종 타블로이드지에 실렸다. 2003년에는 리얼리티 쇼 〈심플 라이프The Simple Life〉에 출연해, '가짜 일상'을 앞세우는 자신의 개인 브랜드를 미국의 온 거실로 진출시켰다. 이 쇼에서 힐턴은 다른 연예인 2세 니콜 리치Nicole Richie와 함께 금수저 생활을 잠시 내려놓고 미국 시골의 가정집에서 살고 일하는 모험에 도전했다. 패리스 힐턴은 많은 면에서 우스꽝스러웠다. "댓츠 핫That's hot" 따위의 유행어를 만들어내기도 했다. 하지만 그가 많은 여성이 부러워하는 몸매를 가지고 많은 사람이 탐내는 삶을 살고 있던 것도 분명한 사실이었다. 케이트 모스가 빈곤과 중독을 미화했다면, 힐턴의 몸매는 손 하나 까딱하지 않고 누리는 막대한 부를 체화한 것과 같았다.

아이러니하게도, 현대 셀러브리티의 지형에서 가장 유명하고 문화적 영향력이 큰 엉덩이는 패리스 힐턴과 그의 친구들의 인기를 발판으로 등장했다. 킴 카다시안Kim Kardashian은 원래 패리스 힐턴이 거느리던, 브리트니 스피어스Britney Spears와 린지 로한Lindsay Lohan 등이 속한 부유하고 제멋대로인 시녀단의 덜 중요한 구성원이었다. 카다시안 본인도 힐턴에는 미치지 못할지언정 대단한 특권층 출신이었다. 그는 어린 시절을 비벌리힐즈 호텔과 같은 거리에 있는 대저택에서 자랐다.

진입로 앞에 벤틀리가 세워져 있었다. 열네 번째 생일은 네버랜드 랜치 저택에서 마이클 잭슨이 열어줬다.

카다시안의 아버지 로버트는 성공한 변호사이자 사업가로서, O. J. 심슨O. J. Simpson의 친한 친구이자 1995년에 열린 유명한 살인 재판(미식축구 선수 O. J. 심슨이 아내를 포함한 두 여성을 살인한 용의자로 지목되어 도주극을 벌인 끝에 체포되고, 경찰의 증거 조작 정황이 드러나 결국은 무죄 판결을 받은 사건-옮긴이)에서 호화 변호인단의 일원이었던 것으로 제일 잘 알려져 있다. 그는 아르메니아 사람으로서, 이민자에 관한 1925년의 대법원 판례상 법적으로 백인에 속했다. 그러나 미국 내외에서 오랜 차별을 받아온 아르메니아계 미국인들은 오늘날 대다수가 스스로 백인으로 정체화하지 않는다.[70] 커리어 내내 카다시안은 혼혈 정체성(어머니 크리스 제너Kris Jenner는 백인이다)을 내세워 백인인 동시에 비백인이라는 지위를 누렸다.[71] 백인의 특권은 누리되 필요할 때엔 전략적으로 짙은 색 머리카락, 올리브색 피부, 커다란 엉덩이, 사람들이 이국적이거나 여우 같다고들 하는 외모를 활용해 이는 아르메니아 혈통에서 얻은 것이라며 비백인의 입장을 취했다.

1990년대에 로버트 카다시안과 크리스 제너는 세 딸 킴, 커트니, 클로이와 아들 로버트 주니어를 두고 이혼했다. 크리스 제너는 이어서 올림픽 십종경기 금메달리스트 케이틀린 제너Caitlyn Jenner (크리스 제너와 결혼 당시 브루스 제너Bruce Jenner였던 그는 2015년에 성전환 수술을 받고 이름을 바꾸었으며 같은 해 크리스 제너와 이혼했다-옮긴이)와 결혼했는데, 그에게도 전 결혼들에서 낳은 네 아이가 있었다. 제너 부부는 아이를 두 명 더 낳았고, 아이들 전부를 로스앤젤레스 외곽의 부촌인 칼라바사스의 거대한 저택에서 다함께 키우기 시작했다.

킴 카다시안과 패리스 힐턴은 어릴 적부터 친구였다. 2000년대 초에 카다시안은 힐턴의 개인 스타일리스트로 일하기 시작했다. 힐턴에게 보랏빛 벨루어 스웨트 수트를 입히고 루이비통 가방을 손에 들려준 사람이 카다시안이었다. 하지만 카다시안은 힐턴의 직원이라기보다는 같은 여학생 클럽 멤버에 가까웠으므로 두 사람은 2000년대 초 대부분의 시간을 오스트레일리아 해변이나 로스앤젤레스 나이트클럽 바깥에서 타블로이드 사진사들 앞에서 포즈를 취하며 보냈다. 둘의 시각적 대조는 강렬했다. 막대기처럼 빼빼 마르고 탈색한 듯 밝은 금발을 지닌 슈퍼스타와, 굴곡 있는 몸매에 짙은 머리를 한 조수의 조합.

그러나 카다시안은 곧 혼자 힘으로 헤드라인에 오를 방법을 찾아냈다. 2007년 3월, (많은 사람이 영화 〈이브의 모든 것All About Eve〉처럼 성공하려는 야심에서 벌인 거라 추정하는 모종의 사건으로 인해) 포르노 제작사 비비드 엔터테인먼트를 통해 집에서 찍은 카다시안의 섹스 비디오가 유출되었다.[72] 상대는 R&B계의 스타 브랜디Brandy의 남동생인 가수 겸 배우 레이 제이Ray J로서, 41분짜리 비디오에서 카다시안은 전 남자친구인 그와 섹스하고 (〈페이지 식스*Page Six*〉의 표현에 의하면) "느긋하게 즐겼"다. 앞서 힐턴의 사례와 마찬가지로, 카다시안의 사적이고 에로틱한 행각은 타블로이드지에 끝없는 떡밥을 던져주었다. 표면상 '사고'에 의해 카다시안은 명성을 얻게 되었고, 카다시안 가족 거의 전체가 스포트라이트를 받게 되었다.

킴과 레이 제이의 섹스 테이프가 터지고 몇 달 뒤, 방송국 E!에서 방영된 리얼리티 쇼 〈카다시안 가족 따라잡기Keeping Up with the Kardashians〉의 첫 화 첫 장면에서 크리스 제너는 딸의 엉덩이가 크다고 놀린다.[73] "몸통에 쓰레기를 채우고 다니기라도 하니?" 간식을 꺼내려 냉장고로 향하는 킴에게 제너가 비난조로 말한다. "유산소 좀 하면 얼마나 좋아!" 역대급 인기를 끈 리얼리티 쇼의 막을 열기에 손색이 없는 장면이다. 첫 시즌에서 카다시안 가족은 킴의 섹스 테이프가 유출된 뒤 후폭풍을 견디는 모습을 보여준다. 어머니이자 매니저(크리스 제너는 두 단어를 합해 '마미저momager'라고 불리기를 선호했다)인 제너는 개인적으로는 섹스 테이프에 실망한다면서도, 그 안에서 커리어 기회를 보았다. 많은 고민 끝에 킴은 결국 물 들어올 때 노를 젓기로 결심하고 〈플레이보이〉에서 누드 화보를 찍기에 이른다.[74]

〈카다시안 가족 따라잡기〉는 빠르게 시즌 2 제작이 결정되었고 (총 20시즌까지 방영되었다) 동 시간대 프로그램 중

18~34세 여성 시청률 1위라는 광고주들이 탐내는 지위를 얻게 되었다.[75] 카다시안은 새로운 차원의 명성을 누리게 되었다. 2008년에 구글에서 가장 많이 검색된 인물 1위에 올랐고[76] 타블로이드지에 단골손님으로 등장했는데, 이때마다 엉덩이에 관한 언급은 빠지는 법이 없었다. 2008년 〈댄싱 위드 더 스타즈Dancing with the Stars〉에 카다시안의 합류가 결정되자 잡지 〈OK!〉에서는 독자들에게 댄스 강습이 몸매를 바꿔놓진 않을 거라며 안심시켰다. "걱정하지 마라. 킴은 굴곡을 지켜낼 계획이니까."[77] 〈코스모폴리탄〉에서는 그를 '사업가'로 칭하며 독자들에게 물었다. "엉덩이로 떼돈을 벌면 안 될 이유라도?"[78] 카다시안은 엉덩이에 뽕을 넣었다거나 보형물을 넣었다는 꾸준한 소문을 주기적으로 부인했다(결국은 〈카다시안 가족 따라잡기〉에서 엉덩이 엑스레이를 찍기까지 했다[79]). 카다시안을 다룬 미디어 기사들은 대체로 큰 엉덩이가 좋고 바람직하다고 말하는 듯했다.[80] 하지만 그만큼 확신이 없는 이들도 있었다. "왕궁뎅이, 별로야!" 2008년 〈US 위클리*US Weekly*〉에서는 적었다. 패리스 힐턴은 2008년 4월에 라스베이거스의 아침 라디오 방송에서 킴 같은 엉덩이는 갖고 싶지 않다고 밝혔다. 그가 보기엔 "코티지치즈를 잔뜩 채운 쓰레기봉투" 같다나.[81] 2009년에 카다시안은 〈뉴스 오브 더 월드*News of the World*〉와의 인터뷰에서 노출과 논란에 대해 입을 열었다.[82] 의도한 것인지 아닌지는 알 수 없지만, 그의 발언은 10년 전 제니퍼

로페즈의 말을 연상시켰다. "제 엉덩이에 끊임없이 관심을 보여주시더군요. 파파라치는 항상 '엉덩이 샷'을 찍으려고 하고요. 여자들이 와서 엉덩이를 만져 보기도 하고, 한번 꽉 쥐어봐도 되냐고 묻기도 해요. 가끔 생각하죠. '엉덩이는 누구한테나 있는데, 왜 내 엉덩이를 두고 이렇게 난리지?'"

타당한 질문이다. 이에 대한 답은 하나가 아니다. 카다시안의 몸에 관심이 쏟아진 건, 당시 문화의 전반적인 분위기 때문도 있다. 대중문화에서 여성들의 몸을 이리저리 트집 잡으며 수치를 준 지 수십 년, 조금 늦긴 했어도 신체 긍정에 관한 요구가 고개를 슬슬 내밀고 있었다. 더 현실적이고 건강한 몸을 그려내라는 압박은 다양한 형태로 나타났다. 영국과 미국의 잡지 업계 내에서 모델의 외모를 디지털로 보정하는 정도를 제한하자는 캠페인이 벌어졌고, 프랑스 국회에서는 "과도한 마름"[83]을 홍보하는 행위를 범죄로 규정하려 노력했다. 2006년에 모델이자 토크쇼 호스트인 타이라 뱅크스는 자기 몸에 대해 "타이라Thigh-ra('허벅지'와 이름을 합친 말장난-옮긴이) 뱅크스" "미국의 넥스트 톱 뚱보(타이라 뱅크스가 진행하던 프로그램 〈미국의 넥스트 톱 모델America's Next Top Model〉을 패러디한 것-옮긴이)" "타이라 돈가스" 등등 잔인한 말장난을 치는 헤드라인에 신물이 난 나머지 높은 시청률을 자랑하던 자신의 쇼에서 한 회를 통째로 할애해 비판에 대들었다.[84] "저나 저 같은 몸매를 가진 사람들을 못살게 구는 사람들에게, 저도 할 말이 있습니다. 당신들이 이름을 아는 여성들, 이름을 모르는 여성들, 괴롭힘을 당하는 여성들, 남편에게 형편없는 취급을 받는 여성들, 일하거나 학교를 다니는 여성들에게 못된 말을 하고 싶은가요? 당신들에게 딱 한 마디만 하죠. 내 뚱뚱한 엉덩이에 키스나 하세요." 다음 달 그는 〈피플〉 커버에 반항적인 헤드라인과 함께 등장했다. "이걸 보고 뚱뚱하다고?"[85]

카다시안 가족은 점점 커지고 있던 문화적 담론을 영민하게 헤쳐나갔다. 그들은 신체 긍정 운동에 급진적으로 참여하지 않았다. 리얼리티 쇼에서 그들은 외모를 유지하거나 가꾸는 것을 거의 쉴 틈 없이 강조한다. 하지만 그들은 빼빼 마르진 않았고, 시청자들이 공감할 수 있는 방식으로 체중과 몸에 대해 고민하는 모습을 보여주었다. 뭐, 적어도 대단히 부유하고 유명한 사람치곤 공감대를 얻었다는 소리다. 킴은 〈카다시안 가족 따라잡기〉에서 몸매를 바꾸고 싶다는 이야기를 자주 하면서, 단 게 좋고 운동하기 너무 싫다는 말도 많이 했다. 카다시안 자매들은 샐러드 먹는 모습을 자주 보여줬지만 (그들의 샐러드 소비가 대중적인 밈meme이 될 지경으로) 또한 코를 박고 먹어치우고 싶은 부엌 카운터 위의 쿠키 유리병도 눈에 잘 띄게 보여주었다. 2009년 〈코스모폴리탄〉에 실린 킴의 프로필에서는 그가 긴 하이킹을 마치고 숨이 차서 "디저트(딸기·바나나·휘핑크림이 올라간 크레페)를 퍼먹었다고" 묘사했다.[86] 기사에 의하면 이런 행동은 그의 매력을 가중시켰다. "남성들에게, 그는 당연히 섹시하다. 여성들에게, 그는 뼈만 남은 로봇 같은 유명인들을 대체할 산뜻하고 현실적인 인물이다."

킴 카다시안의 엉덩이에 다들 그토록 열광한 데엔 또 다른 이유가 있다. 그가 쉼 없이 자기 엉덩이 얘기를 하고, 엉덩이를 보여주고, 엉덩이로 돈을 벌었기 때문이다. 카다시안 가족 전체가 몸매를 홍보하는 가내수공업으로 일가를 이루었지만 그중에서도 킴은 독보적이었다. 2009년에 발매된 운동 동영상 시리즈 〈금요일까지 청바지가 맞도록Fit in Your Jeans by Friday〉의 2분짜리 트레일러에서 그는 엉덩이와 굴곡에 대해 족히 열 번은 언급한다.[87] (그는 자기 엉덩이가 수술이나 운동의 산물이 아니라 타고난 거라고 계속 주장하고 있지만, 그건 잠시 잊어보자.) 카다시안 가족은 리얼리티 쇼에서 끊임없이 엉덩이와 몸에 관해 이야기했고, 2010년에 킴이 처음 자기 향수를 출시했을 때 ("킴 카다시안"이라는 대단히 창의적인 이름을 붙였다) 광고 슬로건은 "육감적인 새로운 향기"였다.

2012년에 킴 카다시안은 인스타그램에 가입했고 즉시 수많은 팔로워를 거느리게 되었다. 팔로워는 점점 늘어서, 2021년에 킴은 비욘세와 제니퍼 로페즈를 제치고 세계 팔로워 순위 6위에 등극했다[88](다른 두 자매도 12위 안에 든다). 2010년에 론칭한 인스타그램은 리얼리티 쇼와 비슷한 '모조 현실'을 전시하는 공간으로서, 카다시안은 이곳에서 팬들과 직접 소통할 수 있었다. 〈카다시안 가족 따라잡기〉의 다섯 시즌을 통해 많은 사람이 친숙하게 느끼던 카다시안의 삶에 '유사 참여'할 기회가 열리자 그에 대한 친밀감은 더 높아졌다. 인스타그램은 카다시안이 자기의 유명한 신체 부위를 자랑하기에도 (그리고 그것으로 돈을 벌기에도) 이상적인 공간이었다. 인스타그램에 누드 사진을 올리는 건 커뮤니티 지침상 금지되어 있지만, 엉덩이의 경우는 2015년까지 지침이 모호했다.[89] 그때까지 사용자들은 누드 혹은 누드에 가까운 엉덩이 이미지를 비교적 자유롭게 올릴 권한이 있었는데, 이는 다시 말해 인스타그램에서 허용되는 가장 노골적인 성적 이미지가 엉덩이 사진이었다는 의미다.

카다시안은 완전히 벗은 엉덩이 사진을 올린 적은 없지만, 천 쪼가리에 가까운 비키니나 딱 붙는 원피스를 입고 몸매를 드러내는 사진은 즐겨 올렸다. 자세는 주로 카메라 앞에 엉덩이와 뒤태를 드러내고 어깨 너머로 돌아보는, 베누스 칼리피게를 연상시키는 시그니처 포즈였다. 이런 사진은 '좋아요'를 수만 개씩 받았고 (2012년 기준 엄청난 숫자였다) 인기 포스팅을 홍보하고 비슷한 내용의 이미지를 띄우도록 설계된 알고리즘에 따라 구독자의 피드에 더 자주 등장했다. 순환 고리가 형성된 것이다. 인스타그램에서 카다시안의 엉덩이가 인기를 얻자, 그 덕분에 카다시안의 엉덩이는 (그리고 다른 이들의 엉덩이들도) 더 인기를 얻게 되었다. 카다시안이 인스타그램을 자기 브랜드를 홍보하는 플랫폼으로 활용했기에 그의 엉덩이가 누린 인기는 카다시안과 인스타그램 양쪽을 돈방석에 앉혀주었다.

2010년대 중반에 이르자 카다시안 자매들은 입술 필러와 웨이스트 트레이너(허리를 조이는 운동용 코르셋의 일종-옮긴이)를 위시해 외모를 가꾸기 위한 극단적인 수단들을 점점 더 이용했다. 자기들이 유행시킨 육감적인 몸매를 유지하고 가꾸기 위해, 수술을 통해 신체 부위들을 강화한다는 의심도 자주 받았다(이에 대해 그들은 꾸준히 부인했다). 특정한 외모를 홍보한 다음 (가느다란 허리일 수도 있었고, 벌에게 쏘인 듯한 입술일 수도 있었다) 비슷한 효과를 내겠다고 약속하는 화장, 보디 케어, 보정 속옷 제품을 카다시안 브랜드에서 출시하는 게 그들의 단골 장사법이었다. 카다시안 가족은 유행을 정했고, 얼굴과 몸을 최고의 광고 표지로 삼아서 시장을 휩쓸었다.

킴 카다시안의 엉덩이에 대한 열광은 이후로도 몇 년 동안 지속되었고, 카다시안이 잡지 〈페이퍼〉 표지를 장식한 2014년 11월에 또 한 번 정점을 찍었다.[90] 표지와 내부 화보 사진을 담당한 사람은 프랑스 사진작가 장-폴 구드Jean-Paul Goude였다. 그는 1970년대에 자메이카 모델이자 음악가이자 배우였던 그레이스 존스Grace Jones와 협업했고, 흑인 여성의 신체를 대상화하고 고정관념을 강화했다며 주기적으로 비판받아온 인물이었다. 〈페이퍼〉와 온라인 기사에서는 카다시안과 그의 엉덩이를 담은 도발적 이미지가 인터넷을 뒤집어놓을 것이라 호언장담했다. 마침내 공개된 사진에서 카다시안은 옷을 입고 옆모습을 보여준다. 엉덩이 위에 샴페인 잔을 올려놓았는데, 머리 너머에서 샴페인이 무지개 같은 호를 그리며 잔을 채우고 있다. 다른 사진에서 카다시안은 누드로 카메라에 엉덩이를 드러내고 서 있다. 피부는 윤기가 흐르는 유약을 발랐고 여느 때처럼 어깨 너머로 고개를 돌리고 있다.

〈페이퍼〉는 목적한 바를 이루었다.[91] 잡지가 발매된 다음 날, 〈페이퍼〉 온라인 기사에 미국 웹 트래픽 전체의 1퍼센트가 몰렸다. 이미지는 엄청난 논란을 일으켰다. 특히 카다시안의 옆모습 사진은, 많은 논평가에게 1810년 세라 바트먼의 포스터와 그가 남긴 유산을 연상시켰다. 어떤 면에서는 기묘한 비교였다. 큰 엉덩이를 강조한 카다시안의 실루엣은 바트먼의 실루엣을 닮긴 했지만, 두 여성의 개인사와 그들이 처한 상황은 극명하게 달랐다. 바로 그런 거리감으로 인해 이미지는 매우 불편했다. 특권층인 비흑인 여성이 엉덩이를 이용해 흑인성을 연기함으로써 인터넷을 뒤집어놓았다(그리고 그로써 통장이 두둑해졌다).

킴이 문화적 전유가 의심되는 미학적 선택을 내린 건 이때 말고도 더 있다.[92] 정도가 더 심한 때도 있었다. 2018년과 2010년에는 풀라니족 고유 문화로 여겨지는 풀라니 브레이드 헤어스타일을 하면서 "보 데렉Bo Derek" 브레이드라고 칭했다(영화배우 보 데렉이 1979년에 영화에 이 머리모양을 하고 출연한 적이 있다-옮긴이). 2017년에는 피부색을 어둡게 하는 화장을 하고 나타나 블랙페이스라고 비판받았다. 2019년에는 자기가 출시한 보정속옷 라인에 기모노라는 이름을 붙였다가 (기모노가 일본 전통 의류라는 사실은 고려하지 않은 채) 반발이 일자 스킴스Skims로 바꾸었다. 도발적인 인종적 퍼포먼스는 카다시안 브랜드 마케팅의 일부인 것처럼 보였다. 카다시안은 자주 비판을 받았고 불쾌감을 주지 않기 위해 종종 자기 선택을 바꾸기도 했지만, 의미 있는 사과를 하거나 커리어에서 현실적인 심판을 받지는 않았다. 오히려 카다시안 가족은 흑인의 미학을 끊임없이 차용해 브랜드를 만들고 유지하는 전략을 암시적이면서도 명시적으로 합리화해왔다. 어떤 이들은 카다시안 자매가 흑인 여성들을 친구로 사귀고 흑인 남성들과 관계를 가지는 것이 (그리고 혼혈 아이를 낳는 것이) 비평가 앨리슨 P. 데이비스Allison P. Davis가 "전유를 감추는 문화적 은폐"라고 말한, 요긴한 전략이라고 주장하기까지 한다.[93]

어떻게 보면 "베이비 갓 백"이 발매되고 20년이 지나 서 믹스어랏의 꿈은 현실이 되었다. 큰 엉덩이는 그 어느 때보다도 지금 우리 눈에 잘 띄는 존재이며, 공공연한 욕망의 대상이 되었다. 그러나 킴 카다시안은 어떤 진보든 심한 제약이 따르기 마련이라는 사실을 입증했다. 엉덩이가 커야만 섹스 심벌이 될 수 있는 세상은 모든 몸이 수용되는 장소가 아니며, 흑인 여성들이 더 큰 힘과 인정을 누리거나 심지어 스스로 아름다움의 상징이 될 기회를 얻을 수 있는 장소도 확실히 아니다. 엉덩이가 크기로 세상에서 가장 유명한 여성은 백인이 아니지만 그렇다고 해서 흑인도 아닌 대단히 부유한 사람으로서, 모호한 인종 정체성을 이용해 이득을 누렸다. 이어지는 10년 동안 카다시안은 엉덩이를 내세워서 흑인 문화의 여러 요소를 꾸준히 뻔뻔하게 전유하면서 계속 큰돈을 벌었다. 그런 선택을 내린 건 카다시안 한 사람만이 아니었다.

7장

움직임의 시대

Motion

트워킹

유튜브에 트워킹하는 방법을 검색하면 결과로 수백만 개가 넘는 동영상이 나온다. 침실과 아파트 복도에서 핸드폰으로 찍은 아마추어의 영상도 있고, 댄스 스튜디오에서 백업 댄서까지 두고 제대로 촬영한 영상도 있다. 러시아와 동유럽 언어로 촬영된 것도 제법 있으며 직업 발레리나 세 명이 트워킹을 배우는 영상도 있다(강사는 "2번 포지션으로 시작하세요"라고 말한다). 이중 단연 최고의 튜토리얼은 예술가이자 '퀸 디바'로 스스로 정체화하며, 20년 이상 트워킹과 바운스(트워킹과 가장 관련 깊은 음악 형식이다) 세계의 핵심 인사였던 빅 프리디아Big Freedia의 영상이다. 초보자들에게 트워킹을 가르쳐주는 "뉴올리언스의 여왕처럼 바운스하는 법"[1] 영상에서 프리디아는 근사한 화장을 하고 긴 흑발을 늘어뜨린 채 우뚝 서 있다. 초록색 레깅스와 다채로운 줄무늬 셔츠 차림에 검은 운동화를 신었고, 뒤에는 검은 옷차림의 두 학생이 서서 바운스의 기본 움직임 "엑서사이즈exercise", "록 더 보트rock the boat", "믹싱mixing"을 배울 준비를 하고 있다. 프리디아는 초보자들에게 단순한 조언부터 건넨다. "엉덩이가 움직이지 않으면 제대로 하고 있지 않은 거예요!"

학생들이 기술 두 개를 처음 시도해본 다음(둘 다 발을 45도 각도로 하고 몸을 굽혀 엉덩이를 점점 빠르게 양쪽으로 흔드는 동작이다) 프리디아는 믹싱으로 넘어간다. 이 동작에 대해 그는 "믹싱볼처럼 엉덩이를 계속 원으로 돌리세요"라고 설명한다. 동작은 엉덩이에서, 몸 뒤쪽에서 이루어진다. 그러는 내내 발은 한자리에 고정되어 있다. 프리디아는 몸을 숙이고 손으로 벽을 짚거나 팔을 공중에 떨어뜨린 채 각 동작을 어떻게 하는지 직접 시범을 보인다. 누가 뭐래도 섹시한 몸짓이지만, 동영상에서는 유혹적이기보단 즐거워 보인다. 골반이 양쪽으로 흔들리고 엉덩이가 위아래로 움직이기 시작하자 학생들의 얼굴에 미소가 번진다.

게이 남성으로 정체화하며 어떤 대명사로 자기를 불러도

된다고 말하는 프리디아는 1990년대부터 바운스 음악에 맞춰 트워킹하고, 공연하고, 춤을 춰왔다.[2] 그는 "트워크숍(트워킹과 워크숍의 합성어-옮긴이)", TV 프로그램, "여왕처럼 바운스하는 법" 동영상 등을 통해 지난 10년 동안 트워킹을 대중화하는 데 힘써왔다. 빅 프리디아는 단순한 트워킹 전도사가 아니다. 그는 바운스의 역사와 트워킹의 뜻, 역사와 유래에 대한 정보를 퍼뜨리며 지난 10년 동안 퍼져나간 오해와 잘못된 해석을 바로잡으려는 교육자이기도 하다.[3] 프리디아의 작업을 보면, 지금 유행하는 대중적인 트워킹이 이 춤의 역사를 부인하고 있다는 걸 분명히 알 수 있다. 트워킹은 본디 저항, 즐거움, 섹스와 관련되어 있다. 하지만 지금은 그저 유행이나 노골적인 성적 표현, 단순한 움직임 정도로만 여겨지고 있다.

트워킹을 이해하려면 먼저 콩고 광장에 대해 알아야 한다. 뉴올리언스의 트레메 지역, 오는 이를 환대하듯 탁 트인 콩고 광장은 나무들로 경계진 넓은 공간으로서 자갈들이 동심원을 그리며 깔려 있고 군데군데 동상들이 세워져 있다. 세컨드 라인 퍼레이드(뉴올리언스에서 열리는 퍼레이드의 첫 번째 부분에서는 허가를 얻은 클럽 회원들과 브라스 밴드가 행진하고, 두 번째 부분에서는 음악과 춤을 즐기는 사람들이 따라간다. 세컨드 라인 퍼레이드는 이 두 번째 부분을 일컫는다-옮긴이), 마디 그라의 인디언, 춤추는 여성들을 묘사한 동상들은 아마도 미국의 문화적 역사에서 가장 중요할 3천 평의 땅을 기리는 것이다.

콩고 광장이 위치한 이 땅은 유럽인들이 도착하기 전에는 무스코지족 원주민들이 모여서 춤추고 노래하는 의식을 행하던 장소였다.[4] 18세기에 이르러 항구도시 뉴올리언스는 카리브해의 관문 역할을 했기에 대서양을 건너는 노예무역에서 지리적 요충지로 여겨졌다. 프랑스인들은 루이지애나를 식민지로 삼으면서 노예제도와 더불어 노예를 규제하는 55개 조항으로 이루어진 법 코드 누아르Code Noir[5]도 가지고 왔다. 로마가톨릭을 강제하고, 결혼과 자녀 소유권을 규제하고, 노예에게 가할 수 있는 벌을 성문화한 법이었다. 로마가톨릭 신앙을 강제하는 조항 때문에, 노예 소유주들은 노예들에게 반드시 일요일 하루를 휴일로 주어야 했다. 자연히 콩고 광장은 일요일마다 흑인·카리브·원주민이 모여 문화적 형식을 창조하고, 기념하고, 뒤섞는 중심지가 되었다. 세계에서 드럼 키트가 처음 조립된 장소가 바로 콩고 광장이었다. 아프리카 디아스포라의 음악과 춤이 번영과 발전을 거듭한 끝에 재즈, 세컨드 라인, 마침내 트워킹에 이르기까지 새롭고 고유한 형태로 진화한 장소이기도 했다. 트럼펫 연주자 윈튼 마살리스Wynton Marsalis의 선언에 따르면 콩고 광장은 미국 음악의 모든 줄기가 직접 내려오는 곳이었다.[6]

18세기에 콩고 광장은 축제 분위기였고, 활기찼으며, 시끄러웠다. 댄서들은 깃털·종·조개껍데기·동물 가죽을 두르고 마림바·플루트·밴조·바이올린 음악에 맞추어 움직였다. 여자들은 관객을 등지고 엉덩이를 양옆으로 움직였는데, 이는 코트디부아르에서 무언가를 기념할 때 추는 축제 춤이었다. 이는 입말로는 "라 당스 뒤 페시에la danse du fessier", 즉 뒤로 추는 춤이라고 불리는 마푸카mapouka에서 영감을 얻었을 가능성이 크다. 이 춤은 영적인 수행 중 일부로서 신을 만나고 찬양하는 방법이기도 했다.[7] 콩고 광장에서는 밴조와 드럼에 맞추어 가히 업적이라 할 만한 지구력을 보여주는 정신없는 춤 밤불라bamboula도 추었다.[8] 춤과 무술의 결합으로서 장대를 우아하게 활용하는 칼린다calinda, 많은 동시대 무용 형태에 영감을 준 '콜 앤드 리스폰스(보컬과 악기 등이 서로 호응하며 주고받는 형식–옮긴이)' 형식이 혼합된 춤 콩고the Congo도 볼 수 있었다.

예상대로 뉴올리언스를 지배하던 백인들은 곧 이런 모임에서 우려를 느꼈다. 콩고 광장은 식민주의가 억압하려던 문화 정체성을 지속할 뿐만 아니라 공동체와 유대감의 힘을 키워주었다.[9] 노예들이 모여서 춤을 출 수 있다면, 모여서 반란을 일으킬 수도 있을 터였다. 어쩌면 뉴올리언스 밖으로 진출할 수도 있을 것이다. 실제로 이런 유형의 춤과 의식은 콩고 광장뿐 아니라 여러 식민지에서 유순함과 얌전함이라는 유럽식 개념에 반발하여 일어나던 예술적 저항의 일부였다.[10]

학자 엘리자베스 페레스Elizabeth Pérez에 의하면 "당대의 권위자들은 오늘날 많은 학자가 주장하는 것을 직감했다. 즉, 몸이 기억한다는 것을." 아프리카 정체성과 관능성을 표면에 두른 엉덩이 중심의 춤은 노예주와 그들이 대표하는 문화에 대한 저항이었다. 세기가 바뀌어도 엉덩이를 중심으로 하는 춤에서는 똑같은 저항을 느낄 수 있다.

1817년, 뉴올리언스시 정부(아메리카 합중국, 즉 미국의 일부로 편입된 뒤였다)에서는 노예들의 모임을 일요일 오후 콩고 광장에서만 허락한다는 새로운 규제를 시행했다.[11] 그 뒤로 미국의 노예법이 갈수록 엄격해지고 가혹해지면서 콩고 광장에서의 모임은 차츰 줄어들다가 결국은 사라지게 되었다. 그러다가 한 세기가 지난 뒤, 1910년대, 1920년대를 거치며 사람들은 점진적으로 다시 광장에 모여들었다.

20세기 초에 마디 그라mardi gras(사순절이 시작되기 전날인 참회 화요일-옮긴이)는 뉴올리언스에서 한 해의 가장 중요한 날이었다. 이날이 되면 사람들은 특별한 의상을 입고 흥청거리면서 온 도시를 돌아다녔고 시끌벅적한 행진에도 참여했다. 루이지애나 제이비어 대학에서 교육을 가르치는 교수 킴 마리 바즈Kim Marie Vaz에 의하면, 의상을 입거나 가면을 쓰는 전통은 뉴올리언스의 흑인들에게 사회 질서를 위반하고, 집단 정체성을 형성하고, 계속된 핍박과 소외와 벗어날 수 없는 극심한 빈곤에 맞서 인간성을 주장하는 하나의 방법이었다.[12]

하지만 의상을 입고 퍼레이드에 참여하는 사람은 대부분 남성이었다. 가장 눈에 띄는 건 깃털 머리 장식과 다른 원주민 의복을 입은 뉴올리언스의 흑인 인디언들이었다. 여성들, 특히 매음굴과 무도장에서 일하던 사람들은 젠더와 직업을 이유로 가면을 쓰는 위장에서 배제되었다. 그러나 1910년대에 이르러 그들은 누가 뭐라 하든 짧은 드레스, 프릴 달린 반바지, 보넷, 블루머를 착용하고 파라솔을 들고 세컨드 라인 퍼레이드에 합류하기로 결정했다. 소외되는 게 지긋지긋했던 것이다. 스스로 베이비 돌즈Baby Dolls라고 부른 이들은 유치하면서도 섹시하게 분장했는데, 당시 파리에서 공연하고 있던 조세핀 베이커가 여기서 영감을 얻었다는 설도 있다.[13] 베이비 돌즈는 당시 허용되던 것보다 훨씬 짧은 드레스 차림으로 퍼레이드에서 시미shimmy, 셰이크shake, 버킹bucking처럼 인기 있고 도발적인 춤을 추었다. 전부 엉덩이를 중심으로 하는 춤이었다. 베이비 돌즈로 활동했던 한 여성의 증손녀인 멀린 킴블Merline Kimble[14]은 훗날 파격적인 의상 선택과 "춤을 추겠다는" 고집이 "당시 여성들이 감내해야 했던 것들"에 대한 저항[15]이었다는 점을 들어 베이비 돌즈의 춤이 **사회 운동**이었다고 주장했다.

트워킹이 진화한 역사의 또 다른 줄기는 제2차 세계대전 종전 후 자메이카에서 유래한다.[16] 이때 레게 음악은 빠르게 진화를 거듭하여 덥dub 같은 새로운 형식을 낳았고, 덥은 이

웃고 댄스홀dancehall('무도장'이라는 뜻—옮긴이)을 낳았다. 이런 장르들은 킹스턴 무도장의 DJ들이 조립한 엄청난 음향 시스템을 활용했다. 무도장은 도시의 근사한 나이트클럽에서 박대당하는 가난한 노동계급 자메이카인들이 찾아와서 자유롭게 춤출 수 있는 비공식적 공간이었다. 레게, 덥, 일렉트로닉을 조합한 음악 장르인 댄스홀 역시 자메이카인으로서의 삶을 반영했다. 가사는 지역 사투리로 쓰이는 게 흔했고, 부당함의 문제를 다루었다. 댄스홀 음악과 여기서 영감을 얻은 엉덩이 중심의 댄스 동작들은 60년대와 70년대에 자메이카인 이민자들의 물결과 함께 미국으로 건너와, 힙합을 탄생시킨 중요한 재료가 되었다. 1980년대에 이르자 힙합은 이미 미국 전역으로 퍼져 있었으며 뉴올리언스도 예외가 아니었다. 도시의 문화적 역사에서 깊은 영향을 받고 있던 뉴올리언스 지역의 음악가와 댄서들은 묵직한 베이스와 빠른 비트를 특징으로 높은 에너지를 담은 힙합 기반의 콜 앤드 리스폰스 음악인 바운스를 만들어냈다.[17]

모르긴 해도 입말로는 한참 전부터 쓰였겠지만, 트워크twerk가 공적인 언어에서 동사로 사용된 첫 번째 사례는 바운스 장르 최초의 히트곡 "두 더 주빌리 올Do the Jubilee All"의 가사에서 찾아볼 수 있다.[18] 1993년에 뉴올리언스 래퍼 DJ 주빌리DJ Jubilee가 내놓은 이 노래의 홈메이드 느낌이 나는 뮤직비디오는, 일상에서 만날 수 있는 커플들이 마칭 밴드 옆에서 트워킹하는 모습을 담았다. DJ 주빌리가 흔들리는 엉덩이를 긍정하듯 가리키는 순간들이 있긴 하지만, 서 믹스어랏이나 투 라이브 크루가 엉덩이를 내세워 찍은 뮤직비디오의 수위만큼 엉덩이를 성애화하지는 않는다. 뮤직비디오에서는 뉴올리언스의 상징과 같은 철제 발코니, 축구장에 선 튜바 연주자, 흰색 티셔츠와 카키색 반바지의 시그니처 스타일을 자랑하는 주빌리를 담아낸다. 트워킹 동영상의 시초인 이 뮤직비디오에서 댄스 동작은 섹스보다는 이 댄스가 유래한 도시를 의미하는 것처럼 보인다.

"두 더 주빌리 올" 이후 트워킹은 잉 양 트윈스Ying Yang Twins의 "휘슬 휘슬 와일 유 트워크Whistle While You Twurk"와 데스티니스 차일드의 "점핑 점핑Jumpin', Jumpin'" 같은 주류 팝의 히트곡 가사에 불쑥불쑥 등장하기 시작했다.[19] 그렇지만 트워킹은 아직 뉴올리언스에 국한된 현상으로서, 도시 내의 많은 하위문화와 공동체를 통해 빠르게 진화하고 확장해나갔다.[20] 케이티 레드Katey Red라는 이름의 드래그 퀸이 1998년에 지역 클럽에서 바운스 공연을 펼친 뒤 특히 퀴어 공동체에서 트워킹을 전면적으로 받아들이게 되었다.[21] 2000년대 초에 케이티 레드와 빅 프리디아는 퀴어와 관련된 주제를 공개적으로 다루는 선정적이고 스타일리시한 가사로 뉴올리언스 음악 신에서 이름을 알리게 되었다. 그들은 공연에서 트워킹을 열정적으로 활용하는 것으로도 유명했으며 시시 바운스sissy bounce ('sissy'는 여성스러운 남성이나 게이를 일컫는 멸칭이다-옮긴이)라는 바운스의 하위 장르를 낳기에 이르렀다. "많은 사람이 바운스가 그냥 게토에서 유래한 엉덩이 흔드는 춤이라고 생각해요. 하지만 바운스는 원하는 만큼 얕아질 수도, 깊어질 수도 있어요. 사타구니에는 범상치 않은 힘이 있거든요. 여길 재빠르게 움직이는 데에는 성적인 것 이상의 의미가 있죠. 이 움직임은 아주 개인적이면서 변혁적이기도 해요. 폭력과 빈곤과 호모포비아 같은 압박에 끊임없이 시달리며 살아온 우리 '시시'들에게, 바운스는 고통을 즐거움으로 바꾸는 우리만의 방법이에요."[22] 빅 프리디아가 말한다.

바운스가 주요 음악 장르로 부상한 건 2005년에 이르러서다. 그해에는 허리케인 카트리나가 상륙해서 인정사정없이 참혹한 여파를 남기고 떠났다. 1,800명 이상이 사망했고, 도시의 80퍼센트가 물에 잠겼으며, 120만 명이 이재민이 되었다. 그 결과 뉴올리언스 시민들이 도시를 떠나 이동하면서 뉴올리언스의 하위문화가 미국의 다른 지역들에 소개되었다.[23] 케이티 레드와 빅 프리디아를 비롯한 바운스 공연자들은 곧 휴스턴, 내시빌, 애틀랜타의 클럽에서 공연하게 되었다. 새로운 관객들이 처음으로 바운스와 트워킹에 노출되었고, 유튜브 같은 동영상 공유 사이트가 생기면서 바운스와 트워킹은 더 널리 알려지게 되었다. 유튜브에서 상당한 인기를 얻은 애틀랜타 출신 댄서 그룹 트워크 팀Twerk Team은 유색인종 여성

들에게 침실이나 거실에서 즐겁게 트워킹하는 동영상을 올리라고 격려했다.[24]

트워킹은 그렇게 미국 전국에 알려졌지만, 인기의 정점을 찍는 날은 아직 오지 않았다. 그날은 10년 가까이 더 흘러, 프랑스인들이 뉴올리언스에 처음 노예를 데려오고 거의 3세기가 지난 뒤, 온 세상에 자기가 더는 어린애가 아니라는 걸 증명하려 했던 젊은 백인 여성으로부터 시작된다. 그가 불을 댕겨 대중문화에 한바탕 광란이 일어난 시기, 그게 바로 트워킹의 시대가 시작된 때다.

마일리의 몸짓

데스티니 호프 사이러스Destiny Hope Cyrus는 1992년 테네시 주 프랭클린에서 태어났다. 초라한 것까진 아니더라도 평범한 가정에서 자랐다는 그의 주장과 달리, 그는 태어났을 때부터 내쉬빌에서 제법 유명 인사였고 충분한 돈과 기회를 누리며 살았다. (아버지가 빌보드 크로스오버 히트곡 "에이키 브레이키 하트Achy Breaky Heart"을 출시한 성공한 컨트리 가수였기 때문이다.) 전해오는 얘기로는 어릴 적 데스티니 호프는 하도 미소를 잘 지어서 부모님에게 '스마일리'라고 불렸다고 한다. 나중에 그

별명은 짧아져 '마일리'가 되었고, 아이는 그 이름으로 불리게 되었다.

성장기의 마일리 사이러스는 모범적인 미국 소녀였다. 적어도 공적인 이미지는 그랬다. 세례를 받았고 일요일엔 교회에 갔다. 순결 반지를 꼈다. 대모는 가수이자 영화배우 돌리 파튼Dolly Parton이었다. 열두 살 때, 마일리는 TV에서 모범적인 미국 소녀를 연기하는 일을 시작했다.

2006년에 디즈니 채널에서 방영된 〈해나 몬태나Hannah Montana〉는 낮에는 "전형적인" 중학교 여학생인 마일리 스튜어트가 밤과 주말에는 유명한 팝 가수 해나 몬태나로 변신하는 이야기였다.[25] 금발 가발을 쓰기만 하면 가족도 친구도 못 알아볼 만큼 딴사람이 된다는 유치한 설정이었지만, 내용은 일반적인 성장통을 (짝사랑, 숙제, 정체성, 십대 초반으로 살아가며 매일 마주하는 당혹스러운 순간들을) 다루어서 시청자들의 공감을 살 수 있었다. 이 드라마에는 가상과 현실이 복잡하게 엮여 있었다. 현실의 마일리 사이러스와 TV의 마일리 스튜어트는 둘 다 기독교 신자였고, 엉뚱했고, 건전했으며, 미국 부모들이 보기에 위험한 구석이 하나도 없었다. 마일리 사이러스와 마일리 스튜어트 둘 다 컨트리 뮤직 가수인 아버지 덕분에 작곡과 커리어 관리에 도움을 받았는데, 극중 아버지 역할을 맡은 건 마일리 사이러스의 실제 아버지인 빌리 레이 사이러스로서 극 중에서는 로비 레이 스튜어트라는 이름으로 불린다. '해나로 변신한 마일리를 연기하는 마일리'가 드라마에서 공연한 노래들은 현실에서도 히트를 쳤고, 현실에서 앨범이 발매되자 '해나로 변신한 마일리를 연기하는 마일리'는 2007년에 홍보 투어에 나섰다. 2009년에 디즈니에서는 〈해나 몬태나: 더무비〉를 개봉했다. 브랜딩 차원에서 가히 천재적인 전략이었다. 한 사람에게 돈을 주고 두 캐릭터를 돌리면서 어린 팬들이 다양한 플랫폼에서 시간과 돈을 쓰게 만드는, 완벽에 가까운 공생 관계가 탄생했다. 물론 문제는 마일리 사이러스와 마일리 스튜어트 둘 중 한 사람은 실존 인물이라는 것, 그가 모든 디즈니 십대 스타들의 전철을 밟게 된다는 것이었다. 즉, 그는 결국 성장하길 원하게 된다.

2011년에 방영된 〈해나 몬타나〉 마지막 시즌에서 마일리는 해나로서 영화를 찍는 대신 제일 친한 친구와 대학에 가기로 한다. 그때 마일리 사이러스는 실제로 열여덟 살이었고, 자기 이름으로 "파티 인 더 유에스에이Party in the USA"라는 싱글을 발매해서 대박을 낸 상태였다. 그러나 그가 다음으로 무얼 할 수 있을지, 무얼 하는 게 좋을지는 아직 알 수 없었다. 앨범을 더 냈지만 잘 팔리지 않았다. 적어도 사이러스의 기준에는 미달이었다. 출연했던 영화는 연달아 혹평받았고 그중 일부는 상업적으로 처참히 실패했다(상대역 리암 헴스워스Liam Hemsworth와 열애설이 타블로이드지에서 보도되는 와중에 개봉한 니콜라스 스파크스Nicholas Sparks 원작의 영화 〈라스트 송The Last Song〉만은 주목할 만한 예외였다). 2010년, 사이러스가 물담배로 샐비어를 피우는 모습이 카메라에 포착되었다. 여느 십대와 같은 행동이었지만, 사이러스의 티끌 하나 없는 이미지는 확실히 손상을 입었다. 해나 몬태나라는 페르소나에서 성공적으로 벗어나 다른 유형의 스타로서 자리를 잡으려면, 사이러스에겐 과감한 행동이 필요해 보였다. 그것도, 빠르게. 일이 복잡해지는 건 여기서부터다.

2013년에 발표된 앨범 〈뱅어즈Bangerz〉의 첫 공개를 다룬 MTV 다큐멘터리에서, 사이러스는 자기 인생에서 그해에 일어난 일을 단순한 "이행"이 아니라 "움직임"으로 묘사한다. 이 단어에 어찌나 꽂혀 있었던지 그는 다큐멘터리의 제목마저 〈마일리: 움직임Miley: The Movement〉으로 정했다. 이 단어는 하나의 상태(유년)에서 다른 상태(성인기)로의 변화를 의미하는 한편, 같은 변화를 겪게 될 수많은 팬에게 지도자이자 멘토 역할을 하려는 시도로 보이기도 한다. 새 앨범에 사이러스는 디즈니 공장 대신 퍼렐Pharrell과 마이크 윌리Mike Willy처럼 존경받는 프로듀서들과 협업하여 더 성숙한 주제의 곡들을 넣었다.

새 앨범의 홍보, 뮤직비디오, 가사, 전체적인 미학 그 모든 것에서 전보다 성숙한 '마일리 사이러스' 브랜드는 **도시적**으로 느껴질 뿐 아니라 흑인 문화 형식과 소리를 차용한다는 점이 분명히 느껴진다.[26] 과거 해나 몬태나로 활동하던 시절의

판에 박힌 가사("인생은 원하는 대로 사는 거야, 그러니까 재밌게 살자")는 힙합의 어법을 연상시키는 반항적인 선언으로 바뀌었다("싫으면 싫다고 말하지 그랬어, 왜 그렇게 화가 났는지 들어나 보자"). 옷차림도 청바지와 반짝이 탱크톱에서 금으로 된 치아 그릴과 헐벗은 거나 다름없는 의상으로 바뀌었다. 사이러스는 티끌 없이 맑고 깨끗했던 순수한 과거와 단호하게 선을 긋고, 고삐 풀린 반항과 비백인 문화로의 진출을 특징으로 하는 현재로 옮겨간 것 같았다. 이런 급진적인 변화는 2013년 MTV 뮤직비디오 어워드에서 만인 앞에 분명하게 전시되었다. 여기서 사이러스는 2010년대에 가장 뜨거운 논쟁을 일으킨 라이브 공연을 펼쳤다.[27]

브루클린의 바클레이즈 센터 무대에 거대한 테디베어가 앉아 있었다.[28] 몇 층 높이는 될 만큼 커다란 테디베어는 갈색이었고, 섬광이 번뜩이는 얼굴은 엔터프라이즈 우주선 엔지니어들이 디자인한 듯했다. 테디베어의 상체가 열리면서 사이러스가 걸어나왔다. 또 다른 테디베어의 얼굴이 선명하게 새겨진 은색 레오타드 차림이었다(가슴은 테디베어의 마젠타색 귀로 덮은 채). 바싹 깎은 머리 위로 밝은 금발 양갈래가 솟아 있었다. 그는 상체가 열린 테디베어 옆을 붙들고 혀를 내밀었다.

우주 느낌을 내도록 조작된 남성의 목소리가 구호를 외치듯 읊기 시작한다. "트워크, 트워크, 트워크, 트워크 해." 소리에 맞추어 사이러스는 테디베어에서 내려온다. 분홍색 테디베어 의상을 입은 댄서들이 긴 줄을 이어 무대를 채우더니 사이러스가 새로 발매한 싱글 "위 캔트 스톱We Can't Stop"의 첫 소절을 내뱉는 동안 사이러스를 둘러싸고 춤추기 시작했다. 그의 몸도 음악에 맞추어 부드럽게 움직였다. 그러다가 흑인 여성 넷이(공연 중 패션모델처럼 날씬하지 않은 여성이나 흑인 여성은 이들뿐이었다) 딱 달라붙는 쫄바지를 입고 커다란 테디베어를 등에 업고 무대에 올랐다. 그들은 엉덩이를 흔들기 시작했다. 등에 업힌 큼직한 인형도 리듬에 맞춰 흔들렸다.

사이러스 본인은 비쩍 마르고 유연했으며 엉덩이와 가슴은 둘 다 작았다. 그렇지만 그도 결연히 엉덩이를 흔들었다(나중에 주장한 바에 의하면 그는 그때 트워킹을 하고 있었다). 이 공연 전체의 요점이 무엇인지 확실히 강조하려는 듯, 사이러스는 "원하는 건 뭐든 할 거야"라는 가사에 맞추어 테디베어를 업은 흑인 댄서의 커다란 엉덩이를 탐욕스럽게 그러쥐었다.

그 직후에 "위 캔트 스톱"은 그해 여름 초대형 히트곡이었던 로빈 티크Robin Thicke의 "블러드 라인즈Blurred Lines" 도입부 코드로 변했다(패럴이 프로듀싱한 이 곡은 강간 문화를 지지하는 듯 보인다는 점과, 마빈 게이Marvin Gaye의 "갓 투 기브 잇 업Got to Give It Up"의 요소를 허락받지 않고 사용했다는 점으로 인해 곧 논란에 휩쓸렸다[29]). 사이러스가 테디베어가 그려진 은색 레오타드를 찢어던지고 피부색 라텍스 비키니 차림으로 날뛰기 시작하는 동안, 심판을 연상시키는 줄무늬 수트를 입은 티크 본인이 등장했다. 사이러스는 거의 나체로 보였지만 소품은 하나 있었다. 풋볼 경기에서 "우리가 일등이다!"라는 의미로 드는 흰색 스티로폼 손가락이었다.

이어지는 3분 동안 사이러스는 운동선수처럼, 또한 도발적으로 춤췄다. 몸을 숙이고 엉덩이를 흔들고 (트워킹 전문가보다는 씻은 뒤 물기를 터는 동물에 더 가까운 동작으로) 활개를 치며 무대를 돌아다니다가 스티로폼 손가락을 가랑이에 대고 반복해서 문질렀다. 전체적으로 기묘한 장관이었다. 사이러스는 즉석에서 댄스 동작 여러 개를 만들어내는 사람처럼 불편해 보였다. 그는 엉뚱하고 꼴사납게 메시지를 전하려 애쓰고 있었다. **나는 더 이상 어린애가 아니야, 더 이상 해나 몬태나가 아니야.** 하지만 본인도 그 메시지를 100퍼센트 확신하지 못하는 것처럼 보였다.

그날 저녁은 아마 가정에서 TV을 보는 시청자들이 (특히 백인 시청자들이) '트워크'라는 단어를 듣거나 그 동작을 본 최초의 순간이었을 것이다. 하지만 사이러스의 공연은 트워킹의 풍요로운 역사나 기술적으로 필요한 힘에 대해서는 거의 보여주지 않았다. 사이러스의 댄스는 트워킹의 무력한 해석본이었으며, 그의 뒤에서 트워킹을 춘 댄서들은 테디베어를 업고 있었던 탓에 기량을 완전히 뽐낼 수 없었다.

사이러스는 훗날 이 공연을 **웃기려는 의도**로 준비했다고 말했지만[30], 시상식이 끝나고 몇 주 동안 미디어에서는 경악한 논평과 엄청난 분노가 쏟아졌다.[31] 〈로스앤젤레스 타임스〉에서는 사이러스가 택한 새로운 길에 대한 반응이 "역겨움과 슬픔" 사이 어딘가에 있다고 보도했고, 가수 켈리 클라크슨Kelly Clarkson은 공연에 대한 반응으로 트위터에 적었다. "두 마디만 할게요… #음치스트리퍼." 〈더 뷰*The View*〉의 공동 호스트 셰리 셰퍼드Sherri Shepherd는 사이러스가 "흔들리는 바구니를 타고 지옥에 내려갈 것"이라고 말했으며 〈모닝 조*Morning Joe*〉의 공동 앵커 미카 브레진스키Mika Brzezinski는 그 모든 걸 두고 "정말, 정말 불편하다"라고 평했다. 스티로폼 손가락을 발명한 사람이 나와서 분노와 수치심을 느꼈다고 밝혔고, 부모 TV 협회Parents Television Council의 협회장은 성명서를 냈다. "MTV가 다시 한번 기존 아역 스타와 콘돔 광고를 이용해 어린아이들에게 성적인 함의가 담긴 메시지를 팔아먹는 데 성공했다. 이 프로그램은 부적절하게 14세 시청가를 받았다. 수용할 수 없는 짓이다."

연이은 비평이 쏟아지는 가운데 가장 적합한 단어를 찾아낸 건 아마 〈해나 몬태나〉에서 세상을 떠난, 주인공의 어머니를 연기했던 브룩 실즈Brooke Shields였을 것이다. 그는 '절박하다desperate'라고 말했다.[32] 사이러스는 '이제 나는 어른'이라며 애쓰고 있었지만, 진짜 어른답게 행동하기는커녕 절박하게 어른 시늉을 하는 것처럼 보였다. 이 공연이 십대 초반 소녀들에게 해롭다면, 그건 이 공연이 섹슈얼리티를 기묘하고 난감하게 그려냈으며 그것을 따라 하려는 시도는 반드시 굴욕을 낳기 때문일 테다.

미디어의 반응은 확실히 사이러스가 의도한 그대로였다. 단 몇 분 만에 사이러스는 해나 몬태나라는 또 다른 자아와 영영 작별하고 누구의 눈치도 보지 않는 성적 존재로 거듭났다. "움직임"의 핵심을 차지하는 부분은 그의 엉덩이 그리고 그가 함께 춤추도록 고용한 여성들의 엉덩이였다. 사이러스는 훗날 투어에서 허리에 커다란 인공 엉덩이를 매달고 이를 안무로 활용함으로써 이 점을 다시금 확실히 강조했다. 조잡하게 만들어진 뽕을 착용하자, 원래 앙증맞았던 사이러스의 엉덩이가 거대하고 익살스럽게 은색 끈팬티 너머로 튀어나왔다. 그 엉덩이는 탈착이 가능했는데, 이는 사이러스가 자신의 백인성과 특권을 확인하는 또 다른 방식이기도 했다. 19세기에 버슬을 착용한 여성들과 똑같이, 사이러스는 언제든지 흑인성과 결합하거나 결합하지 않기로 선택할 권리를 쥐고 있었다. 흑인성을 **연기**하기 위해 소품을 사용했고, 자기 목적을 위해 흑인성을 조작할 수 있었다. 사이러스는 빈곤한 노동계급 흑인 공동체에서 오랫동안 인기 있었던 댄스 형식을 차용하고 착취했으며 동시에 섹슈얼한 흑인 여성이라는 고정관념의 장단에 맞춘 몸짓을 선보였다. 단지 온 세상 앞에서 이제 나는 더 이상 어린애가 아니라고 선언하기 위해.

MTV 뮤직비디오 어워드 이후 몇 주 동안 자신에게 쏟아진 비난에 사이러스는 똑같은 태도로 대응했다. **난 젊고, 즐기고 있을 뿐이야. 진지하게 굴지 말아줄래?** 사이러스는 자신이 공인이자 롤모델로서 책임이 있다는 믿음을 저버리는 태도를 보이면서 팬들에게는 여전히 "움직임"의 일부가 되라고 장려하고 있었다. 다큐멘터리에서 그는 〈뱅어즈〉 시대 자신의 행동을 합리화한다.[33] "나는 미국에 살아요. 자유로운 사람들의 땅이죠. 자기를 표현할 수 없으면, 별로 자유롭지 않은 거라고 느껴요." 이 말을 무슨 뜻으로 한 건지는 명확하지 않지만, 사이러스가 '자기를 표현할 수 있다'고 말한 것이 뜻하는 바는 누가 봐도 뻔하다. 그는 세계에서 가장 큰 무대의 하나에 올라, 원하는 걸 뭐든 했다("위 캔트 스톱"의 가사처럼). 비판은 감내해야 했으나, 논란을 일으킨 건 그가 원래 희망한 바였던 것으로 보인다. 몇 년 뒤인 2017년에 잡지 〈빌보드〉에 실린 프로필에서 그는 또 다른 대답을 내놓았다. "흑인 댄서들과 춤췄다고 논란이 됐다는 것 자체가 이해 불가능이에요. (…) 내가 흑인 문화를 이용하고 있다고 하던데요. 그건 사실이 아니에요. 내가 좋아하는 댄서들이었다고요!"[34] 그의 말을 풀이하면, 그는 실제로 흑인 댄서들을 좋아했기 때문에 결코 인종차별을 한 게 아니라는 것이다.

사이러스의 트워킹 참사 직후, 〈보그〉와 〈뉴욕 타임스〉 등 가장 주류이면서 백인성 짙은 매체들은 엉덩이 사업에 본격 뛰어들어 "뒤에서부터 시작하기: 엉덩이에 대한 문화적 집착을 전문가들이 파헤쳐보다", "엉덩이를 위해" 같은 기사들을 실었다.[35] 두 기사 모두 미국 문화 전반에서 엉덩이에 대해 새로운 흥미가 싹트고 있다며 그 개요와 이유를 설명하고자 했다. 엉덩이는 미국 문화에 전격 침투했고, 확실한 가시성을 얻었으며, 문화나 경제에 국한된 현상을 넘어 백인들의 흥미를 끌었다. 많은 유색인종 저자가 주목했듯, 이런 보도의 문제는 엉덩이가 단지 〈보그〉에 단골로 등장하지 않았을 뿐 이미 오래전부터 백인이 아닌 사람들에게 흥미의 대상이었다. 앨리슨 P. 데이비스 같은 작가들이 지적했듯 엉덩이를 "발견"했다는 건 콜럼버스가 미국을 "발견"한 것과 별로 다르지 않다.[36] 엉덩이는 언제나 존재했다. 백인들이 오랫동안 주목하지 않았을 뿐.

엉덩이의 해

제대로 분란을 일으킨 사이러스의 공연과 뒤이은 다양한 사건들이 펼쳐지는 동안 시간은 흘러, 바야흐로 2014년이 되었다. 많은 대중문화 매체에서는 엉덩이가 대세로 떠오른 2014년을 "엉덩이의 해"로 명명했다. 그해, 갑자기 모든 분야에서 엉덩이에 대한 흥미가 폭발했다. 잡지(지금은 전설이 된 카다시안의 〈페이퍼〉 표지도 포함해), 인스타그램, 빌보드 차트, 미국 내 성형외과의 사무실과 수술실 모두 엉덩이 타령이었다. 브라질 엉덩이 리프트Brazilian Butt Lift, BBL라는 미용 성형수술 회수가 급작스럽게 치솟기 시작했다.

미국 성형외과학회는 과거부터 최근까지의 주요 성형수술 절차에 관한 거의 모든 자료를 공개한다. 엉덩이 확대 수술은 내내 통계가 기록되지 않았다가, 처음 집계된 2012년에 8,654건 시행되었다고 보고되었다.[37] 그로부터 단 2년 뒤인 2014년에는 한 해 동안 이루어진 수술이 33퍼센트가 늘어 11,505건에 이르렀다.[38] 약어로 흔히 BBL[39]이라고 불리는 엉덩이 확대 수술은 환자의 배·허리·허벅지에서 지방을 흡입해서 엉덩이에 주입하는 지방이식 수술로서, 1990년대에 엉덩이를 확대하는 유일한 방법이었던 실리콘 삽입술의 대안으로 개발되었다. BBL은 실리콘 삽입술보다 더 **자연스러운** 결과를 내긴 하지만, 미숙한 의사가 집도한다면 심각한 위험을 일으킬 우려가 있다.[40] 지방을 다리에서 상체와 폐까지 이어지는 주요 혈관에 실수로 주입하면 치명적인 색전증이 발생할 수 있기 때문이다. 미국 성형외과학회에서는 2018년에 BBL의 위험에 대해 경고하며 사망률이 3천 명 중 1명꼴로 "다른 어떤 성형수술보다 훨씬 높다고" 알렸다. 하지만 BBL 수술을 받는 사람의 수는 그 뒤로도 꾸준히 늘어서 2019년에는 전년보다 16.5퍼센트 증가한 2만 8천 건의 수술이 시행되었다.[41]

BBL은 여자가 엉덩이 모양을 바꾸는 가장 극단적인 방법이지만, 유일한 방법은 아니다. 〈번즈 오브 스틸〉 동영상에 등장했던 여러 동작이 2014년에 엉덩이에 탄력을 주고 탱탱하게 올려주는 팁이라며 여성 잡지에서 소개되었다. 둥글고 빵빵한 킴 카다시안 스타일 엉덩이를 만드는 비결을 알려주겠다고 약속하는 잡지도 있었고, 작긴 해도 근육질인 발레리나의 엉덩이를 만들어주는 운동을 제안한 잡지도 있었다. 피파 미들턴Pippa Middleton이 본인 친언니가 윌리엄 왕자와 결혼하던 날 온 세상 사람들 앞에서 보여준, 가냘프지만 탐스러운 실루엣과 비슷한 몸매를 얻는 방법을 소개하는 잡지도 있었다.

이렇듯 엉덩이를 둘러싸고 여러 해결책이 쏟아져 나온 이유는, 알고 보면 발행 부수가 높은 여성 잡지가 마주하고 있는 본질적 난문제 때문이다. 몇십 년 동안 여성 잡지는 지방 공포증을 조장함으로써 쏠쏠한 이득을 봐왔지만, 이제는 좀 더 살이 붙은 새로운 이상적 신체 이미지의 출현에 대처해야 했다. 그토록 여러 해 동안 지방을 **녹여 없애는** 것에 수많은 지면과 잉크를 할애해 온 잡지 편집자들은 큰 엉덩이에 관한 욕망을 다룰 방법도 하나밖엔 몰랐다. 바람직한 엉덩이란 끝없는 운동과 식이요법, 노력과 자기희생과 건강한 수준의 수치심을 통해서만 얻을 수 있는 살과 근육의 조합으로 취급하는 것이었다.

한편 소셜 미디어에서 엉덩이는 남들에게 공유할 수 있는 상품으로 등극했다. 소셜 미디어는 당시 일어나고 있던 모든 변화들을 극적으로 증폭시킨 주범이기도 하다. 2013년에 젠 셀터Jen Selter라는 이름의 롱아일랜드 사람이 '엉덩이butt'와 '셀피selfie'의 합성어인 '벨피belfie'를 처음 만들어냈다.[42] 그런데 벨피는 이름이 뜻하는 바와는 달리 직접 엉덩이 사진을 찍는다는 개념이 아니었다. 본인이 직접 뒤태를 찍으려면 몸을 힘겹게 뒤틀어야 했으므로, 대부분 남이 찍어준 것이었다. (엉덩이를 부각하며 수줍게 어깨 너머를 내다보는 아주 특정한 자세로 인스타그램에 올릴 만한 이미지를 만들어낸다는 개념이었다.) 킴 카다시안이 몇 년 동안 시범을 보이며 완벽하게 가다듬어 온 이 자세는 (〈카다시안 가족 따라잡기〉 첫 시즌 홍보 이미지[43]가 훌륭한 예다) 상냥하면서도 섹시해 보였다. 벨피는 엉덩이에서 얼굴을 분리하지 않음으로써, 엉덩이만을 드러낼 때의 익명성과도 결별했다.

'벨피'라는 단어를 만들었을 때 셀터는 작아도 맵시 있는 엉덩이를 내세워 인기를 얻은 백인 피트니스 스타였으며, 〈뉴욕 포스트〉에서 "엉덩이 걷어차기Kicking Butt"라는 제목으로 엉덩이를 보기 좋게 가꾸는 운동법을 알려주는 칼럼을 연재하고 있었다. 그런데, 훌륭한 엉덩이를 내세워 돈을 벌 수 있는 더 직접적인 또 다른 방법이 있었다. 바로 인스타그램에 벨피를 올리는 것이었는데, 여기서 벌어들일 수 있는 수익이 꽤 짭짤했다. 셀터에 의하면, 벨피를 한 장 올릴 때마다 인스타그램 팔로워가 5천 명씩 늘었는데, 팔로워가 늘면 광고 제의가 들어오거나 피트니스 고객이 늘어나 상당한 수입을 얻을 수 있었다. "열심히 노력하는 사람은 누구나 저와 같은 자리에 올 수 있어요."[44] 셀터가 〈엘르〉에 나와 한 이 발언은 중의적으로 해석된다. 노력하면 멋진 엉덩이를 얻을 수 있고, 또한 백만장자가 될 수도 있다.

음악 업계도 연이어 엉덩이 히트곡을 내놓음으로써 '엉덩이의 해'에 편승하고 있었다. 제니퍼 로페즈는 엉덩이가 예쁘기로 유명한 또 다른 팝 스타 이기 어제일리어Iggy Azalea와 협업해서 엉덩이 노래 "부티booty"[45]를 발표했다. 10년 전 세상에 '부틸리셔스'라는 단어를 소개한 장본인인 비욘세는 자기 이름을 붙인 앨범을 출시했는데, 뮤직비디오는 헐벗은 그의 엉덩이를 부각했다.[46] 엉덩이를 내세운 댄스와 자세가 뮤직비디오와 TV 속 공연으로 대중에게 알려졌다. 백인 싱어송라이터 메건 트레이너Meghan Trainor는 자신의 큰 엉덩이에 대한 노래 "올 어바웃 댓 베이스All About That Bass"를 내놓았는데, "꼬챙이 같은 몸매, 실리콘 바비 인형은 안 할래"나 "발끝부터 머리까지 너의 모든 인치가 완벽해"와 같은 가사를 노래하는 이 곡은 '보디러브(자신의 몸을 사랑하자는 사회적 운동-옮긴이)'의 일환인 듯 보였다.[47]

그해 8월, 니키 미나즈Nicki Minaj가 "아나콘다Anaconda"를 발표했다.[48] 이 노래는 "베이비 갓 백"을 직접 참고하고 샘플링한 곡으로서 뮤직비디오와 가사에서 미나즈의 엉덩이를 전면으로 내세웠다("앙상한 엉덩이는 싫대, 손에 잡히는 게 좋대"). "베이비 갓 백" 샘플링을 통해 미나즈는 주류 힙합에서 엉덩이를 다뤄온 역사를 인정하는 모습을 보였지만, 한편으로는 엉덩이 큰 흑인 여성의 서사에서 이제 스스로 통제권을 쥐겠노라 주장한다. 미나즈는 "베이비 갓 백"의 여성들과 달리 머리 없이 회전하는 몸이 아니라, 음악을 창조하고 이미지를 통제하며 돈을 버는 장본인이다. 착취가 일어났다면, 그건 자기 착취이자 미나즈 본인이 내린 선택이다.

이제 하나의 하위 장르로 자리매김한 엉덩이 노래는 참여한 이들에게 돈깨나 만지게 해주었지만 뉴올리언스의 원조 바운스 공연자인 케이티 레드와 빅 프리디아(마일리 사이러스와 다른 이들이 상업화하기 전, 처음으로 트워킹을 만들어낸 사람들)에게 상업적 성공과 인정은 더 늦게 찾아왔으며 그 크기도 남들에 비하면 보잘것없었다. 케이티 레드는 1998년에 앨범 녹음을 시작했지만, 앨범과 뮤직비디오가 마침내 발매된 건 2001년에 이르러서였다.[49] 바운스와 트워킹의 역사에서 핵심 역할을 맡았음에도, 그가 주류 문화에서 명성을 얻거나 이름을 알리는 일은 끝까지 일어나지 않았다. 빅 프리디아는 그보단 형편이 나았다. 2013년에 퓨즈 방송사에서 자신의 리얼리티 쇼 〈빅 프리디아: 퀸 오브 바운스Big Freedia: Queen of Bounce〉에 출연했고, 트워킹의 역사와 문화적 의미를 전파하는 대사이자 대학에서 트워크숍 교육을 하는 트워킹의 대변인이라는 지위를 얻게 되었으며, 회고록을 출간했다. 그러나 프리디아는 언제나 대중의 서사를 고쳐주는 사람일 뿐, 주도하는 사람은 될 수 없었다.

여기서 2013년 9월에 사이러스의 공연 여파에 니키 미나즈가 한 말이 떠오른다. "백인 여자애가 흑인스러운 뭔가를 하면 흑인들은 생각하죠. **아, 저 사람 우리 문화를 받아들이고 있네.** 그래서 같이 동참하죠. 그 다음 백인들은 생각해요. **오, 멋진데! 흑인스러운 걸 하고 있잖아.** 웃기죠! 그렇지만 흑인이 흑인스러운 걸 하면요? 뭐 그냥저냥 심드렁한 일이죠."[50]

선택적 글래머

영국에서 가장 인기 있는 트워킹 강사의 한 사람인 켈레치 오카포Kelechi Okafor는 1986년 나이지리아에서 태어났다.[51] 다섯 살 때 영국으로 이민을 온 그는 1990년대에 나이지리아 이민자 공동체가 성장하고 있던 런던 남동쪽의 페컴이라는 동네에 살게 되었는데, 그곳은 작은 라고스라 해도 무방했다. "나이지리아를 떠난 적조차 없는 기분이었죠. 똑같은 시장에서 장을 봤고 사방에서 요루바어가 들렸어요." 오카포는 설명했다. 그는 춤추는 일이 성장기에 핵심적인 역할을 했다고 설명했다. “파티에 갈 때마다 자연스럽게 춤을 췄어요. 언제나, 항상 춤을 췄죠.”

열여섯 살에 오카포는 공연예술학교에 진학해서 뮤지컬 연기를 공부했다. 그곳에서 공식으로 발레·탭댄스·재즈댄스 수업을 듣기 시작했고, 자신의 외모와 춤추는 방식이 남들과 사뭇 다르다는 걸 깨닫기 시작했다.

오카포는 수시로 의욕을 상실했다. 발레 선생님은 피부색에 어울리지 않는 분홍색 타이즈를 사라고 시켰다. 진로 상담 교사는 흑인이 현실적으로 기대할 수 있는 뮤지컬 배역은 “괜찮은 친구 역” 정도에 지나지 않는다고 말해주었다. 수업 중 노래에 보컬 런을 더할 때마다 “원래대로 부르라고” 꾸짖음을 당했다. 반면 백인 여성이 똑같은 행동을 하면 노래에 창의적이고 기발한 요소를 더했다고 칭찬받았다. “그때쯤 저는 흑인이 아닌 사람은 해도 되는데 나한텐 허락되지 않는 게 뭔지, 슬슬 이해하기 시작했죠.” 오카포가 회상했다.

고등학교를 졸업하고 그는 리버풀 호프 대학에 진학해서 연극과 법을 공부했다. 집을 떠난 것도, 댄스가 자신에게 무엇을 의미하는지 탐구할 공간과 자유가 생긴 것도 처음이었다. “리버풀에서 보낸 3년 동안, 밤의 여왕으로 거듭났죠.” 그는 클럽에서 이름을 떨쳤고, 무대에서 탁월한 솜씨를 뽐내는 “미니 셀러브리티”가 되었다. 어떤 댄스 동작을 했는지 묻자 그는 답했다. “그냥 아주 자유로웠어요. 엉덩이랑 골반에 집중했죠. 저는 그 성스러운 부위들을 제대로 써먹을 줄 알았거든요."

대학을 졸업하고 2008년에 오카포는 미국 애틀랜타로 이주했다. 아는 사람 하나 없는 도시였지만, 그가 제일 좋아하는 댄서 시애라Ciara의 고향이었다. "만나면 분명 절친이 될 걸 알았죠." 오카포가 웃으며 말한다. 시애라는 끝까지 만나지 못했지만, 그는 아티스트 매니지먼트 회사에서 6개월을 일하면서 주로 래퍼들과 함께 일하게 되었다. 래퍼들 대부분은 스트립 클럽에서 공연하거나, 공연을 끝난 다음 스트립 클럽에 가거나 둘 중 하나였다. 래퍼들을 따라 종종 찾은 스트립 클럽에서 오카포는 폴댄스를 처음 접하고 즉시 사랑에 빠졌다. "존경성 정치respectability politics(특히 사회적 약자에게 존중받을 만한 행동을 할 것을 요구하는 사회적 분위기-옮긴이)는 성노동과 폴댄스를 눈에 띄지 않는 곳으로 숨기려 하지만, 제가 거기서 본 건 정말, 정말로 날것 그대로의 순수한 힘이었어요." 그가 말한다.

2009년에 오카포는 영국으로 돌아가 콜센터에서 일하면서 배우 일감을 찾았고, 트레이너가 되기 위한 공부를 해나갔다. 몇 년 뒤, 그는 폴댄스 수업을 듣기로 했다. 동네 댄스 스튜디오에서 제공하는 레벨은 몇 달 만에 끝마칠 수 있었다. 오래 지나지 않아 그는 스튜디오에서 직접 수업해달라는 요청을 받았고, 빠르게 인기 강사의 자리에 올랐다. 그 이유 중

하나는 생리학 및 해부학 관련 지식을 바탕으로 학생들에게 댄스가 몸에서 어떻게 작동하는지 이해하도록 도와주었기 때문이었다. 2014년에 그는 댄스 스튜디오의 백인 원장들에게 혹시 트워킹을 가르칠 생각이 없느냐는 질문을 받았다. "저는 생각했죠. **왜지? 흑인들이 하는 거라고 생각해서?**" 그는 자기가 하는 동작이 정확히 트워킹인지 확신할 수는 없다고 했지만, 어쨌든 리버풀 클럽에서 췄던 춤을 보여주기로 했다. 춤을 보고 감명받은 원장들은 즉시 그 동작을 수업에서 가르쳐달라고 부탁하며, 기존 트워킹 수업을 참관하고 교수법을 배운 다음에 수업을 열자고 제안했다. 오카포는 회상한다. "수업에 갔다가 아연실색했어요." 오카포를 제외한 수강생은 두 사람뿐이었는데, 강사는 엉덩이 아이솔레이션과 지글링 같은 기본 동작들을 보여주면서 그것들을 하나로 통합하는 방법은 알려주지 않고 있었다. "저는 비트를 들을 수 있었는데, 강사 귀에도 비트가 들리는진 모르겠더군요. 박자에 맞는 게 하나도 없었어요." 오카포는 자기는 다른 방법을 택하기로 마음먹었다.

그렇게 시작된 "초보자를 위한 트워킹" 첫 수업은 몇 주 만에 완전히 만원을 이루었고, 스튜디오는 빗발치는 수강 문의에 대응하여 수업 세션을 늘렸다. 오카포는 짜릿했다. "제가 춤출 때 일어나는 일의 역학을 사람들에게 가르치는 것, 그걸 사람들이 따라 할 수 있게 쪼개는 것, 음악과 섹슈얼리티의 언어와 관계를 사람들에게 몸으로 표현하게끔 가르치는 것, 이 모든 게 마냥 좋았어요."

수업의 인기와 늘어나는 소셜 미디어 팔로워는 (오카포가 벌어다 주는 돈 역시) 스튜디오 원장들을 만족시켰다. 하지만 그들은 스튜디오 내에서 통용되는 트워킹의 정의가 자신들이 파악하고 있는 고객들의 요구와 일치하는지 확인하고 싶어 했다. 그들은 오카포에게 수업 이름을 "부족 트워킹"이라고 바꿔서 평균적인 백인 수강생이 해낼 수 없는 동작을 가르친다는 점을 분명하게 밝히자고 제안했다.

오카포는 다른 스튜디오에서도 비슷한 문제에 맞닥뜨렸다. 경력을 쌓고 확장하려는 마음에 맨체스터의 한 스튜디오에 워크숍 진행 관련 문의를 넣은 오카포는 그쪽 스튜디오에서 마일리 사이러스가 트워킹의 창시자라고 설명해둔 것을 보고, 기쁜 마음으로 실수를 바로잡으려 나섰다. 그런데 백인이었던 스튜디오 원장은 이렇게 답장했다. "나는 당신의 트워킹 스타일이 마음에 들지 않습니다. 너무 기초적이에요. 나랑 내 수강생들은 무릎 보호대를 착용하고 거의 넘어질 정도로 동작을 하거든요."

오카포가 원장의 답장을 공유한 트위터 글은 일파만파로 퍼져나갔다. 특히 미국에서 반응이 격렬했다. "미국의 흑인 여성들이 격노했죠. 이렇게 말하더군요. **우리에겐 몇 세기째 이런 일이 일어나고 있습니다. 우리가 만든 뭔가를 백인이 전**

유해가고, 새로 포장해서 주류에게 소개해 그걸로 돈을 벌어들이고. 우리는 그 과정에서 폄하되어버려요."

2010년대에 백인 여성들이 트워킹에, 큰 엉덩이에 보인 관심은 어떤 면에서 흥미롭다. 물론 전에도 흑인 패션과 대중문화에 장난삼아 손대 본 유명한 백인 여성들이 없었던 건 아니다. 보 데렉의 콘로우 헤어스타일, 마돈나의 보깅(패션 모델의 걸음걸이와 비슷한 디스코 댄스-옮긴이), 버슬이 그렇다. 하지만 백인 여성들은 보통 문화적 전유는 백인 남성들의 몫으로 남겨놓고 본인들은 흑인과 거리를 두는 쪽을 택하곤 했다. 그러나 2010년대에 들어와서는 이야기가 달라졌다. 그 변화의 중심에는 큰 엉덩이와 트워킹에 대해 전례 없고도 깊은 관심이 있었다.

수많은 백인 여성이 그의 트워킹 수업을 수강한 이유가 무엇이라고 생각하는지 묻자 오카포는 설명한다. "서양의 여성성과 관련 있다고 생각해요. 백인 우월주의가 자라나고 있던 과거에 그들에겐 뭔가 쟁취할 것이 필요했죠. 여성스러움·여성성·백인 여성의 순수함이 그 대상이 되어주었어요. 그렇게 백인 여성들은 그 서사의 덫에 빠져버렸죠." 오카포는 백인 남성들이 이렇듯 신화적인 순수한 백인 여성들을 보호하는 것을, 특히 그들이 비백인 남성에게서 온다고 인식하는 신체적·성적 위협으로부터 보호하는 것을 자기 임무로 여긴다는 것 역시 주목한다. "그게 백인 여성들이 트워킹에 끌리는 이유라고 생각해요. 백인 여성의 순수함이라는 사슬을 끊어내기 위한, 내적이고 외적인 전투가 벌어지고 있기 때문이라고요."

오카포는 이어 설명한다. "노예제가 있던 시대에 흑인 여성의 신체가 백인 남성들에게 욕망의 대상이었다는 사실에서 기인하는, 대를 이은 질투도 빼놓을 수 없죠." 백인 남성들이 흑인 여성을 욕망하며 그들에게 추파를 던지는 것을 보고, 백인 여성들이 의문을 품었을 거라는 가설이다. **"왜 내 남자가 저 여자를 원하는 거지? 내가 어떻게든 저 여자를 모방한다면, 그 욕망이 나를 향할 수 있을 텐데."** 흑인 여성의 전유물로 취급되는, 성적 능력에 갖는 질투에는 물론 오랜 역사가 있다. 그 역사는 적어도 세라 바트먼과 버슬 그리고 1814년에 나온 희극 〈호텐토트 비너스 혹은 프랑스 여자에 대한 혐오〉의 시대까지 거슬러 올라간다.

순수에 관한 광범위한 신화에서 탈출하기 위해 백인 여성들은 자주 흑인 여성을 따라 하고, 섹슈얼한 고정관념을 연기하기도 한다. 이는 이미 크리스티나 아길레라Christina Aguilera, 브리트니 스피어스 그리고 두말할 것 없이 마일리 사이러스 같은 젊은 스타들이 몸소 실천해온 것이기도 하다. "더 자율적인 여성성에 다다르려면 그들은 우선 더러운 단계를 지나야 합니다. 그러기 위해 흑인 여성의 거의 조악하리라 할 만한 모습을 모방합니다. 그렇게 드디어 자유를 얻고 나면, 흑인을 따라 했던 과거는 내팽개치죠." 오카포는 흑인성이 "어떤 방식, 모양, 형태로든 외면당한 모든 사람을 수용하도록" 구성된다고 본다. 백인 여성도 그 모든 사람에 포함된다. 오카포는 말한다. "하지만 그건 공정치 않아요. 그 사람들은 떠날 수 있지만, 흑인 여성들은 떠날 수 없으니까요."

2016년에 오카포는 런던에 직접 스튜디오를 열었고, 지금까지 트워킹과 폴댄스 수업을 가르치고 있다. 그는 수강생들에게 댄스의 역사와 생체 역학을 학술적으로 알려주는 한편 그들이 동작과 직관적 관계를 맺도록 도와주고 있다. 그 바탕에는 성학대 생존자인 그가 살면서 겪은 경험이 있다. 오카포는 학대당한 개인사에 대해 오랫동안 입을 열지 않았으나 이제는 트워킹을 침묵을 깨고 자신의 몸과 소통하고 몸을 되찾는 방식으로 여긴다. "춤을 추면서 저는 제 몸을 되찾고 있어요. 상처받고 약해진 사람들에게도 춤을 권할 수 있죠. 엉덩이와 골반 부위는 여성들에게 항상 많은 폭력과 트라우마가 일어나는 장소니까요."

오카포는 트워킹이 엉덩이로부터 시작되지 않는다고, 트워킹을 잘하기 위해 큰 엉덩이는 필요 없다고 가르친다. "트워킹은 발에서 시작해서 위로 올라옵니다. 서아프리카 문화와 춤에서 말하는, 땅에 뿌리내리는 데에서부터 시작하는 거예요. 세네갈을 보면, 나이지리아를 보면, 발을 많이 쓰는 걸 알 수 있죠." 그가 보기에 트워킹을 하는 다른 유럽인들은 (온라인에는 러시아와 동유럽 트워킹 강사들이 놀랄 만큼 많다) 흉추를 과도하게 사용한다. "묵직한 경련이 너무 많아요." 그가 말한다.

오카포는 수강생들이 수업을 들을 때, 아프리카 디아스포라 댄스의 역사에서 다양한 동작이 사용된 방식들에 관해 이해하길 소망한다. "트워킹과 그 역사에 대해 아주 철저히 이해하길 바라요. 저는 이 동작들이 어디서 유래했는지 알려줍니다. 발을 휙 움직이는 동작이 어떻게 모양을 바꿔가며 뉴올리언스까지 도착했는지를요." 그는 자신이 전파하려는 정보와 배경이 스튜디오 밖으로도 널리 퍼져나가길 바라는 마음으로 활동해왔다. 덕분에 SNS에서 상당한 존재감을 쌓아올렸고, 작가, 팟캐스트 진행자, 배우로서도 탄탄한 커리어를 일구었다. "공간과 커뮤니티를 활용해 교육하면, 사람들이 나가도 교육은 계속 퍼져나갈 수 있잖아요?"

세계 문화는 타인의 문화를 빌려오고, 자신의 문화와 섞고, 다시 섞는 행위에서 만들어진다. 음악·댄스·예술·패션은 대체로 창조자의 정체성과 문화를 넘어서는 전통과 경험에 기대어 형성된다. 이런 문화적 혼합이 없다면 로큰롤은 탄생하지 못했을 것이요, 트워킹도 존재하지 않았을 것이다.

하지만 타인의 것을 빌려오는 일에 무의식적이거나, 소유 관계를 명확히 하지 않거나, 역사를 고려하지 않으면 이는 쉽게 해로워진다. 마일리 사이러스는 문화적 전유를 극단적으로 보여주는 사례다. 그는 자신의 아이 같은 이미지를 벗어던지기 위해 트워킹을 대놓고 착취했다. 그러다가 커다란 가짜 엉덩이를 단 섹시한 페르소나가 더는 알맞지 않다고 느껴지자 손쉽게 벗어던진 다음 커리어의 새로운 국면으로 이동해서 조안 제트Joan Jett와 스티비 닉스Stevie Nicks 같은 고전적 록의 히로인을 따라 이미지를 꾸미기 시작했다. 공연으로 떼돈을 벌었음에도, 트워킹이 흑인과 퀴어 공동체에서 유래했다는 것을 공적으로 한 차례도 언급하지 않았다. 〈뱅어즈〉 앨범 활동을 마친 다음에는 트워킹을 빠르게 포기했다.

사이러스가 우리에게 주는 교훈은 단순히 못되게 행동하면 안 된다는 게 아니다. 그가 우리에게 알려준 건 우리의 동기를 이해해야 한다는 것, 처음 든 생각 아래에서 끓고 있는 욕망을 의식하고 밝혀내려 노력해야 한다는 것이다. 나는 2010년대에 트워킹 수업을 듣지도, 벨피를 찍어 인스타그램에 올리지도 않았다. 하지만 지난 30년 동안 아름다움의 기준이 달라지고, 주류 문화에서 큰 엉덩이의 의미와 그 가치가 달라지며 얻은 변화의 결실을 (이게 맞는 단어인지조차 모르겠지만) 즐기긴 했다. 모두 1990년대 말과는 다른 시각으로 내 몸을 봐주었다. 2010년대 초 일하던 박물관에서 회의를 마치고 계단을 올라가던 중, 몇 미터 뒤에서 걷던 동료가 말을 걸었다. **엉덩이 한 번 끝내주네요!** 그 말은 나를 불편하게 했다. 부적절한 발언이었다. 하지만 마음 한구석엔 살짝 전율하는 기분이 들었다. 그가 내 몸에 주목했다는 것에, 내가 섹시해 보인다는 것에. 엉덩이의 해가 왔을 때쯤엔 웬만한 데이트에서 위스키 세 잔이면 함께하는 사람이 (어떤 젠더든 어떤 인종이든) 내 엉덩이를 쥐고 그에 관해 뭔가를 속삭이곤 했다. 사람들이 '큰 엉덩이를 좋아한다는' 속마음을 풀어놓자, 내 몸은 남들이 탐내는 대상이 되었다. 나는 그 사실을 즐겼다. 엉덩이를 드러내는 딱 붙는 드레스를 입을 때면, 그 힘을 느낄 수 있었다.

하지만 한계 역시 분명히 느꼈다. 십대 시절에 나는 내 엉덩이가 크고 징그럽다고만 생각했다. 그런데 어느 순간, 내 엉덩이는 갑자기 크고 섹시한 것으로 변했다. 그러니까 형편이 나아지긴 했어도 내 엉덩이의 존재감은 여전히 두드러졌다. 때론 엉덩이를 숨기고 싶었다. 없애버리고 싶었다. 내 엉덩이가 아무것도 의미하지 않기를, 내 주변 사람들에게 보이지 않기를 바랐다. 발표하러 강단에 올라갈 때, 마이크로 다가가는 나를 보며 사람들의 시선이 어디에 머무를지 더는 상상하지 않기를 바랐다. 그러나 내 몸은 언제나 그 자리에 존재했고, 내가 원하든 원하지 않든 어떤 메시지를, 어떤 의미를 전달하고 있었다.

흑인 문화로 손을 뻗을 때 백인 여성들은 무엇을 찾고 있는 걸까? 답은 사람마다 다르겠지만, 내게는 오카포의 이야기가 좋은 시작점이 되어준다. 섹시함에 관한 접근권, 반항할 기회, 백인 여성성의 엄격한 기준 너머로 밀고 나갈 방법. 하지만 이런 욕구들을 면밀하게 살피고 표현하는 건 쉽지 않아서, 우리는 별 생각 없이 그 욕구를 해소하고 끝내버린다.

백인성의 문제들을 해결하려 흑인성에 손을 뻗을 때, 백인 여성들은 많은 것을 외면한다. 우리가 몸에 갖는 수치, 백인성의 구성에서 기인하는 수치, 어떤 몸은 순수하고 다른 몸은 성적이라는 발상을 강요하기 위해 존재하는 수치, 어떤 몸이 다른 몸보다 낫다는 수치. 그 모든 수치심의 근원에서 고개를 돌린다. 그 과정에서 우리는 남들에게 해를 입힌다. 그리고 우리의 수치심이 어디서 기인하는지 영영 이해하지 못하게 되면서 우리 자신에게도 해를 입힌다.

에필로그

탈의실을 나서며

지난가을, 나는 간직하고 있던 마지막 한 벌의 청바지를 버렸다. 그 청바지를 입고 걸음을 내디딜 때마다 허벅지끼리 닿아 천이 비벼지는 통에, 다리 안쪽이 보풀이 일어나다 못해 해져버렸다. 허리를 굽히고 보니 흐뭇하고도 문란하게 찢어진 부분이 맨살을 드러냈다. 날실 없이 씨실만 남은 꼴이었다. 왼쪽 볼기 아래를 따라 청바지가 완전히 터져 있었다.

새 청바지를 사러 갈 용기를 그러모으는 데 자그마치 몇 달이 걸렸다. 허드슨 백화점에서 엄마가 옷을 입어보는 걸 지켜보던 나날 이후 나는 수백 개의 탈의실에 들어가봤지만, 그 중 조금이라도 수치심을 자극하지 않도록 설계된 곳은 없었다. 어떤 탈의실은 조명 때문에 골반에 바위처럼 불거진 셀룰라이트가 눈에 띄었다. 어떤 탈의실은 거울이 절묘하게 기울어져서 허벅지가 심하게 굵어 보였다. 때론 생기발랄한 젊은 판매원이 얇은 커튼 반대편에 서서, 내가 고른 치수보다 하나 작은 바지에 몸을 욱여넣을 수 있을 거라고 응원했다. 나는 힘을 주어 배를 한껏 집어넣고, 내 엉덩이가 들어갈 리 만무해 보이는 바지에 엉덩이를 힘겹게 집어넣었다. 낯선 이의 요구를 들어주고 그에게 이만하면 멋지다고 승인받기 위해, 그토록 불가해한 노력을 기울였다.

쇼핑을 미루기를 몇 달, 나는 결국 세상에 존재하는지조차 알 수 없는 대체용 청바지를 사기 위해 내키지 않는 발걸음을 옮겨 로어 맨해튼으로 향했다. 그곳에서 나는 전면이 통유리로 되어 있고 현관 입구는 밝은 흰색이며 벽 전체를 뒤덮은 선반에 인디고, 콘플라워, 바랜 검은색의 바지들이 깔끔하게 쌓여 있는 가게를 발견하고 용감하게 문을 열었다. 벽의 위아래를 훑어보며 내 몸매가 꼭대기 선반에 그려진 희귀한 버번 위스키병 모양에 가까울지, 바닥 선반에 그려진 컵케이크 라벨이 붙은 싸구려 와인병 모양에 가까울지 고민했다. 옷 한 더미를 뒤지고 두 번째 더미도 살폈으나 치수는 전부 27인치 아니면 28인치뿐이었다. 그러다가 옷 무더기 제일 아래에서 내게 맞을 법한 바지를 발견했다. 표백된 하이웨이스트 청바지로서, 십대 때 내가 죽어도 입기 싫어했던 '맘mom진'의 진화 버전이었다.

나는 탈의실 커튼을 치고 불친절한 각도로 벽에 기댄 큰 거울 앞에서 내 모습을 한 번 들여다본 다음, 옷을 벗었다. 바지를 입고 단추를 잠그면서 나는 그 순간이 무척 사적이라고 느꼈다. 방 안엔 나 혼자였고, 나는 여느 사람이 할 법한 평범한 경험을 하고 있었다. 할 일 목록에 너무 오래 남아 있던 일을 끝마치는 것뿐이었다.

찰나에 실낱같은 희망으로 마음이 들떴다. 하지만 거울 속 내 모습을 다시 찬찬히 살펴보니, 이 바지도 아니라는 걸 알 수 있었다. 의류 제조업체들이 입을 모아 다양한 몸매에 맞는 치수를 내놓겠다고 약속하는 시대가 왔거늘, 이 가게에 내 치수의 바지는 단 한 벌뿐이었다. 엉덩이는 꽉 끼고, 다리는 우스꽝스럽게 벙벙하며, 허리는 한참 남는 이 바지 한 벌. 거울에 비친 바지는 크고 헐렁해 보였지만, 몸을 돌려 뒷모습을 확인하자 익숙한 좌절감이 밀려왔다.

나는 바로 이 흥미로운 느낌으로부터 책을 쓰기 시작했다. 매일 일상 상황에서 흔하게 경험하는 이 느낌은 스스로의 이미지를 야금야금 갉아먹지만, 익숙하고 평범하다는 이유로 너무 쉽게 무시된다.

내가 '탈의실 불안'에 관심을 가진 건, 이 감정이 무척 개인적인 것처럼 느껴지지만 알고 보면 몇 세기에 걸친 역사·문화·정치와 깊이 엮여 있기 때문이다. 나는 내 몸에 대한 불안을 사소하거나 얄팍한 것으로 치부하기 일쑤였다. 하지만 인종과 젠더의 정치는 몸의 정치다. 우리가 우리 자신 그리고 타인의 몸에 대해 지니는 생각과 가정들을 탐구하는 건 중요하면서도 심오하다.

내 엉덩이 너무 커! 뱃살이 늘었나? 맘진은 원래 나 같은 몸매에 어울려야 하는 거 아냐? 이런 생각들은 우리가 인스타그램이나 전광판 또는 지하철 광고를 통해 흡수하는 몸에 관한 개념에서, 또 우리가 함께 겪은 집단 과거의 깊은 곳에서부터 솟아오른다.

계속 변하는 것처럼 보이지만 어째서인지 철학적으로는 언제나 일관적인 아름다움의 주류 교리. 몇 년 동안 엉덩이를 조사한 끝에 이를 더 잘 이해하게 된 지금, 나는 내 엉덩이에 대해 내가 느끼는 것이 긴 역사의 일부라는 걸 안다. 조르주 퀴비에의 세라 바트먼 부검 보고서에서, 루스 오브라이언의 측정 팀이 수집하고 버린 데이터에서, 고든 콘웨이의 자유분방한 플래퍼 그림에서, 여성들에게 불완전한 살을 초월할 방법을 알려주겠다고 약속한 그레그 스미시의 비디오테이프에서 그 사실을 깨달았다. 내 엉덩이에 대한 느낌은 큰 엉덩이를 섹슈얼리티 및 흑인성과 동일시한 방식에서 왔다. 작은 엉덩이가 패션과 자유를 상징한다는 공식에서, 강한 엉덩이를 규율과 자기 통제, 자기 존중과 동의어로 치부한 관점에서 온다. 여성의 엉덩이에 관한 대화가 두 세기 동안 인종·젠더·몸의 의미에 관해 이야기하거나 혹은 그 이야기를 회피했다는 사실에서도 온다. 이건 마치 추운 겨울날 옷을 입는 것과 같다. 양말을 두세 켤레 신고, 스웨트 팬츠 아래엔 긴 속옷을 입고, 제일 겉에는 스키 바지를 입는다. 겹겹이 쌓인 옷 뭉치 안 어딘가에 몸이 있다. 그 몸은 과학적이고 생물학적인 사실로서 존재한다. 하지만 그 몸은 위에 쌓인 층위들에 가려져 보이지 않는다. 우리는 우리 몸 위에, 우리 몸 안에 역사를 지니고 있다. 이 책에 묘사된 역사를, 그리고 묘사되지 않은 수많은 역사를, 우리 가족과 삶과 세상의 역사를 지니고 있다. 우리 몸에 관한 우리의 느낌은 오래전 사람들과 이야기가 남긴 유산이다.

이런 역사를 알아가면서 내가 몸에 갖는 부정적인 느낌에서 해방되었다고 말할 수 있다면 참 좋겠지만, 안타깝게도 이런 지식은 마법의 총알이 아니다. 그 이면에는 여전히 탈의실에서 불편한 감정을 느끼는, 옷을 입을 때마다 잘 맞지 않는다고 느끼는 내가 있다. 몸에 관한 생각과 편견들은 이른 시기에 머릿속 깊이 새겨지기에, 청바지를 허리춤까지 끌어올릴 때 제일 먼저 내게 밀려오는 느낌에는 여전히 (병적인 수준까진 아니지만) 수치심이 묻어 있다. 아마 앞으로도 크게 달라지지 않을 것이다. 하지만 엉덩이의 역사에 관해 조사하며 나는 내가 품은 수치심을 이해하고 그 배경을 알아낼 수 있었다. 나아가 나의 사고방식과 전제로 품은 가정들에 스스로 질문을 던질 수 있었다. 이제는 거대한 구조적 힘이 덜 막연하게 느껴진다. 내가 내 몸을 어떻게 느끼는지 정확히 표현하고 이해할 수 있다. 그리하여 나는 희망을 품는다. 내 머릿속 목소리가 속삭인다. **네 엉덩이는 너무 커.** 그러면 다른 목소리가 나선다. **뭐가 너무 크다는 거야? 누가 너무 크대? 큰 게 어디가 어때서?**

이 책이 주로 엉덩이를 다루긴 하지만, 사실 주제는 무엇이든 같았을 것이라고 나는 자주 생각했다. 그 사실이 내겐 희망으로 다가온다. 우리를 이루는 부분들을 (신체 부위이든 감정이든 욕망이든) 면밀하게 관찰하는 일은 물론 버겁지만, 바로 거기서부터 변화가 일어날 수 있다. 수치심의 근원을 궁금해하고 그 배경을 알아보는 건, 단순히 변명하거나 어물쩍 넘어가려는 태도와 다르다. 외면하는 대신 직시하기를 선택할 때 새로운 가능성과 지식이 열린다.

과거의 사람들이 현재를 빚어낸 방식을 이해하는 건, 현재를 살아가는 모두가 미래를 빚어나갈 방법을 알아내는 수단이기도 하다. 과거의 인간들이 우리의 다양한 몸이 지니는 의미를 만들었다면, 오늘날 우리도 의미를 새로 만들거나 없앨 수 있다. 우리가 과거를 자세히 살펴봄으로써 받는 위대한 선물은, 한때 영영 피하지도, 바뀌지도 않을 듯 보였던 것을 극복하고 변화하게 만든다. 일시적으로 달리 보이게 만든다는 것이다. 수치심의 의미를 만들어낸 건 사람들이다. 그렇다는 건 다른 사람들, 즉 로젤라 캔티-레트섬, 뎁 버가드, 켈레치 오카포, 비니 쿠치아, 알렉스 바틀릿 같은 사람들에 의해 다시 한 번 의미가 바뀔 수도 있다는 뜻이다.

우리 몸은 타고나길 통제에 저항한다. 나는 이 사실을 체감할 때마다 역설적으로 승리감에 젖는다. 우리는 버슬과 거들과 운동 비디오와 양배추 다이어트와 치수 체계를 발명했지만, 우리 몸은 제 나름의 뜻이 있어서 우리에게 복종하는 일이 드물다. 물론 엉덩이가 커지고 싶은 사람도 있고 작아지고 싶은 사람도 있다. **하지만 엉덩이는 어쨌거나 자기 모습을 그대로 지켜낼 것이다.** 인간의 정신이 몸을 억지로 복종시키려 할 때, 의미를 부여하고 형태와 외양을 바꾸고 변화를 일으키려 시도할 때, 인간의 몸은 고집스럽게 굴복을 거부한다.

그게 내가 잘 맞지 않는 청바지를 구매한 이유일지도 모른다. 나는 적당히 입을 만한 바지에 만족하고 살기로 선택했다. 지금의 나 역시 청바지를 입을 때 종종 걱정에 빠진다. 엉덩이는 꽉 끼고 허리는 헐렁한 바지를 입은 내 모습이 남들 눈에 어떻게 보일까? 물론 몸에 딱 맞는 바지를 찾기가 너무 힘든 이 현실에, 때론 분통을 터뜨리고 싶다. 하지만 한편으로 나는 몸과 마음 사이에서 일어나는 주도권 다툼을 느낀다. 통제력을 행사하고 싶은 욕망과 어쨌거나 있는 그대로의 모습으로 몸이 존재하리라는 현실 사이에서 밀고 당기기가 일어난다. 청바지를 입을 때, 나는 그 사실을 온몸으로 환기한다.

화장실의 푹신한 커버를 깐 변기에 앉아서 엄마가 옷 입는 걸 지켜보던 시절로부터 30년이 지났다. 그때 나는 엄마의 몸에서 느꼈던 아름다움과 안전감에서, 아침 의식의 예측 가능성에서, 내 몸도 어느 날 엄마의 몸처럼 자라리라는 상상에서 위안을 느꼈다. 어른이 된 내가 보내는 아침은 엄마와 다르다. 나는 주로 집에서 일하고, 헤어롤과 로션과 마스카라와 향수를 사용하는 심히 여성스러운 몸단장에는 어지간히 솜씨가 없다. 하지만 종종 수업하러 나가거나 파티에 갈 준비를 할 때, 나는 세면대 위로 몸을 구부려 엉덩이를 뒤로 내밀고, 얼굴을 거울에 바짝 붙인 채 속눈썹을 올린다. 헤어스프레이 병을 꺼낸 다음, 화장실에 냄새가 배지 않도록 창문을 연다. 거울 속 내 모습을 들여다보고, 엉덩이를 보려고 애쓴다. 골반이 넓고 엉덩이가 큰 내 몸은 엄마의 몸과 조금 비슷하다. 그리고 가끔은, 속옷 차림으로 거울 앞에 서서 바지를 입고 세상으로 나가기 전에 내 엉덩이는 문제도 축복도 아닌 듯하다. 왜냐하면 그건 그냥, 엉덩이일 뿐이니까.

참고문헌

프롤로그

1 "Black Bodies, White Bodies: Toward an Iconography of Female Sexuality in Late Nineteenth-Century Art, Medicine, and Literature," 〈*Critical Inquiry* 12〉, no. 1 (1985).

2 나는 이 책의 배경 조사를 하며 여성들 및 젠더 이분법에 들어맞지 않는 사람들과 여러 차례 긴 인터뷰를 했다. 인터뷰에서는 많은 주제가 등장했고, 엉덩이와 몸에 관한 개인의 다양한 느낌과 경험이 공유되었다. 여기서 인용한 발언은 2017년~2021년 사이에 진행한 인터뷰들에서 발췌한 것이다.

1장. 기원

근육

1 M. D. Rose, "A Hominine Hip Bone, KNM-ER 3228, from East Lake Turkana, Kenya," 〈*American Journal of Physical Anthropology* 63〉, no. 4 (1984): 371-78.

2 Jonathan B. Losos and Daniel E. Lieberman, "Four Legs Good, Two Legs Fortuitous: Brains, Brawn, and the Evolution of Human Bipedalism," in 《*In the Light of Evolution: Essays from the Laboratory and Field*》(Greenwood Village, CO: Roberts and Company, 2011).

3 Ibid.

4 Rose, "A Hominine Hip Bone."

5 Ibid.

6 Carol Broderick, "Fossil Finders: The Hominid Gang," Leakey Foundation, May 31, 2019, https://leakeyfoundation.org/fossil-finders-hominid-gang/.

7 R. E. Leakey, "New Hominid Fossils from the Koobi Fora Formation in Northern Kenya," *Nature* 261, no. 5561 (July 17, 1976): 574-76.

8 인간 달리기의 생물학과 엉덩이 근육의 목적, 〈인간 대 말〉 경주에 관한 내용은

내가 참여하는 WNYC 프로그램 〈라디오랩*Radiolab*〉에서 먼저 소개되었다. 2019년 12월 27일 방영된 〈인간 대 말〉 편에 이 장과 겹치는 내용이 나온다. 방송을 위해 대니얼 리버먼과 데니스 브램벌을 인터뷰하고 경주에 참석한 경험이 이 책에도 녹아 있다. 당시 우리는 닉 쿠리를 비롯한 기수들과 달리기 주자들 역시 인터뷰했다.

9 Daniel E. Lieberman et al., "The Human Gluteus Maximus and Its Role in Running," 〈*Journal of Experimental Biology* 209〉, no. 11 (April 1, 2006): 2143-55.

10 Dennis M. Bramble and Daniel E. Lieberman, "Endurance Running and the Evolution of Homo," 〈*Nature* 432〉, no. 7015 (November 18, 2004): 345-52.

11 Ibid.

12 N. C. Sharp, "Animal Athletes: A Performance Review," 〈*Veterinary Record* 171〉, no. 4 (2012): 87-94.

13 Ibid.

14 David R. Carrier et al., "The Energetic Paradox of Human Running and Hominid Evolution" (논평 및 답변 포함), 〈*Current Anthropology* 25〉, no. 4 (1984): 483-95.

15 인간의 유골을 수집하고 저장하는 일의 역사는 식민주의와 과학적 인종차별의 유산과 깊이 엮여 있다. 그 길고도 불편한 역사에 대해서는 다음 장에서 자세히 다루겠다. 리버먼과 브램벌이 살펴봤던 뼈는 구석기 시대에 속하니만큼 세라 바트먼의 유해를 수집하는 일과 결이 다르지만, 자연사 컬렉션은 주로 하버드 대학 같은 서양의 기관에 보관되며 여기서와 같이 아프리카에서 펼쳐지는 더 큰 식민지 프로젝트에 속하기도 한다.

16 William J. Cromie, "Running Paced Human Evolution: Anthropologists Conclude Running May Have Helped Build a Bigger Brain," 〈*Harvard Gazette*〉, November 18, 2004, https://news.harvard.edu/gazette/story/2004/11/running-paced-human-evolution/.

17 "Endurance Running and the Evolution of Homo."

18 Lieberman et al., "Human Gluteus Maximus."

19 대니얼 리버먼이 출연한 〈콜베어 르포〉 회차는 코미디 센트럴에서 2013년 5월 28일에 방영되었다.

20 Andreu Llamas, 《*Muscles and Bones(Human Body)*》, (Milwaukee: Gareth Stevens Publications, 1998).

21 Hiromi Kobayashi and Shiro Kohshima, "Unique Morphology of the Human Eye," *Nature* 387, no. 6635 (June 19, 1997): 767-768, https://doi.org/10.1038/42842.

22 〈콜베어 르포〉, 대니얼 리버먼 출연 회차.

23 〈인간 대 말〉 웹사이트에서도 고도와 코스 지도를 볼 수 있다. https://managainsthorse.net/.

24 인간의 지구력과 달리기에 대한 정보는 리버먼과 브램벌을 인터뷰한 내용 및 다음의 과학 논문을 출처로 한다: Bramble and Lieberman, "Endurance Running and the Evolution of Homo"; Losos and Lieberman, "Four Legs Good"; Lieberman et al., "Human Gluteus Maximus"; and Dennis Bramble, "How Running Made Us Human: Endurance Running Let Us Evolve to Look the Way We Do," 〈*Nature*〉, 432. no. 7015, November 18, 2004.

25 이 문단과 바로 위 문단에 담긴 정보의 출처는 다음 논문이다. Lieberman et al., "Human Gluteus Maximus."

26 Losos and Lieberman, "Four Legs Good," 15.

27 이 정보는 데니스 브램벌과의 인터뷰와 그의 논문 "How Running Made Us Human"에서 발췌한 내용이다.

28 이 정보는 제이미 L. 바틀릿과의 인터뷰와 그의 논문에서 발췌한 내용이다. Jamie L. Bartlett et al., "Activity and Functions of the Human Gluteal Muscles in Walking, Running, Sprinting, and Climbing," 〈*American Journal of Physical Anthropology* 153〉, no. 1 (November 12, 2013): 124-31.

29 이 문단은 다음 논문을 참고한 내용이다. Losos and Lieberman, "Four Legs Good."

30 이 문단은 대니얼 리버먼과의 인터뷰와 다음 기사를 참고해 작성했다. Gretchen Reynolds, "The Evolution of the Runner's High," 〈*New York Times*〉, April 25, 2012, https://well.blogs.nytimes.com/2012/04/25/the-evolution-of-the-runners-high/.

31 〈인간 대 말〉 경주의 모든 결과는 웹사이트에서 조회할 수 있다.(https://managainsthorse.net/result.html) 모든 공식 지구력 승마와 마찬가지로, 〈인간 대 말〉 경주에도 말이 멈춰서 쉬고 수의사의 검진을 받는 시간이 있다. 이 시간은 말의 최종 기록에서 제외된다. 닉은 수의사 검진 시간을 뺀 말의 최종 기록보다 더 짧은 시간에 결승선을 통과한 최초의 인간이었다.

백색 지방

32 이 정보의 출처는 대니얼 리버먼을 인터뷰한 내용이다.

33 듀크 대학 박사후연구원 데브자니 스와인-렌즈와의 인터뷰와 그의 논문을 참고했다. Devjanee Swain-Lenz et al., "Comparative Analyses of Chromatin Landscape in White Adipose Tissue Suggest Humans May Have Less Beigeing Potential Than Other Primates," 〈*Genome Biology and Evolution* 11〉, no. 7 (June 24, 2019): 1997-2008.

34 이 문단은 펜실베이니아 대학 인류학과 조교수인 모건 호크와의 인터뷰 내용을 주로 참고해 작성했다.

35 Losos and Lieberman, "Four Legs Good."

36 이 부분은 모건 호크와의 인터뷰에서 발췌했다.

37 George A. Bray and Claude Bouchard, eds.,《*Handbook of Obesity*》, vol. 1, 〈*Epidemiology, Etiology, and Physiopathology*〉 (Boca Raton, FL: CRC Press, 2014).

38 데브자니 스와인-렌즈 역시 나와 인터뷰할 때 이 지점을 논했다.

39 이 문단에 담긴 정보의 출처는 모건 호크를 인터뷰한 내용이다.

40 이 정보의 출처는 대니얼 리버먼을 인터뷰한 내용이다.

41 이 문단에 담긴 정보의 출처는 모건 호크를 인터뷰한 내용이다.

공작의 꼬리 깃털

42 이 인용문의 출처는 찰스 다윈이 1860년 4월 3일에 아사 그레이에게 보낸 편지다. 편지는 다음 책에서 읽을 수 있다. Charles Darwin, 《*The Correspondence of Charles Darwin*》, eds. Frederick Burkhardt et al. (Cambridge, UK: Cambridge University Press, 1985).

43 이 문단에 실린 이론들은 크리스 호프 박사가 2021년 가을에 진행한 몇 차례의 인터뷰에서 설명해준 것이다. 자연 선택, 성 선택, 장식에 대한 이론과 질문은 특히 《인간의 계보와 성 선택》을 비롯한 다윈의 여러 저작에서도 찾아볼 수 있다. 나는 이 이론들을 더 깊이 이해하는 데 있어 리처드 프럼의 책 《아름다움의 진화*The Evolution of Beauty: How Darwin's Forgotten Theory of Mate Choice Shapes the Animal World—and Us*》 (New York: Anchor Books, 2017) 및 프럼, 리버먼, 바드 칼리지 철학과 조교수 캐스린 탭Kathryn Tabb과의 대화에서 도움을 받았다.

44 물론 진화심리학을 활용해 대중적 현상을 설명하려 하는 출판물은 많지만, 여기서는 〈맥심〉과 〈코스모폴리탄〉의 예를 들었다: Zeynep Yenisey, "New Study Claims to Show Why 'Gentlemen Prefer Blondes,'" 〈*Maxim*〉, January 7, 2019, https://www.maxim.com/news/men-prefer-blonde-women-study-2019-1/; Zeynep Yenisey, "Why We Love to Hate Villains, According to Science," 〈*Maxim*〉, December 2, 2015, https://www.maxim.com/entertainment/why-we-love-to-hate-villains-2015-12/; Ali Drucker, "What Do Men and Women Each Regret Most about Sex?," 〈*Maxim*〉, September 10, 2015, https://www.maxim.com/maxim-man/what-do-men-and-women-each-regret-most-about-sex-study-2015-9/; Meehika Barua, "The Scientific Reason Why Men Ghost You *Exactly* After Three Months," 〈*Cosmopolitan*〉, May 11, 2021, https://www.cosmopolitan.com/sex-love/a36395867/why-men-ghost-after-three-months/; Zoe Ruderman, "The Move That Makes You Guy-Hot," 〈*Cosmopolitan*〉, November 29, 2010, https://www.cosmopolitan.com/sex-love/news/a8944/tilted-head-makes-women-attractive-study/. 〈맥심〉, 〈코스모폴리탄〉, 레딧 글타래에서 인용되는 연구는 다음과 같다. Jens Kjeldgaard-Christiansen, "Evil Origins: A

Darwinian Genealogy of the Popcultural Villain," 〈*Evolutionary Behavioral Sciences* 10〉, no. 2 (2016): 109-22; Andrew Galperin et al., "Sexual Regret: Evidence for Evolved Sex Differences," 〈*Archives of Sexual Behavior* 42〉, no. 7 (November 12, 2012): 1145-61; David C. Matz and Verlin B. Hinsz, "Women's Hair as a Cue to Desired Relationship and Parenting Characteristics," 〈*Journal of Social Psychology* 158〉, no. 5 (2018): 558-73; Peter Marshall, Amy Bartolacci, and Darren Burke, "Human Face Tilt Is a Dynamic Social Signal That Affects Perceptions of Dimorphism, Attractiveness, and Dominance," 〈*Evolutionary Psychology* 18〉, no. 1 (January 1, 2020).

45 레딧에서도 진화심리학이 인용되는 사례가 여럿 있지만 특히 찾아보기 쉬운 글타래는 다음과 같다. "Evolutionary Psychology / Sociobiology," https://www.reddit.com/r/evopsych/. 이 글타래에서는 다음과 같은 연구를 인용한다. Rafael Wlodarski and Robin I. Dunbar, "What's in a Kiss? The Effect of Romantic Kissing on Mate Desirability," 〈*Evolutionary Psychology* 12〉, no. 1 (January 1, 2014).

46 Thomas Anderson, "High Heels Do Have Power over Men, Study Finds," 〈*Boston Globe*〉, December 8, 2014, https://www.bostonglobe.com/news/world/2014/12/08/high-heels-have-power-over-men-study-finds/GaOqm3zuAgyrKGcZYZdTSM/story.html?event=event25.

47 University of Stirling, "How Make-up Makes Men Admire but Other Women Jealous," 〈*ScienceDaily*〉, www.sciencedaily.com/releases/2016/06/160624155151.htm.

48 Farid Pazhoohi et al., "Arching the Back (Lumbar Curvature) as a Female Sexual Proceptivity Signal: An Eye-Tracking Study," 〈*Evolutionary Psychological Science* 4〉, no. 2 (October 25, 2017): 158-65.

49 Ali Eaves, "The Science of Why You're an Ass Man," 〈*Men's Health*〉, September 10, 2014, https://www.menshealth.com/sex-women/a19533624/why-youre-an-ass-man/.

50 Olga Khazan, "How the Gluteus Became Maximus," 〈*Atlantic*〉, April 2, 2015, https://www.theatlantic.com/health/archive/2015/04/how-the-gluteus-became-maximus/389216/.

51 Alanna Núñez, "Science Has Finally Figured Out Why Men Like Big Butts," 〈*Cosmopolitan*〉, March 6, 2015, https://www.cosmopolitan.com/entertainment/celebs/news/a37405/science-big-butts/.

52 David M. G. Lewis et al., "Lumbar Curvature: A Previously Undiscovered Standard of Attractiveness," 〈*Evolution and Human Behavior* 36〉, no. 5 (September 2015): 345-50.

53 Stephen Jay Gould, "The Return of Hopeful Monsters," 〈*Natural History* 86〉

(June 1, 1977): 22.

54 리처드 프럼과 크리스 호프는 진화 생물학자들 사이에서 공유되는 진화 심리학에 대한 비판을 깊게 이해하도록 도와주었다.

55 Amotz Zahavi, "Mate Selection—a Selection for a Handicap," 〈*Journal of Theoretical Biology* 53〉, no. 1 (1975): pp. 205-214, https://doi.org/10.1016/0022-5193(75)90111-3.

56 이 정보의 출처는 크리스 호프를 인터뷰한 내용이다.

57 Stephen J. Gould and Richard C. Lewontin, "The Spandrels of San Marco and the Panglossian Paradigm: A Critique of the Adaptationist Programme," 〈*Proceedings of the Royal Society of London* 205〉, no. 1161 (September 21, 1979): 581-98.

58 나는 2018년 2월과 2019년 5월에 예일 대학을 방문해 프럼 박사와 인터뷰를 진행했으며, 그의 책에서도 정보를 얻었다. Prum, 《*The Evolution of Beauty*》.

59 이 문단에 담긴 정보의 출처는 프럼 박사를 인터뷰한 내용과 그의 책 Prum, 《*The Evolution of Beauty*》이다.

60 해당 문단은 크리스 호프와의 인터뷰를 참고해 작성했다.

2장. 호텐토트의 비너스

삶

1 이 장에서 재구성한 세라 바트먼의 삶은 바트먼 학자들에게 널리 인용되는 클리프턴 크레이스Clifton Crais와 파멜라 스컬리Pamela Scully의 명저 《*Sarah Baartman and the Hottentot Venus*》 (Princeton, NJ: Princeton University Press, 2011)에 깊이 의존하고 있다. 나는 또한 바트먼의 삶과 유산에 대한 일반적인 정보를 얻기 위해 다음 자료들을 참조했다. Anne Fausto-Sterling, "Gender, Race, and Nation: The Comparative Anatomy of 'Hottentot' Women in Europe, 1815-1817," in 《*Deviant Bodies: Critical Perspectives on Difference in Science and Popular Culture*》, eds. Jennifer Terry and Jacqueline Urla (Bloomington: Indiana University Press, 1999), 19-48; Natasha Gordon-Chipembere, 《*Representation and Black Womanhood: The Legacy of Sarah Baartman*》 (New York: Palgrave Macmillan, 2016); Janell Hobson, 《*Venus in the Dark: Blackness and Beauty in Popular Culture*》 (Oxfordshire: Routledge, 2018); Rachel Holmes, 《*The Hottentot Venus: The Life and Death of Sarah Baartman*》 (London: Bloomsbury, 2020); 《*The Life and Times of Sarah Baartman*》, directed by Zola Maseko, Icarus Films, 1998; T. Denean Sharpley-Whiting, 《*Black Venus: Sexualized Savages, Primal Fears, and Primitive Narratives in French*》 (Durham,

NC: Duke University Press, 1999); Deborah Willis, ed., 《*Black Venus 2010: They Called Her "Hottentot"*》 (Philadelphia: Temple University Press, 2010).

2 퀴비에를 다룬 전기 대부분은 프랑스어로 쓰여 있지만, 19세기의 백과사전과 과학사를 살펴보면 퀴비에의 생애에 관한 세부 사항을 알 수 있다. 나는 애리조나 대학·캘리포니아 대학 버클리 캠퍼스의 과학 백과사전을 사용했으며, 크레이스와 스컬리가 쓴 바트먼 전기에 담긴 정보들도 활용했다. 또한 과학철학자인 크리스 호프와 캐스린 탭과 나눈 대화도 시대적 맥락에서 퀴비에를 이해하는 데 도움이 되었다.

3 사르치Saartjie는 바트만이 생전에 불린 아프리칸스어 이름이다. 그가 세라로 불린 건 잉글랜드에 도착하고 몇 년이 흘러 맨체스터에서 세례를 받고 난 뒤였다. 바트먼의 삶 중에 어디까지가 선택이고 어디까지가 강압이었는지 알 수는 없지만, 적어도 세라라는 이름은 세례받을 당시 그가 스스로 정했다고 한다. 그래서 많은 학자는 오늘날 그를 이 이름으로 부르고 있다. '치'라는 접미사는 두 가지 의미를 지녔는데, 친구들 사이에 애정을 담아 부르는 애칭인 동시에 그 이름이 의미하는 바를 축소하고 노예 상태·예속·복종을 의미하는 기능도 있다. 남아프리카 역사를 통틀어 이 접미사는 백인들이 흑인에게 권위를 내세우기 위해 인종차별적으로 사용되었다. 바트먼이 불렸던 이름에도 조롱의 의미가 내포되었을 가능성이 있다. 풍만한 몸매로 알려진 그가, 막상 이름에는 언제나 작다는 의미를 담고 산 것이다.

4 어떤 자료에서는 이 원주민 집단을 코이코이족이라고 부르지만, 오늘날 코이족 사람들과 대화한 결과 나는 그들이 '코이Khoe'라고 불리기를 선호하며 실제 발음은 '키quay'와 비슷하다는 걸 알게 되었다.

5 이 통찰은 레이철 홈즈Rachel Holmes가 쓴 세라 바트먼 전기 《*Sarah Baartman, The Hottentot Venus: The Life and Death of Sarah Baartman*》에 나와 있다.

6 Sabrina Strings, 《*Fearing the Black Body: The Racial Origins of Fat Phobia*》 (New York: New York University Press, 2019).

7 Edward Ward, 《*A Compleat and Humorous Account of All the Remarkable Clubs and Societies in the Cities of London and Westminster*》 (London: 1756), 31-32.

8 James Gillray, "Sir Richard Worse-than-sly, exposing his wife's bottom;—o fye!," hand-colored etching, March 14, 1782, National Portrait Gallery, London.

9 Holmes, 《*Hottentot Venus*》, 33.

10 Crais and Scully, 《*Sara Baartman and the Hottentot Venus*》.

11 Holmes, 《*Hottentot Venus*》, 33.

12 유럽과 미국에서 프릭 쇼와 인간 동물원의 역할에 대한 정보는 다음을 보라. Bernth Lindfors, 《*Early African Entertainments Abroad: From the Hottentot Venus to Africa's First Olympians*》 (Madison: The University of Wisconsin Press, 2014).

13 Lindfors, 《*Early African Entertainments Abroad*》, 14.

14 "The Hottentot Venus," 〈*Times*(London)〉, November 26, 1810, 3.

15 이는 파이프 담배를 피우는 코이족 여자에 관한 오래된 고정관념을 환기하는 것이자, 바트먼이 군중 속 여자들과는 다른 존재라고 표시하는 방법이었다. 당시 잉글랜드 여자들이 파이프 담배를 피우는 일은 드물었으므로, 바트먼은 젠더와 인종 양쪽으로 "타자화"되었다.

16 "Hottentot Venus," 〈*Times*(London)〉.

17 Ibid.

18 Holmes, *Hottentot Venus*, 48.

19 매콜리는 노예해방이라는 대의에 헌신하기 전에 자메이카 사탕수수 플렌테이션에서 감독으로 일했다. 영국 노예해방에 대한 그의 저서 《*Bury the Chains: Prophets and Rebels in the Fight to Free an Empire's Slaves*》 (Boston: Mariner Books, 2006)에서 애덤 호쉬필드Adam Hoschfield는 그를 깐깐하고 엄숙한 복음주의자로 묘사한다. 매콜리는 다른 많은 사람과 함께 노예무역 폐지를 위해 적극적으로 투쟁했고, 그 결과 1807년에 노예무역 폐지법이 통과되었다.

20 Holmes, 《*Hottentot Venus*》, 59.

21 "The Hottentot Venus," 〈*Times*〉.

22 Holmes, 《*Hottentot Venus*》, 62.

23 《*Studies in Ethnological Show Business*》 (Bloomington: Indiana University Press, 1999).

24 재판 기록은 다음 책의 부록에서 볼 수 있다. Martin J. S. Rudwick, 《*Georges Cuvier, Fossil Bones, and Geological Catastrophes: New Translations and Interpretations of the Primary Texts*》 (Chicago: University of Chicago Press, 1998).

25 Crais and Scully, 《*Sara Baartman and the Hottentot Venus*》, 100.

26 Holmes, 《*Hottentot Venus*》, 62.

27 "The Hottentot Venus," 〈*Examiner*〉, December 2, 1810, 768.

28 Crais and Scully, 《*Sara Baartman and the Hottentot Venus*》, 127.

29 Holmes, 《*Hottentot Venus*》, 85.

30 Sadiah Qureshi, "Displaying Sara Baartman, the 'Hottentot Venus,'" 〈*History of Science* 42〉 (June 1, 2004): 237-57.

31 Rudwick, 《*Georges Cuvier, Fossil Bones, and Geological Catastrophes*》.

32 Crais and Scully, 《*Sara Baartman and the Hottentot Venus*》.

33 이 정보는 올버니 대학에서 여성·젠더·섹슈얼리티를 연구하는 교수 자넬 홉슨과의 인터뷰에서 발췌한 내용이다.

34 홉슨은 바트먼 학자로서, 그의 저서와 논문들은 내가 바트먼이 남긴 유산을 이해하는 데 바탕이 되었다. 나는 그와 2021년 봄에 두 차례 대화했고 다음 글을 참고했다. Venus in the Dark; "The 'Batty' Politic: Toward an Aesthetic of the Black

Female Body," 〈*Hypatia* 18〉, no. 4 (2003): 87-105; "Remnants of Venus: Signifying Black Beauty and Sexuality," 〈*WSQ: Women's Studies Quarterly* 46〉, no. 1-2 (2018): 105-20.

35 이 개념에 대해 글을 쓴 학자들이 많다. 다음을 보라. Jennifer L. Morgan, "Partus Sequitur Ventrem: Law, Race, and Reproduction in Colonial Slavery," 〈*Small Axe: A Caribbean Journal of Criticism* 22〉, no. 1 (March 2018): 1-17; Alys Eve Weinbaum, 《*Wayward Reproductions: Genealogies of Race and Nation in Transatlantic Modern Thought*》(Durham, NC: Duke University Press, 2004).

36 Willis, 《*Black Venus*》, 2010.

37 무제 기사, 〈*Times*(London)〉, January 10, 1811, 2.

38 19세기 과학자들이 엉덩이에 인종과 성의 함의를 결부시킨 방식과 바트먼에 대한 연구는 샌더 길먼의 다음 논문을 바탕으로 한다. "Black Bodies, White Bodies: Toward an Iconography of Female Sexuality in Late Nineteenth-Century Art, Medicine, and Literature," 〈*Critical Inquiry* 12〉, no. 1 (1985),

39 Gilman, "Black Bodies, White Bodies," 219.

40 Lindfors, 《*Early African Entertainments Abroad*》.

유산

41 Francis Galton, 《*Narrative of an Explorer in Tropical South Africa: Being an Account of a Visit to Damaraland in 1851*》, 4th ed. (London: Ward, Lock & Co., 1891), 54.

42 Ibid.

43 이 장에서 논한 우생학에 대한 정보의 출처는 다음과 같다. 나는 미시간 대학에서 역사·미국 문화·여성·젠더를 연구하는 교수이자 인문대학 부학장인 앨릭잰드라 미나 스턴Alexandra Minna Stern과 우생학의 역사에 대해 인터뷰했고, 그의 저서 《*Eugenic Nation: Faults and Frontiers of Better Breeding in Modern America*》 (Oakland: University of California Press, 2016)를 참고했다. 나는 또한 미시간 대학의 미국 문화 박사과정에서 우생학 불임 수술의 역사와 유산을 연구하는 케이트 오코너Kate O'Connor와 대화를 나누었고, 다음 책들을 참고했다. Adam Cohen, 《*Imbeciles: The Supreme Court, American Eugenics, and the Sterilization of Carrie Buck*》 (New York: Penguin Press, 2017); 룰루 밀러Lulu Miller, 《물고기는 존재하지 않는다*Why Fish Don't Exist: A Story of Loss, Love, and the Hidden Order of Life*》 (New York: Simon & Schuster, 2021).

44 백인성의 분류에 관한 정보의 출처이자, 이 책에서 백인성과 인종에 대한 내 생각의 기틀이 되어준 저서는 다음과 같다. Nell Painter, 《*The History of White People*》 (New York: W. W. Norton, 2011).

45 Sabrina Strings, 《*Fearing the Black Body: The Racial Origins of Fat Phobia*》

(New York: New York University Press, 2019).

46 Gilman, "Black Bodies, White Bodies," 219.

47 오늘날에도 사람들은 엉덩이와 외음부를 자주 연관짓는다. 이것이 가장 잘 드러나는 사례는 주로 엉덩이를 뜻하지만, 어느 때엔 외음부를 의미하기도 하는 복숭아 이모지일 것이다.

48 Ibid., 229.

49 해당 내용 및 인용의 출처는 다음 책이다. Havelock Ellis, 《*Studies in the Psychology of Sex*》, vol. 4 (Philadelphia: Butterworth-Heinemann, 1942). 샌더 길먼은 "Black Bodies, White Bodies"의 분석에서 엘리스를 언급하기도 한다.

50 1927년 미연방 대법원에서는 1924년 버지니아 우생학적 불임시술법에 의거, "정신박약"이라는 이유로 캐리 벅에게 불임시술을 받으라는 판결을 내렸다(8대 1의 판결이었다). 벅 대 벨 판결은 정부에서 공공 병원 입원환자 또는 수감자에게 불임시술을 시킬 수 있다는 판례를 낳았다. 법정에서는 저능, 뇌전증, 정신박약이 유전되며 자녀에게 이런 결함을 물려주는 일을 방지해야 한다고 주장했다. 애덤 코헨의 저서 《*Imbeciles*》에서 이 내용을 자세히 다룬다.

51 세라 바트먼의 송환에 관련된 내용의 출처는 다음과 같다. Crais and Scully, *Sara Baartman and the Hottentot Venus;* Hershini Bhana Young, "Returning to Hankey: Sarah Baartman and Endless Repatriations," in 《*Illegible Will: Coercive Spectacles of Labor in South Africa and the Diaspora*》 (Durham, NC: Duke University Press, 2017), 29-72. 비교적 최근의 기사도 참고로 삼았다. Suzanne Daley, "Exploited in Life and Death, South African to Go Home," 〈*New York Times*〉, January 30, 2002, https://www.nytimes.com/2002/01/30/world/exploited-in-life-and-death-south-african-to-go-home.html; Obed Zilwa, "S. Africa Buries Remains of 'Sarah,'" *AP News*, August 9, 2002, https://apnews.com/article/b92223d9da4a13252640e2340899ef1a. 또한 케이프타운 대학에서 미술사·시각문화를 가르치는 조교수 노무사 마쿠부에게, 남아프리카와 그 지역 페미니즘에 바트먼이 남긴 유산에 관해 들었다.

3장. 형태에서 집착으로

더 크게

1 Jessica Glasscock, "Nineteenth-Century Silhouette and Support," Metropolitan Museum of Art, October 2004, https://www.metmuseum.org/toah/hd/19sil/hd_19sil.htm.

2 Jules David Prown, "Mind in Matter: An Introduction to Material Culture Theory and Method," 〈*Winterthur Portfolio* 17〉, no. 1 (1982): 1-19.

3 내가 빅토리아 앤드 앨버트 박물관을 방문한 시기는 2018년 여름이다. 이 책에 담긴 빅토리아 앤드 앨버트 박물관 및 역사적 패션에 관한 정보는 대부분 해당 박물관의 기록보관소와 컬렉션에서 얻은 것이다.

4 Kat Eschner, "Although Less Deadly Than Crinolines, Bustles Were Still a Pain in the Behind," 〈*Smithsonian*〉, April 21, 2017.

5 버슬에 관한 기본 정보는 다음을 비롯해 여러 군데에서 찾을 수 있다. C. Willett and Phillis Cunnington, 《*The History of Underclothes*》 (New York: Dover, 2013); Karen Bowman, 《*Corsets and Codpieces: A History of Outrageous Fashion, from Roman Times to the Modern Era*》 (New York: Skyhorse Publishing, 2016); Wendy Tomlinson, "All About the Bustle," Grey Roots Museum & Archives, https://greyroots.com/story/all-about-bustle.

6 Mary Vivian Hughes, 《*A London Child of the Seventies*》 (London: Oxford University Press, 1934), 84.

7 이 문단에 담긴 정보는 빅토리아 앤드 앨버트 박물관의 큐레이터 에드위나 어먼이 제공해주었다.

8 이 문단에 담긴 정보의 출처는 주로 빅토리아 시대 의상의 패턴을 판매하는 트룰리 빅토리안Truly Victorian의 패션 역사학자 헤더 맥너튼Heather McNaughton과 나눈 이메일 대화다.

9 Glasscock, "Nineteenth-Century Silhouette and Support."

10 이하 정보는 빅토리아 앤드 앨버트 박물관의 큐레이터 에드위나 어먼과의 인터뷰에서 발췌했다.

11 빅토리아 시대 속옷에 대한 이 이론의 출처는 다음 논문이다. Casey Finch, "'Hooked and Buttoned Together': Victorian Underwear and Representations of the Female Body," 〈*Victorian Studies* 34〉, no. 3 (1991): 337-63.

12 "A Short Chapter on Bustles," 〈*Irish Penny Journal* 1〉, no. 18 (October 31, 1840): 140-41.

13 이 장에서 다룬 세라 바트먼과 "호텐토트 비너스"의 역사는 주로 자넬 홉슨과의 인터뷰와 다음 책들을 출처로 한다. Holmes, 《*Hottentot Venus*; Crais and Scully, *Sara Baartman and the Hottentot Venus*》.

14 Emmanuel Théaulon de Lambert, Achille d'Artois, and Nicolas Brazier, 〈*The Hottentot Venus; or, The Hatred of Frenchwomen*〉, November 19, 1814.

15 Greg Tate et al., 《*Everything but the Burden: What White People Are Taking from Black Culture*》 (New York: Broadway Books, 2003).

16 Lisa Jones, "Venus Envy," 〈*Village Voice* 36〉, no. 28 (July 9, 1991): 36.

17 Eschner, "Although Less Deadly Than Crinolines."

18 Nancy L. Green, "Women and Immigrants in the Sweatshop: Categories of Labor Segmentation Revisited," 〈*Comparative Studies in Society and History* 38〉, no. 3 (1996): 414.

19 Madelyn Shaw, "Slave Cloth and Clothing Slaves: Craftsmanship, Commerce, and Industry," *Journal of Early Southern Decorative Arts*, 42, 2021.

20 Arthur Cecil Bining, "The Iron Plantations of Early Pennsylvania," 〈*Pennsylvania Magazine of History and Biography* 57〉, no. 2 (1933): 117-37.

더 작게

21 여기서 기술한 고든 콘웨이와 그의 어머니 토미 콘웨이에 대한 모든 정보의 출처는 다음 책이다. Raye Virginia Allen, 《*Gordon Conway: Fashioning a New Woman*》 (Austin: University of Texas Press, 1997). 이 책은 콘웨이 모녀를 다룬 훌륭한 전기로서, 이 장에서 묘사한 고든 콘웨이의 일러스트 여러 점이 실려 있다.

22 Glasscock, "Nineteenth-Century Silhouette and Support."

23 이 장에 담긴 플래퍼에 대한 정보는 따로 표시하지 않은 이상 다음을 출처로 한다. Linda Simon, 《*Lost Girls: The Invention of the Flapper*》 (London: Reaktion Books, 2017); Joshua Zeitz, 《*Flapper: A Madcap Story of Sex, Style, Celebrity, and the Women Who Made America Modern*》 (New York: Three Rivers Press, 2006).

24 Anne Hollander, 《*Seeing Through Clothes*》 (Berkeley: University of California Press, 1993), 155-56.

25 Kenneth A. Yellis, "Prosperity's Child: Some Thoughts on the Flapper," 〈*American Quarterly* 21〉, no. 1 (1969): 46.

26 Bruce McComiskey and Cynthia Ryan, 《*City Comp: Identities, Spaces, Practices*》 (Albany, New York: State University of New York Press, 2003).

27 Bernarr Macfadden, 《*The Power and Beauty of Superb Womanhood*》(New York: The Physical Culture Publications Co., 1901).

28 푸아레와 샤넬에 대한 정보는 다음에서 찾을 수 있다. Linda Simon, 《*Lost Girls*》; Joshua Zeitz, *Flappers*; Harold Koda and Andrew Bolton, "Paul Poiret (1879-1944)," 〈*The Costume Institute*〉, September 2008, https://www.metmuseum.org/toah/hd/poir/hd_poir.htm; Hollander, 《*Seeing Through Clothes*》, 156.

29 푸아레의 잘 알려진 발언으로서, 다음에서 재인용했다. Zeitz, 《*Flapper*》, 150.

30 Bruce Bliven, "Flapper Jane," 〈*The New Republic*〉, September 9, 1925, https://newrepublic.com/article/113130/bruce-bliven-interviews-flapper.

31 Emily Spivack, "The History of the Flapper, Part 3: The Rectangular Silhouette," 〈*Smithsonian*〉, February 19, 2013.

32 Hollander, 《*Seeing Through Clothes*》, 155-56.

33 다음 책에도 같은 발상이 들어 있다. Anne Hollander, 《*Seeing Through Clothes*》.

34 해당 문단에 나온 정보는 다음 책들에서 발췌한 내용이다. Valerie Steele, 《*The Corset: A Cultural History*》 (New Haven: Yale University Press, 2007); Valerie Steele, 《*Fashion and Eroticism: Ideals of Feminine Beauty from the Victorian Era Through the Jazz Age*》 (Oxford: Oxford University Press), 1985.

35 "Dieting, Swaying, Hopping to Make Over the Hip Line," 〈*Washington Post*〉, December 4, 1910.

36 여성이 스스로 몸을 인식하는 방식에 관한 연구, 대중적인 신체 감시 및 다이어트에 관련한 정보는 다음 책에서 발췌했다. Simon, 《*Lost Girls*》, 205-6.

37 Nancy Hass, "How Japonisme Forever Changed the Course of Western Design," 〈*New York Times*〉, February 11, 2021, https://www.nytimes.com/2021/02/11/t-magazine/japonisme-paris-western-design.html.

38 Adam Geczy, 《*Fashion and Orientalism: Dress, Textiles and Culture from the 17th to the 21st Century*》 (London: Bloomsbury Academic, 2013), 134.

39 Harold Koda and Richard Martin, "Orientalism: Visions of the East in Western Dress," The Costume Institute, October 2004, https://www.metmuseum.org/toah/hd/orie/hd_orie.htm.

40 해당 이브닝 코트는 다음에서 찾아볼 수 있다. https://www.metmuseum.org/art/collection/search/156074.

41 Page Act of 1875: The Page Act of 1875, Public Law 43-141, US Statutes at Large 18 (1875): 477-78.

42 조세핀 베이커에 대한 정보와 분석의 출처는 다음 책들이다. Mae Henderson and Charlene B. Regester, eds., 《*The Josephine Baker Critical Reader: Selected Writings on the Entertainer and Activist*》 (Jefferson, NC: McFarland & Company, 2017) (나는 특히 메이 헨더슨Mae Henderson과 샬린 레게스터Charlene B. Regester가 쓴 서문과 마이클 보슈크Michael Borshuk가 집필한 "An Intelligence of the Body: Disruptive Parody Through Dance in the Early Performances of Josephine Baker" 장에 크게 의존했다); Marcel Sauvage, 《*Les memoires de Josephine Baker*》 (Paris: Editions Correa, 1949); Jean-Claude Baker and Chris Chase, 《*Josephine: The Hungry Heart*》 (New York: Cooper Square Press, 2001), 7; Anne Anlin Cheng, 《*Second Skin: Josephine Baker and the Modern Surface*》 (Oxford, UK: Oxford University Press, 2013).

43 인용문의 출처는 다음 다큐멘터리다. 《*Josephine Baker: The First Black Superstar*》, directed by Suzanne Phillips, BBC Four, aired July 9, 2009.

44 1920년대 파리의 흑인들에 관한 정보는 다음 자료를 참고했다. Brent Hayes Edwards, 《*The Practice of Diaspora: Literature, Translation, and the Rise of Black Internationalism*》 (Cambridge, MA: Harvard University Press, 2003); Tyler Stovall, 《*Paris Noir: African Americans in the City of Light*》 (North Charleston, SC: CreateSpace, 2012); 할렘 르네상스와 파리에 대한 리처드 롱

Richard Long의 2014년 4월 강연, https://www.youtube.com/watch?v=cGJ9x_PK_pY&t=3307s.

45 Simon, 《*Lost Girls*》.

46 베이커의 회고록은 친구 마르셀 소바주Marcel Sauvage에게 들려준 내용을 토대로 하며 프랑스어로 되어 있다. 나는 번역가와 협업하여 인용된 부분을 읽었다. Sauvage, 《*Memoires de Josephine Baker*》.

47 Sauvage, 《*Memoires de Josephine Baker*》.

48 베이커의 공연에 대한 반응을 묘사한 이 문단의 인용문 출처는 다음 책이다. Baker and Chase, 《*Josephine: The Hungry Heart*》, 7.

49 Baker and Chase, 《*Josephine: The Hungry Heart*》, 7.

50 베이커의 유명한 발언은 주로 이 책의 번역문으로 인용된다. Phyllis Rose and Jazz Cleopatra, 《*Josephine Baker in Her Time*》 (New York: Vintage, 1991). 나는 베이커가 마르셀 소바주와 쓴 회고록에서 원문을 찾아 기존 번역문과 어떤 차이가 있는지 번역가와 함께 살펴보았고, 작지만 의미 있는 차이가 있음을 발견했다.

51 《*Josephine Baker: The First Black Superstar*》.

52 리처드 롱, 할렘 르네상스와 파리에 대한 강연.

53 《*Josephine Baker: The First Black Superstar*》.

4장. 평균의 탄생

노마

1 나는 미시간주 내 우생학의 역사를 공부하고 있는 미시간 대학 박사과정 학생 케이트 오코너와 대화하던 중에 노마와 노먼에 대해 처음 알게 되었다. 그 뒤 노마와 노먼 동상을 조사하면서 다음 출처를 참고했다. Peter Cryle and Elizabeth Stephens, 《*Normality: A Critical Genealogy*》 (Chicago: University of Chicago Press, 2018); Julian B. Carter, 《*The Heart of Whiteness: Normal Sexuality and Race in America*》, *1880-1940* (Durham, NC: Duke University Press, 2007); Dahlia S. Cambers, "The Law of Averages 1: Norman and Norma," 〈*Cabinet Magazine* 15〉 (2004); Mary Coffey, "The Law of Averages 2: American Adonis," 〈*Cabinet Magazine* 15〉 (2004). 클리블랜드 자연사박물관의 기록학자 조 테이트Joe Tait는 이 장에서 참고한 많은 1차 자료를 발굴하는 데 도움을 주었고, 메리 코피Mary Coffey와 그의 에세이 "American Adonis," 《*Popular Eugenics: National Efficiency and American Mass Culture in the 1930s*》 (Athens: Ohio University Press, 2006)에 관해 나와 대화를 나누었다.

2 Measurements of Normman and Norma, 1943, Dickinson-Belskie Files,

HealthSpace Cleveland Collection, Cleveland Museum of Natural History Archives, Cleveland, Ohio.

3 Rose Holz, "The 1939 Dickinson-Belskie Birth Series Sculptures: The Rise of Modern Visions of Pregnancy, the Roots of Modern Pro-Life Imagery, and Dr. Dickinson's Religious Case for Abortion," 〈*Papers in Women's and Gender Studies* 9〉 (2017): 5, https://digitalcommons.unl.edu/cgi/viewcontent.cgi?article=1010&context=womenstudiespapers.

4 우생학에 대한 모든 정보의 출처는 2장과 같다. 나는 미시간 대학에서 역사, 미국 문화, 여성, 젠더학을 연구하는 교수이자 인문대학 부학장인 앨릭잰드라 미나 스턴*Alexandra Minna Stern*과 우생학의 역사에 대해 인터뷰했고, 그의 저서 *Eugenic Nation*를 참고했다. 나는 또한 미시간 대학의 미국 문화 박사과정에서 우생학 불임 수술의 역사와 유산을 연구하는 케이트 오코너와도 대화를 나누었으며 다음 책들도 참고했다. Adam Cohen, 《*Imbeciles*》; 룰루 밀러, 《물고기는 존재하지 않는다》.

5 USDA 기록보관소의 에밀리 마시Emily Marsh가 오브라이언에 대해 쓴 글을 웹사이트에서 읽을 수 있다. Emily Marsh, "Apron Strings and Kitchen Sinks: The USDA Bureau of Home Economics," US Department of Agriculture, https://www.nal.usda.gov/exhibits/ipd/apronsandkitchens/about. 마시는 나와 인터뷰하면서 이 연구에 관한 1차 자료 몇 개를 알려주었고, 가정경제학에 관해 더 넓은 측면에서 이해할 수 있도록 도움을 주었다. 가정경제학의 역사에 관한 더 많은 정보는 다음 사이트에서 찾아볼 수 있다. Cornell University's home economics archive: https://digital.library.cornell.edu/collections/hearth/about.

6 다음 문단에 담긴 루스 오브라이언에 대한 모든 정보의 출처는 그의 저서다. 《*Women's Measurements for Garment and Pattern Construction*》 (Washington, DC: US Department of Agriculture, 1941), 1-73. 나는 특히 "Foreword," "Measuring Procedures," "The Schedule" 장을 참고했다.

7 Harry L. Shapiro, "A Portrait of the American People," 〈*Natural History* 54〉 (1945): 248, https://archive.org/details/naturalhistory54newy/page/248/mode/2up.

8 신문 스크랩, Josephine Robertson, "Church Interests Itself in Norma," September 19, 1945, Dickinson-Belskie Files, 1945 Norma Contest scrapbook, HealthSpace Cleveland Collection, Cleveland Museum of Natural History Archives, Cleveland, Ohio.

9 신문 스크랩, Josephine Robertson, "Norma's Husband Better Be Good," September 15, 1945, Dickinson-Belskie Files, 1945 Norma Contest scrapbook, HealthSpace Cleveland Collection, Cleveland Museum of Natural History Archives, Cleveland, Ohio.

10 신문 스크랩, Josephine Robertson, "Norma's Gym Suit in '90s Covered All," September 12, 1945, Dickinson-Belskie Files, 1945 Norma Contest scrapbook,

HealthSpace Cleveland Collection, Cleveland Museum of Natural History Archives, Cleveland, Ohio.

11 신문 스크랩, Josephine Robertson, "Our 'Norma' Is Larger Than Her Grandma," 1945, Dickinson-Belskie Files, 1945 Norma Contest scrapbook, HealthSpace Cleveland Collection, Cleveland Museum of Natural History Archives, Cleveland, Ohio.

12 신문 스크랩, Josephine Robertson, "Norma Is Appealing Model in Opinion of City's Artists," September 15, 1945, Dickinson-Belskie Files, 1945 Norma Contest scrapbook, HealthSpace Cleveland Collection, Cleveland Museum of Natural History Archives, Cleveland, Ohio.

13 신문 스크랩, Robertson, "Norma's Gym Suit in '90s Covered All."

14 우생학자들은 인종 위계에서 백인을 흑인·아시아인보다 우위에 올리려는 이론에도 몰두했지만, 그들이 주로 관심을 품은 것은 백인성 자체였다. 앞장에서 설명했듯, 과학자들은 무수한 방법을 적용해 오늘날 "백인"으로 불리는 각국 사람들을 분류하고 순위를 매겼다. 그들이 정한 체계에서 "백인성이 덜한" 이들은 범죄자 또는 정신박약으로 간주했고, 이들 집단을 의심, 감시하면 세계에서 범죄와 장애를 제거할 수 있다는 우생학적 합리화가 펼쳐졌다.

15 신문 스크랩, Robertson, "Norma Is Appealing Model."

16 신문 스크랩(노마 찾기 대회 참가를 위해, 신체 치수를 직접 재는 법), September 10, 1945, Dickinson-Belskie Files, 1945 Norma Contest scrapbook, HealthSpace Cleveland Collection, Cleveland Museum of Natural History Archives, Cleveland, Ohio.

17 신문 스크랩, Josephine Robertson, "3,700 Send Measurements in Ohio Search for Norma," September 20, 1945, Dickinson-Belskie Files, 1945 Norma Contest scrapbook, HealthSpace Cleveland Collection, Cleveland Museum of Natural History Archives, Cleveland, Ohio.

18 신문 스크랩, Josephine Robertson, "Theater Cashier, 23, Wins Title of 'Norma,' Besting 3,863 Entries," September 23, 1945, Dickinson-Belskie Files, 1945 Norma Contest scrapbook, HealthSpace Cleveland Collection, Cleveland Museum of Natural History Archives, Cleveland, Ohio, https://drive.google.com/file/d/1QVkZOQPvytkw8YQufOhmQv0Bg7eM048R/view.

19 Ibid.

대량 생산

20 나는 래셔널 드레스 소사이어티Rational Dress Society에서 진행한 예술 프로젝트의 일환으로 〈파리 리뷰〉에 점프슈트에 대한 글을 실었을 때 치수의 역사에 대해 조사한 바 있었다. (Heather Radke, "The Jumpsuit That Will Replace All Clothes

Forever," 〈Paris Review〉, March 21, 2018, https://www.theparisreview.org/blog/2018/03/21/the-jumpsuit-that-will-replace-all-clothes-forever/). 이 장을 쓰기 위해, 나와 점프슈트 글을 같이 쓴 에비게일 글럼-래스버리와 따로 인터뷰를 진행했다. 그에게 치수의 역사에 대한 설명을 들었고, 추가로 다음을 참고했다. Julia Felsenthal, "A Size 2 Is a Size 2 Is a Size 8," 〈*Slate*〉, January 25, 2012, https://slate.com/culture/2012/01/clothing-sizes-getting-bigger-why-our-sizing-system-makes-no-sense.html; Laura Stampler, "The Bizarre History of Clothing Sizes," 〈*Time*〉, October 23, 2014, https://time.com/3532014/women-clothing-sizes-history/; Gimlet Media, "When Did Pants Become a Thing?," 〈*Every Little Thing*〉 podcast, April 8, 2019, https://gimletmedia.com/shows/every-little-thing/n8hw4d. 다음 책도 참고했다. Sarah-Grace Heller, 《*A Cultural History of Dress and Fashion in the Medieval Age*》 (London, England: Bloomsbury Academic, 2018).

21 Alli Farago, "The Textile Industry During the Industrial Revolution," globalEDGE, October 18, 2017, https://globaledge.msu.edu/blog/post/54483/the-textile-industry-during-the-industrial-revolution.

22 Ava Baron and Susan E. Klepp, "'If I Didn't Have My Sewing Machine . . .': Women and Sewing Machine Technology," in *A Needle, a Bobbin, a Strike: Women Needleworkers in America*, eds. Joan M. Jensen and Sue Davidson (Philadelphia: Temple University Press, 2018); "History of Sweatshops: 1880-1940," National Museum of American History, August 9, 2021, https://americanhistory.si.edu/sweatshops/history-1880-1940.

23 Grace Rogers Cooper, *The Sewing Machine: Its Invention and Development* (Washington, DC: Smithsonian Institution Press, 1976), 57-58.

24 나는 오늘날 치수 체계가 작동하는 방식을 더 잘 이해하기 위해 글럼-래스버리와의 인터뷰 외에도 다음을 참고했다. Suzanne Kapner, "It's Not You. Clothing Sizes Are Broken," 〈*Wall Street Journal*〉, December 16, 2019, https://www.wsj.com/articles/its-not-you-clothing-sizes-are-broken-11576501384; Daniel Soyer, "Garment Sweatshops, Then and Now," 〈*New Labor Forum* 4〉 (1999): 35-46.

25 나는 2020년 9월에 와그너와 인터뷰를 했다. 그의 생애에 대한 정보와 피팅모델이 일하는 과정에 대한 정보는 전부 그 인터뷰를 출처로 하며 글럼-래스버리에게 감수를 받았다. 너태샤 와그너는 다음과 같은 여러 패션 매체에서 다뤄진 적이 있다. Olivia Fleming, "Meet the Model Whose Bottom Is Shaping a Nation," 〈*Vogue*〉, June 29, 2015, https://www.vogue.com/article/best-jeans-butt-model-natasha-wagner; Liza Darwing, "This Denim Model Literally Has the Best Butt in the Business," 〈*Refinery29*〉, June 30, 2015, https://www.refinery29.com/en-us/2015/06/90010/jeans-model-natasha-wagner; Jenna Flanagan, "Fashion Fit

Models: Rarely Seen but Essential to the Runway," *WNYC*, February 17, 2011, https://www.wnyc.org/story/115002-behind-stage-fashion-week-fit-models/. 나는 와그너와의 인터뷰를 비롯해 위의 자료를 참고했다.
26 Fleming, "Meet the Model."

저항

27 나는 플래닛 페퍼의 빈센트 쿠치아와 알렉스 바틀릿에게 추천받아, 2019년 가을에 아이콘에서 열린 드래그 컴페티션에 참석했다.
28 나는 2019년에 쿠치아와 바틀릿을 인터뷰했다. 이 장에서 발췌한 인터뷰는 그들의 아파트에서 진행되었다.
29 이 문단에 실린 젠더와 드래그에 대한 분석은 주디스 버틀러Judith Butler, 호세 에스테반 무뇨즈José Esteban Muñoz, 잭 할버스탐Jack Halberstam을 포함한 학자들이 수십 년 동안 연구한 결과다. 나는 2019년에 할버스탐의 강의를 청강하며 퀴어 퍼포먼스에 대한 생각을 다듬었고, 그 강의에서 배운 것을 이 부분을 비롯해 책의 곳곳에서 활용했다.
30 시몬 드 보부아르, 《제2의 성*The Second Sex*》, trans. Constance Borde and Sheila Malovany-Chevallier (London: Vintage Classics, 2011), 330.
31 주디스 버틀러, 《젠더 트러블: 페미니즘과 정체성의 전복*Gender Trouble: Feminism and the Subversion of Identity*》(Oxfordshire: Routledge Classics, 2006).

5장. 탄탄하여라

강철처럼 단단하게

1 Jack Ohman, "Mixed Media," 〈*Denver Post*〉, May 18, 1984.
2 Brenda Herrman, "'Buns of Steel,'" 〈*Chicago Tribune*〉, February 23, 1993.
3 그레그 스미시의 생애에 관한 정보는 2020년 8월 그와의 인터뷰에서 비롯한 내용이 대부분이다. 본문에서 언급했듯 그의 생애에 관한 이야기와 사실들을 전부 검증하기는 불가능했으나, 나는 최선을 다해 확인했다.
4 이에 대한 증거는 어디서도 찾을 수 없었다.
5 스미시가 현재 유지하고 있는 웹사이트는 다음과 같다. http://www.originalbunsofsteeldvd.com/. 〈오리지널 번즈 오브 스틸〉은 이 사이트에서 구매할 수 있으며 유튜브에서도 쉽게 찾을 수 있다.
6 1970년대 이전 운동의 역사에 대한 정보의 출처는 뉴스쿨 대학 교수 나탈리아 페트르젤라를 2020년 6월에 인터뷰한 내용과 다음 책이다. Jonathan Black, 《*Making the American Body: The Remarkable Saga of the Men and Women*

Whose Feats, Feuds, and Passions Shaped Fitness History》(Lincoln: University of Nebraska Press, 2013), 39.

7 신자유주의의 부상으로 인해 신체에 관한 많은 미국인의 사고방식이 바뀌었다는 주장은 운동의 역사를 이야기할 때 비교적 흔히 제기되며, 페트르젤라 박사와의 대화에서도 등장했다. 신자유주의를 규정하는 것은 복잡하고 어려운 일이나 여기서 나는 최선을 다했다. 다음 자료가 도움이 되었다. 《*Stanford Encyclopedia of Philosophy*; David Harvey, *A Brief History of Neoliberalism*》(Oxford: Oxford University Press, 2005).

8 Kenneth H. Cooper, 《*Aerobics*》 (Lanham, Maryland: M. Evans, 1968).

9 에어로빅의 역사에 대한 정보와 분석의 주된 출처는 다음과 같다. Cooper, 《*Aerobics*》; Black, 《*Making the American Body*》; Elizabeth Kagan and Margaret Morse, "The Body Electronic: Aerobic Exercise on Video: Women's Search for Empowerment and Self-Transformation," *TDR* 32, no. 4 (1988): 164-80; Claire Elaine Rasmussen, "Fit to Be Tied," in 《*The Autonomous Animal Self-Governance and the Modern Subject*》 (Minneapolis: University of Minnesota Press, 2011), 137-66; Jenny Ellison, "Not Jane Fonda: Aerobics for Fat Women Only," in 《*The Fat Studies Reader*》, eds. Esther Rothblum and Sondra Solovay (New York: New York University Press, 2009), 312-19; 나탈리아 페트르젤라와의 인터뷰.

10 제인 폰다의 생애에 대한 정보는 도처에서 쉽게 얻을 수 있는데, 그가 직접 쓴 회고록도 그중 하나다. 수전 레이시Susan Lacy가 감독하고 HBO에서 2018년에 개봉한 다큐멘터리 〈Jane Fonda in Five Acts〉도 아주 좋은 자료다. 제인 폰다와 에어로빅의 아이콘으로서 그의 작업에 대한 정보는 상술한 에어로빅의 역사에 대한 출처에서도 얻을 수 있었다.

11 Robert Lindsey, "Jane Fonda's Exercise Salons Aiding Her Husband's Candidacy," 〈*New York Times*〉, May 2, 1982, 24.

12 Jane Fonda and Steve Schapiro, 《*Jane Fonda's Workout Book*》 (London, England: Allen Lane/Penguin Press, 1981).

13 《*Jane Fonda in Five Acts*》.

14 Linda Sievers, "Videos to Sweat by Offer Convenient Way to Work," 〈*Anchorage Daily News*〉, January 15, 1998.

15 타밀리 웹의 생애에 관한 정보는 2020년 6월 그와의 인터뷰에서 주로 발췌한 내용이다.

16 Kagan and Morse, "The Body Electronic," 167, 173-74.

뚱뚱해도 즐겁게

17 책에 등장하는 로젤라 캔티-레트섬과 뎁 버가드의 인생 이야기는, 2020년 5월

과 3월에 각각 진행한 인터뷰를 중심으로 작성했다. 캐나다 역사박물관 스포츠와 여가 분야 큐레이터인 제니 엘리슨은 서부 해안가 지역에서 일어났던 '뚱뚱한 운동' 움직임에 대해 내게 알려주었다. 나는 이 주제에 대한 그의 다음 연구도 참조했다. "Not Jane Fonda," 312-19; "Fat Activism and Physical Activity," 《*Routledge Handbook of Critical Obesity Studies*》, eds. Michael Gard, Darren Powell, and José Tenorio (London: Routledge, 2021). 그 덕분에 움직임의 배경이 된 더 넓은 맥락을 이해할 수 있었다.

18 Deb Burgard and Pat Lyons, 《*Great Shape: The First Exercise Guide for Large Women*》 (New York: Arbor House, 1988).

19 Marilyn Schwartz, "The 'Plump and Proud' Crowd Is Having Its Day in a Big Way," 〈*Houston Chronicle*〉, March 27, 1987; Jane E. Brody, "HEALTH; Personal Health," 〈*New York Times*〉, September 8, 1988, sec. B, p. 12.

6장. 아이콘

케이트 모스

1 Calvin Klein, Calvin Klein Jeans 광고, 1991.

2 클라인의 발언 출처: George Wayne, "Calvin Klein," 〈*IRIS Covet Book*〉, 2017.

3 수전 손태그Susan Sontag의 에세이 "은유로서의 질병Illness as Metaphor"에서는 결핵과 (나중에는) 암이 도덕성과 미학과 연결되는 여러 방식을 자세히 설명하고 있다. 더 많은 정보는 다음의 책에 등장한다. 《*Illness as Metaphor*》 (New York: Farrar, Straus and Giroux, 1978).

4 시인 테오필 고티에의 이 발언과 시에서의 소비문화 및 질병에 대한 더 많은 정보는 다음에서 볼 수 있다. David M. Moran, "At the Deathbed of Consumptive Art," 〈*Emerging Infectious Diseases* 8〉, no. 11 (2002): 1353-58, doi:10.3201/eid0811.020549.

5 Louise Lague, "How Thin Is Too Thin?," 〈*People*〉, September 20, 1993, https://people.com/archive/cover-story-how-thin-is-too-thin-vol-40-no-12/; Mark Henderson, "Heroin: A Model Way to Die," 〈*Sunday Star-Times*〉 (New Zealand), June 15, 1997; John Leo, "The Perfect Embodiment of Degraded Pop Culture," 〈*Seattle Times*〉, June 7, 1994, https://archive.seattletimes.com/archive/?date=19940607&slug=1914393.

6 Christopher S. Wren, "Clinton Calls Fashion Ads' 'Heroin Chic' Deplorable," 〈*New York Times*〉, May 22, 1997, https://www.nytimes.com/1997/05/22/us/clinton-calls-fashion-ads-heroin-chic-deplorable.html.

7 Herb Ritts, Kate Moss & Mark Wahlberg—Calvin Klein, photograph, 1992.

서 믹스어랏

8 힙합의 역사, 여성과 힙합, 힙합과 엉덩이에 관해 다음 자료들을 참조했다. Jeff Chang, 《*Can't Stop Won't Stop: A History of the Hip-Hop Generation*》 (New York: St. Martin's Press, 2007); Margaret Hunter and Kathleen Soto, "Women of Color in Hip Hop: The Pornographic Gaze," 〈*Race, Gender & Class* 16〉, no. 1-2 (2009): 170-91; Joan Morgan, "Fly-Girls, Bitches, and Hoes: Notes of a Hip-Hop Feminist," 〈*Social Text* 45〉 (1995): 151-57; Evelyn McDonnell, "The Booty Myth," *Medium*, November 10, 2014, https://medium.com/cuepoint/the-booty-myth-5d524c2ab49d; Janell Hobson, "The 'Batty' Politic: Toward an Aesthetic of the Black Female Body," 〈*Hypatia* 18〉, no. 4 (2003): 87-105; Julia S. Jordan-Zachery, "Inscribing and the Black (Female) Body Politic," in 《*Shadow Bodies*》 (New Brunswick, NJ: Rutgers University Press, 2017), 30-51; Bettina L. Love, "Body Image, Relationships, Desirability, and Ass," *Counterpoints* 399 (2012): 78-87; Tricia Rose, "Black Texts/Black Contexts," in 《*Poetry and Cultural Studies: A Reader*》 (Champaign: University of Illinois Press, 2009, 2009), 194.

9 Sir Mix-A-Lot, "Baby Got Back," 1992, music video, 4:13.

10 앤서니 레이Anthony Ray(서 믹스어랏의 본명), 패티 갈루치, 에이미 도시-리바스, 애덤 번스타인의 발언은 전부 2013년에 〈벌처〉에서 진행한 인터뷰를 출처로 한다. Anthony Ray et al.: Rob Kemp, "'And I Cannot Lie': The Oral History of Sir Mix-a-Lot's 'Baby Got Back' Video," 〈*Vulture*〉, December 19, 2013, https://www.vulture.com/2013/12/sir-mix-a-lot-baby-got-back-video-oral-history.html.

11 부모 음악 자원 센터와 포르노그래피에 반대하는 여성들이 "베이비 갓 백"에 대해 반발한 내용의 출처는 다음과 같다. Kory Grow, "PMRC's 'Filthy 15': Where Are They Now?," 〈*Rolling Stone*〉, September 17, 2015, https://www.rollingstone.com/music/music-lists/pmrcs-filthy-15-where-are-they-now-60601/; Gavin M. Ratcliffe, "Parental Advisory, Explicit Content: Music Censorship and the American Culture Wars," (honors paper, Oberlin College, 2016); Christopher Swan, "MTV: Advertisers Carry the Clout. Under Fire for Snarl-and-Seduction Imagery, Producers Leaning Toward Less Threat, but More Flesh," 〈*Christian Science Monitor*〉, May 8, 1985, https://www.csmonitor.com/1985/0508/lmtv2-f.html.

12 카이라 건트(올버니 대학 음악 및 연극 조교수)의 발언은 전부 2020년 8월 6일 그와의 전화 인터뷰에서 발췌한 내용이다. 나는 이 장과 다음 장을 위한 조사에서 건트의 다음 연구 역시 참고했다. Kyra D. Gaunt, "YouTube, Twerking & You: Context Collapse and the Handheld Co-presence of Black Girls and Miley Cyrus," 〈*Journal of Popular Music Studies* 27〉, no. 3 (2015): 244-73.

13 Stephanie Cornish, "Welfare Reform Garnered for Black Women a Hard Time and a Bad Name," 《*AFR: The Black Media Authority*》, March 18, 2015, https://www.afro.com/welfare-reform-garnered-for-black-women-a-hard-time-and-a-bad-name/. 취업률 및 임금 격차 통계의 출처는 다음과 같다. Valerie Wilson and William M. Rodgers III, "Black-White Wage Gaps Expand with Rising Wage Inequality," Economic Policy Institute, September 20, 2016, https://www.epi.org/publication/black-white-wage-gaps-expand-with-rising-wage-inequality/; Callie M. Rennison and Sarah Welchans, "Bureau of Justice Statistics Special Report: Intimate Partner Violence," US Department of Justice, last updated January 31, 2002, https://bjs.ojp.gov/content/pub/pdf/ipv.pdf.

14 Christopher Smith, 《*Dancing Revolution: Bodies, Space, and Sound in American Cultural History*》 (Champaign: University of Illinois Press, 2019), 148.

15 스미스는 《춤추는 혁명》의 "Street Dance and Freedom" 장에서 "베이비 갓 백"의 비디오를 이렇게 묘사한다. "인종적으로 힘을 실어준다. (…) 같이 춤추고, 춤으로써 한 공동체를 존재하게 하는 것은 (크리스토퍼 스몰Christopher Small이 표현했듯 '공연이 지속되는 시간 동안만'일지라도) 그 자체로 인간 해방을 발명하고 재발명하는 일에 참여하는 행위다."

16 "The Hot 100," 〈*Billboard*〉, August 1, 1992, https://www.billboard.com/charts/hot-100/1992-08-01/. 빌보드 통계의 출처는 다음과 같다. Stephen J. Horowitz, "Sir Mix-A-Lot on 'Baby Got Back,' the Song of the Summer 25 Years Ago," *Billboard*, May 25, 2017, https://www.billboard.com/articles/news/magazine-feature/7809400/sir-mix-a-lot-on-baby-got-back/; Michael Ellis, "Top 100 Singles Spotlight," 〈*Billboard*〉, July 11, 1992.

17 "베이비 갓 백"은 1992년 7월 4일 주간부터 1992년 8월 1일 주간까지 빌보드 핫 100 목록의 1위를 차지하다가 마돈나의 "디스 유즈드 투 비 마이 플레이그라운드This Used to Be My Playground"에 자리를 내주었다.

18 휴스턴의 "아이 윌 올웨이즈 러브 유"의 통계의 출처는 다음과 같다. Gary Trust, "Ask Billboard: Is 'I Will Always Love You' the Most Enduring Hit of the Rock Era?," 〈*Billboard*〉, October 4, 2016, https://www.billboardcom/articles/columns/chart-beat/7533218/ask-billboard-is-i-will-always-love-you-the-most-enduring-hit-of.

19 1백만 달러라는 숫자의 출처는 서 믹스어랏과 DJ 블래드의 인터뷰다. DJ Vlad, VladTV.com, https://www.vladtv.com/article/261264/sir-mix-a-lot-explains-how-publishing-beats-out-royalties-flashback.

20 1992년 11월 빌보드 차트에 의하면 "럼프 셰이커"는 차트 꼭대기까지 올랐다. "Hot Rap Songs," 〈*Billboard*〉, https://www.billboard.com/charts/rap-song/1992-11-28.

21 "Whitney Houston 'I Will Always Love You' #1 in 1992," Whitney Houston.com,

December 9, 2016, https://www.whitneyhouston.com/news/whitney-houston-i-will-always-love-you-1992/.

22 Wreckx-n-Effect Ft. Teddy Riley, "Rump Shaker," music video, originally published by Future Entertainment MCA, August 1992, 3:43, https://youtu.be/zdLvauICvPM.

23 1992년 테디 라일리 인터뷰에서 인용했다. Dennis Hunt, "TEDDY RILEY and WRECKX-N-EFFECT: Shakin' Their Moneymakers," 〈*Los Angeles Times*〉, November 29, 1992, https://www.latimes.com/archives/la-xpm-1992-11-29-ca-2538-story.html.

24 2 Live Crew, As Nasty as They Wanna Be, 1988, Luke/Atlantic Records 91651, 1989, compact disc.

25 2 Live Crew, "Face Down Ass Up," track 3 on Live in Concert, Effect/Luke Records, 1990, live album.

26 Henry L. Gates, "2 Live Crew, Decoded," 〈*New York Times*〉, June 19, 1990, https://www.nytimes.com/1990/06/19/opinion/2-live-crew-decoded.html.

27 Tom McGrath, 《*MTV: The Making of a Revolution*》 (Philadelphia: Running Press, 1996).

28 Jacob Hoye, David P. Levin, and Stuart Cohn, 《*MTV Uncensored*》 (New York: Pocket Books, 2001), 98.

제니퍼 로페즈

29 제니퍼 로페즈에 관한 내용은 다음의 자료들을 참고했다. Wendy A. Burns-Ardolino, "Jiggle in My Walk," in 《*The Fat Studies Reader*》 (New York: New York University Press, 2009), 271-79; Mary Beltrán, "The Hollywood Latina Body as Site of Social Struggle: Media Constructions of Stardom and Jennifer Lopez's 'Cross-over Butt,'" 〈*Quarterly Review of Film and Video* 19〉, no. 1 (2002): 71-86; Magdalena Barrera, "Hottentot 2000: Jennifer Lopez and Her Butt," 《*Sexualities in History: A Reader*》 (New York: Routledge, 2002), 411-17; Priscilla Peña Ovalle, "Jennifer Lopez, Racial Mobility, and the New Urban/Latina Commodity," in 《*Dance and the Hollywood Latina*》 (New Brunswick, NJ: Rutgers University Press, 2010), 126-44; Elena Romero, "The Butt Remix: Beauty, Pop Culture, Hip Hop, and the Commodification of the Black Booty," 〈*QED: A Journal in GLBTQ Worldmaking* 4〉, no. 3 (2017): 190-94.

30 Frances Negrón-Muntaner, "Jennifer's Butt," 〈*Aztlán: A Journal of Chicano Studies* 22〉, no. 2 (1997): 181-94.

31 Ibid.

32 Mary C. Beltrán, 《*Latina/o Stars in U.S. Eyes: The Making and Meanings of Film*

and TV Stardom》(Champaign, Illinois: University of Illinois Press, 2009), 138.

33 제니퍼 로페즈 인터뷰 내용은 다음 자료에서 발췌했다. Beltrán, 《*Latina/o Stars in US Eyes: The Making and Meanings of Film and TV Stardom*》, 138-45; Beltrán, "The Hollywood Latina Body"; Joel Stein, "Interview with Jennifer Lopez," 〈*Time*〉, October 5, 1998, http://content.time.com/time/subscriber/article/0,33009,989247,00.html.

34 Rachel Tashjian, "How Jennifer Lopez's Versace Dress Created Google Images," 〈*GQ*〉, September 20, 2019, https://www.gq.com/story/jennifer-lopez-versace-google-images.

35 Jennifer Lopez, "Jenny from the Block," music video, 2002, 4:04, https://youtu.be/dly6p4Fu5TE.

36 여기서 언급한 여러 노래와 기사의 출처는 다음과 같다. Peter Sheridan, "Jennifer Lopez, Bum Selfies and Butt Facials—Are Bottoms the New Boobs?" 〈*Daily Express*〉(UK), September 23, 2014; Jessica Mehalic, "Bootylicious: Guys Talk Tail," 〈*Cosmopolitan*〉, (November 2001), 144-47.

37 Sisqó, "Thong Song," 1999, track 8 on Unleash the Dragon, Def Soul, February 15, 2000, compact disc; Black Eyed Peas, "My Humps," 2004, track 5 on Monkey Business, A&M, September 27, 2005, compact disc.

38 Belinda Luscombe, "When the Fantasy Is a Size 16: Retailers Introduce Voluptuous Mannequins," 〈*Time*〉, November 8, 2013, https://healthland.time.com/2013/11/08/when-the-fantasy-is-a-size-16-retailers-introduce-voluptuous-mannequins/; Reuters, "Big-Bottomed Mannequins Shake Their Booty," 〈*Today*〉, November 11, 2004, https://www.today.com/popculture/big-bottomed-mannequins-shake-their-booty-wbna6462911.

39 인구 통계는 2000년과 1990년 인구조사 자료를 기반으로 발췌했다(미국 통계국에서 온라인으로 확인할 수 있다). 인구조사는 개별 보고서로 정보를 발표하므로, 1990년부터 2000년까지 미국 내 각 인종 및 민족 집단의 증감을 확인하기 위해 다수의 보고서를 참고했다.

40 히스패닉 인구가 증가할 것이란 예상은 다음을 자료를 출처로 한다. Maria T. Mora, "The Increasing Importance of Hispanics to the US Workforce," 〈*Monthly Labor Review*〉, US Bureau of Labor Statistics, September 2015.

41 Robert E. Weems, 《*The Revolution Will Be Marketed: American Corporations and Black Consumers During the 1960s*》(New York: New York University Press, 1998).

42 〈하우스 파티〉, Reginald Hudlin 감독, 1990년 New Line Cinema 배급; 〈보이즈 앤 후드〉, John Singleton 감독, 1991년 Columbia Pictures 배급; 〈사랑을 기다리며〉, Forest Whitaker 감독, 1995년 20th Century Fox 배급.

43 Karen G. Bates, "They've Gotta Have Us," 〈*New York Times*〉, July 14, 1991,

https://www.nytimes.com/1991/07/14/magazine/theyve-gotta-have-us.html.

44 Riva Tukachinsky, Dana Mastro, and Moran Yarchi, "Documenting Portrayals of Race/Ethnicity on Primetime Television over a 20-Year Span and Their Association with National-Level Racial/Ethnic Attitudes," *Journal of Social Issues* 71, no. 1 (March 2015): 12-21.

45 Henry Puente, "US Latino Films (1990-1995): A Three-Tiered Marketplace," *Bilingual Review/La Revista Bilingüe* 31, no. 1 (2012): 51-70.

46 1990년대와 2000년대 초에 라틴계 인구에 대한 기업의 반응은 다음을 출처로 한다. William M. O'Barr, "Multiculturalism in the Marketplace: Targeting Latinas, African-American Women, and Gay Consumers," 〈*Advertising & Society Review* 7〉, no. 4 (2006); Eric J. Bailey, *The New Face of America: How the Emerging Multiracial, Multiethnic Majority Is Changing the United States* (Westport, CT: Praeger, 2013); Silvia Betti, "The Image of Hispanics in Advertising in the United States," *Informes del Observatorio/Observatorio's Reports*, 2015, http://cervantesobservatorio.fas.harvard.edu/sites/default/files/009_reports_hispanic_advertising_0.pdf.

47 70퍼센트라는 수치는 다음을 출처로 한다. Tricia Rose, 〈*The Hip Hop Wars: What We Talk About When We Talk About Hip Hop—and Why It Matters*〉(New York: Basic Civitas Books, 2008). 그러나 다른 자료에서는 비율이 60퍼센트에 가깝거나, 70~80퍼센트라고 추정한다. 다음을 보라. Christina Montford, "When It Comes to Rap Music, Are White Boys Really Doing All the Buying?," 〈*Atlanta Black Star*〉, November 6, 2014, https://atlantablackstar.com/2014/11/06/really-listening/; Ciela Bialik, "Is the Conventional Wisdom Correct in Measuring Hip-Hop Audience?," 〈*Wall Street Journal*〉, May 5, 2005, https://www.wsj.com/articles/SB111521814339424546.

48 Renée Graham, "Not as Simple as Black and White," 〈*Boston Globe*〉, April 2, 2002, D9.

49 "For Centuries, Black Music, Forged in Bondage, Has Been the Sound of Complete Artistic Freedom. No Wonder Everybody Is Always Stealing It," 〈*New York Times*〉, August 14, 2009, https://www.nytimes.com/interactive/2019/08/14/magazine/music-black-culture-appropriation.html.

50 흑인 문화의 전유에 관한 이론과 역사는 다음을 참고했다. Toni Morrison, 《*Playing in the Dark: Whiteness and the Literary Imagination*》 (New York: Vintage, 2020); Bakari Kitwana, 《*Why White Kids Love Hip-Hop: Wankstas, Wiggers, Wannabes, and the New Reality of Race in America*》 (New York: Civitas Books, 2005); 바카리 키트와나Bakari Kitwana (작가, 저널리스트, 정치 분석가)를 2020년 8월 7일에 전화로 인터뷰한 내용; Tate, 《*Everything but the Burden*; Lauren Michele Jackson, *White Negroes: When Cornrows Were in*

Vogue and Other Thoughts on Cultural Appropriation》 (Boston: Beacon Press, 2019). 에릭 로트의 인용문 출처는 다음 책이다. Eric Lott, 《*Love & Theft: Blackface Minstrelsy and the American Working Class*》 (Oxford: Oxford University Press, 2013), 2-103.

51 물론 여기서 백인 민족주의자들, 백인 자부심 운동 참여자들이 칭송하는 유형의 백인 정체성을 이야기하려는 건 아니다. 이들은 백인성에서 일말의 수치도 느끼지 않는다. 여기서 나는 백인으로서 정체화하며 어떤 의미에서든 그 정체성의 역사와 씨름하고 있는 백인들에 관해 이야기하는 것이다.

52 또 하나의 기묘한 반전은, 민스트럴 쇼가 원래 흑인 문화를 있는 그대로 재현하는 목적이 아니라 백인들이 흑인의 음악과 댄스라 여겼던 것을 패러디해 표현하려 했다는 점이다. 민스트럴 쇼의 일부인 문화적 전유에 대해 훌륭하게 설명한 다음 에세이를 보라. Wesley Morris, "For Centuries, Black Music, Forged in Bondage, Has Been the Sound of Complete Artistic Freedom. No Wonder Everybody Is Always Stealing It."

53 이 표현의 출처는 다음 책이다. Cornel West, 《*Race Matters*》 (Boston: Beacon Press, 1993).

54 Tate, 《*Everything but the Burden*》.

55 자넬 홉슨의 모든 발언은 2020년 4월 8일, 2020년 4월 13일에 진행한 그와의 전화 인터뷰를 바탕으로 한다.

56 Negrón-Muntaner, "Jennifer's Butt"은 제니퍼 로페즈의 엉덩이가 〈표적〉 개봉 직전에 특히 라틴계 공동체 내에서 상징적으로 기능한 방식에 대해 핵심적인 설명을 해낸다.

57 Teresa Wiltz, "Butt Seriously, What's Behind Heinie Hysteria?" 〈*South Florida Sun-Sentinel*〉, October 19, 1998, https://www.sun-sentinel.com/news/fl-xpm-1998-10-19-9810160702-story.html.

킴 카다시안

58 비욘세의 발언을 인용한 〈뉴스위크〉의 원 기사는 다음과 같다. Allison Samuels, "What Beyonce Wants," 〈*Newsweek*〉, July 28, 2002, https://www.newsweek.com/what-beyonce-wants-147419.

59 "The Hot 100," 〈*Billboard*〉, August 11, 2001, https://www.billboard.com/artist/destinys-child/chart-history/asi/.

60 "Destiny's Child: Pop Music Pied Pipers," Center for Parent/Youth Understanding, 2001, https://web.archive.org/web/20101116200806/http://www.cpyu.org/Page_p.aspx?id=76738.

61 "부틸리셔스"의 가사와 이미지는 전부 다음에서 확인할 수 있다. Destiny's Child, "Destiny's Child - Bootylicious (Official Music Video) ft. Missy 'Misdemeanor'

Elliott," music video, 4:16, October 25, 2009, https://youtu.be/q-qtzhgweLs.

62 "Destiny's Child: Pop Music Pied Pipers."

63 Aisha Durham, "'Check On It': Beyoncé, Southern Booty, and Black Femininities in Music Video," 〈*Feminist Media Studies* 12〉, no. 1 (2012): 35-49.

64 이 논란에 참여한 학자들의 일부는 다음과 같다. Dayna Chatman, "Pregnancy, Then It's 'Back to Business': Beyoncé, Black Femininity, and the Politics of a Post-Feminist Gender Regime," 〈*Feminist Media Studies* 15〉, no. 6 (2015): 926-41; Ann Power, "In Tune with the New Feminism," 〈*New York Times*〉, April 29, 2001.

65 bell hooks, "Beyoncé's Lemonade is Capitalist Money-Making at Its Best," 〈*Guardian*〉, May 11, 2016, https://www.theguardian.com/music/2016/may/11/capitalism-of-beyonce-lemonade-album.

66 Dr. Dre and Snoop Dog, "Fuck Wit Dre Day (and Everybody's Celebratin')," 1992, track 2 on The Chronic, Death Row/Interscope, May 20, 1993, compact disc.

67 Beyoncé, interview with Oprah, 〈*The Oprah Winfrey Show*〉, Harpo Studios, 2004.

68 《*The Oxford English Dictionary*》, 2nd ed. (Oxford: Oxford University Press, 2004), s.v. bootylicious.

69 "Danish Fashion Ethical Charter," Danish Ethical Fashion Charter, http://danishfashionethicalcharter.com/#:~:text=The%20Danish%20Fashion%20Ethical%20Charter,is%20a%20part%20of%20creating/; Jerome Socolovsky, "Spain Bans Overly Skinny Models from Fashion Shows," 〈*NPR*〉, https://www.npr.org/templates/story/story.php?storyId=6103615.

70 아르메니아인들은 1925년 카르토지안 소송에서 법적으로 백인이라고 판결 받았다. 당시 다양한 아시아 민족 집단의 백인성을 법적으로 결정하려는 소송이 연달아 벌어졌는데, 이는 법적으로 미국에 이민할 권리가 백인에게만 주어졌기 때문이었다. 카르토지안 판결에서 아르메니아인이 백인이라고 결론지은 근거는 미심쩍은 19세기의 인종 과학, 역사적으로 "투르크인과 섞이길" 꺼려온 경향, 러시아 코카서스인과의 관련성이었다. 그러나 인종은 법적 분류뿐 아니라 문화적 분류이기도 하므로, 오늘날 많은 아르메니아인이 스스로 백인으로 여기지 않으며 아르메니아인에게 결부되는 고정관념과 차별을 경험하기도 한다.

71 예를 들어 카다시안은 2011년에 리얼리티 프로그램 〈H8R〉에 출연하여 자신의 배경과 문화적 전유에 대한 질문을 받고 아르메니아 혈통을 언급했다. 다음을 보라. "Kim Kardashian," 〈*H8R*〉, CW Network, September 28, 2011, 12:55.

72 Kim Kardashian, 〈*Superstar*〉, video created by Kim Kardashian and Ray J, Vivid Entertainment, March 21, 2007, DVD. 289.

73 E! Network, October 14, 2007.

74 "Hollywood's Next Sex Star: Kim Kardashian Takes It All Off," ⟨*Playboy*⟩, December 2007, https://images-na.ssl-images-amazon.com/images/I/81JxbKAUkkL._AC_SY606_.jpg.

75 Kimberly Nordyke, "'Kardashians' Earns Its Keep," ⟨*Hollywood Reporter*⟩, November 13, 2007, https://www.hollywoodreporter.com/tv/tv-news/kardashians-earns-keep-154906.

76 "Kim Kardashian Most Googled Celeb of 2008," ⟨*Hindustan Times*⟩, January 2, 2009, https://www.hindustantimes.com/entertainment/kim-kardashian-most-googled-celeb-of-2008/story-CYvTJUGdwIv459GktIV9WP.html.

77 "Dancing With the Stars Kim Kardashian: How I Stay Thin . . . But Keep My Sexy Curves," ⟨*OK! Magazine*⟩, September 24, 2008, https://okmagazine.com/news/cover-story-kims-fitness-plan/.

78 Shawna Malcolm, "Up in Kim Kardashian's Business," ⟨*Cosmopolitan*⟩, November 2009.

79 "The Former Mrs. Jenner," ⟨*Keeping Up with the Kardashians*⟩, E! Network, June 26, 2011.

80 "Fashion Police," ⟨*Us Weekly*⟩, August 11, 2008.

81 Paris Hilton, interview by Chet Buchanan, ⟨*Chet Buchanan and the Morning Zoo Show*⟩, 98.5 KLUC, April 14, 2008.

82 Polly Graham, "Body & Soul," ⟨*News of the World*⟩, October 4, 2009.

83 Jessica Bennett, "The Backlash Against Magazine Airbrushing," ⟨*Newsweek*⟩, May 1, 2008, https://www.newsweek.com/backlash-against-magazine-airbrushing-89805.

84 Shelley Fralic, "A Model of Success Takes on 'Pin-Thin' Culture," ⟨*Vancouver Sun*⟩, February 3, 2007.

85 People staff, "COVER STORY: Tyra Banks Speaks Out About Her Weight," ⟨*People*⟩, January 24, 2007, https://people.com/health/cover-story-tyra-banks-speaks-out-about-her-weight/.

86 Malcolm, "Up in Kim Kardashian's Business."

87 "Kim Kardashian 'Fit in Your Jeans by Friday' 3 DVD Workout Series," posted by Kim Kardashian, ⟨*Fit in Your Jeans by Friday*⟩, YouTube, March 27, 2014 (originally released 2009), 2:55, https://youtu.be/0hP_4RUQNic.

88 "Instagram Accounts with the Most Followers Worldwide as of July 2021," Statista, accessed September 17, 2021, https://www.statista.com/statistics/421169/most-followers-instagram/; "Top Instagram Users: Most Followers," Social Tracker, https://www.socialtracker.io/toplists/top-50-instagram-users-by-followers/.

89 Andrew Griffin, "Instagram Updates Posting Guidelines: Butts Are Out,

Breastfeeding Is In," 〈*Independent*〉, April 17, 2015, https://www.independent.co.uk/life-style/gadgets-and-tech/news/instagram-updates-posting-guidelines-butts-are-out-breastfeeding-is-in-10183882.html.

90 "Kim Kardashian," 〈*Paper*〉, Winter 2014.

91 David Hershkovits, "How Kim Kardashian Broke the Internet with Her Butt," 〈*Guardian*〉, December 17, 2014, https://www.theguardian.com/lifeandstyle/2014/dec/17/kim-kardashian-butt-break-the-internet-paper-magazine.

92 Cady Lang, "Keeping Up with the Kardashians Is Ending, but Their Exploitation of Black Women's Aesthetics Continues," 〈*Time*〉, June 10, 2021, https://time.com/6072750/kardashians-blackfishing-appropriation/.

93 Allison P. Davis, "The End of Kim Kardashian and Kanye West's Wild Ride," 〈*Vulture*〉, April 26, 2021, https://www.vulture.com/article/kim-kardashian-kanye-west-divorce.html.

7장. 움직임의 시대

트워킹

1 Big Freedia, 〈*How to Bounce Like the Queen of New Orleans! | Big Freedia's Bounce Etiquette*〉, video, June 6, 2018, 4:08, https://www.youtube.com/watch?v=wi-eGzxTIjA.

2 빅 프리디아의 트워크숍과 TV 프로그램 〈*Big Freedia: Queen of Bounce*〉에 대해 더 많은 정보는 다음을 보라. Christin Marie Taylor, "'Release Your Wiggle': Big Freedia's Queer Bounce," 〈*Southern Cultures* 24〉, no. 2 (2018): 60-77. 테일러에 의하면, 〈*Big Freedia: Queen of Bounce*〉는 2013년에 Fuse TV에서 방영되었다.

3 이런 인터뷰의 예로 다음을 보라. Zoe Christmas, "Interview—Big Freedia," 〈*Snipe*〉, October 7, 2013, https://www.thesnipenews.com/music/interviews/big-freedia/.

4 Neal Conan, "Joy Harjo's 'Crazy Brave' Path to Finding Her Voice," 〈*WBFO*〉, July 9, 2012, https://news.wbfo.org/post/joy-harjos-crazy-brave-path-finding-her-voice.

5 코드 누아르 전문은 다음에서 확인할 수 있다. "(1724) Louisiana's Code Noir," BlackPast, 2007, https://www.blackpast.org/african-american-history/louisianas-code-noir-1724/.

6 Nick Douglas, "Black History: Congo Square, New Orleans—The Heart of American Music," 〈*Afropunk*〉, February 26, 2018, https://afropunk.com/2018/02/black-history-congo-square-new-orleans-heart-american-music/.

7 콩고 광장의 전성기로부터 몇 세기가 지난 지금, 마푸카와 그로부터 파생된 춤들은 갈수록 성적으로만 해석되고 있으며 영적인 면모는 섹슈얼리티의 전시를 둘러싼 염려에 가려졌다. 20세기 말에 이 댄스는 신앙심 깊은 국가인 코트디부아르에서 음란하다는 이유로 잠시 금지되었다. 토고, 나이지리아, 부르키나파소, 카메룬에서는 여전히 규제 대상이다.

8 콩고 광장에서 공연되었던 댄스에 대한 정보의 출처는 다음과 같다. Makau Kitata, "Sexualising the Performance, Objectifying the Performer: The Twerk Dance in Kenya," 〈*Agenda* 34〉, no. 3 (2020): 11-21; Maureen Monahan, "What Is the Origin of Twerking?," 〈*Mental Floss*〉, August 28, 2013, https://www.mentalfloss.com/article/51365/what-origin-twerking; Gary A. Donaldson, "A Window on Slave Culture: Dances at Congo Square in New Orleans, 1800-1862," 〈*Journal of Negro History* 69〉, no. 2 (1984): 63-72; Taylor, "'Release Your Wiggle.'"

9 Douglas, "Black History: Congo Square."

10 Elizabeth Pérez, "The Ontology of Twerk: From 'Sexy' Black Movement Style to Afro-Diasporic Sacred Dance," 〈*African and Black Diaspora: An International Journal* 9〉, no. 1 (2016): 16-31.

11 Donaldson, "A Window on Slave Culture," 63-66.

12 Kim Marie Vaz, 《*The "Baby Dolls": Breaking the Race and Gender Barriers of the New Orleans Mardi Gras Tradition*》 (Baton Rouge, LA: LSU Press, 2013).

13 Taylor, "Release Your Wiggle," 65.

14 멀린 킴블과의 인터뷰는 다음에서 확인할 수 있다. "Interview: Merline Kimble of the Gold Digger Baby Dolls," interview with Action Jackson, WWOZ, August 12, 2018, https://www.wwoz.org/blog/418476.

15 킴블이 자신만의 해석을 만들어낸 이유, 아이들에게 베이비 돌즈 공연에 참여하라고 독려하는 이유는 이런 저항에 있다. 베이비 돌즈에 섹슈얼리티의 요소가 존재한다고 해서 그것을 오로지 성적으로만 해석한다면, 뉴올리언스 문화에서 엉덩이를 중심으로 하는 춤과 세컨드 라인이 맡은 역할을 오해하는 셈이다. 베이비 돌즈가 의상을 차려입고, 춤을 추고, 엉덩이를 과시하는 것은 과거 뉴올리언스의 여성들을 기념하고 그들과 연결하는 방식이다.

16 댄스홀에 관해 참고한 자료는 다음과 같다. Thomas Vendryes, "Versions, Dubs and Riddims: Dub and the Transient Dynamics of Jamaican Music," 〈*Dancecult: Journal of Electronic Dance Music Culture* 7〉, no. 2 (2015); Taliesin Gilkes-Bower, "Welcome to Kingston, the World's Dancehall Mecca," Outline, June 28, 2018, https://theoutline.com/post/5125/jamaica-kingston-dancehall-photo-essay?zd=1&zi=jnrp5xln; Sharine Taylor, "The Essential Guide to Dancehall," Red Bull Music Academy, July 10, 2019, https://daily.redbullmusicacademy.com/2019/07/essential-guide-to-dancehall.

17 Rebecca Trejo, "A Brief History of New Orleans' Bounce Music Style," Culture Trip, July 22, 2021, https://theculturetrip.com/north-america/usa/louisiana/new-orleans/articles/history-of-bounce-music/.

18 Pérez, "The Ontology of Twerk," 18. 유튜브에서 "Do the Jubilee All"의 뮤직 비디오를 볼 수 있다. DJ Jubilee, "Do the Jubilee All," video, 4:21, February 29, 2012, https://www.youtube.com/watch?v=oSCz5RP2gfY.

19 Taylor, "Release Your Wiggle," 66.

20 뉴올리언스 바운스 신에 대한 정보의 출처는 다음과 같다. Kyra D. Gaunt, "YouTube, Twerking, and You," 256; Christina Schoux Casey and Maeve Eberhardt, "'She Don't Need No Help': Deconsolidating Gender, Sex and Sexuality in New Orleans Bounce Music," ⟨*Gender & Language* 12⟩, no. 3 (2018).

21 Gaunt, "YouTube, Twerking, and You," 256; Casey and Eberhardt, "'She Don't Need No Help,'" 318-45; Brett Berk, "New Orleans Sissy Bounce: Rap Goes Drag," ⟨*Vanity Fair*⟩, March 11, 2010, https://www.vanityfair.com/culture/2010/03/katey-red-starts-a-band.

22 Jason Newman, "Big Freedia Reflects on Miley Cyrus, Coming Out in New Memoir," ⟨*Rolling Stone*⟩, July 1, 2015, https://www.rollingstone.com/music/music-news/big-freedia-reflects-on-miley-cyrus-coming-out-in-new-memoir-179654/.

23 Gaunt, "YouTube, Twerking, and You," 248.

24 트워크팀에 대한 정보는 카이라 건트와의 대화에서 얻었다.

마일리의 몸짓

25 ⟨*Hannah Montana*⟩, Disney Channel, four seasons, 2006-2011.

26 Tracy Clayton, "Miley Cyrus Wants Something That Feels 'Black,'" *The Root*, June 13, 2013, https://www.theroot.com/miley-cyrus-wants-something-that-feels-black-1790884859.

27 몇 달, 몇 년이 지난 뒤에도 뉴스에서는 2013년 비디오 뮤직 어워드에 대한 보도와 분석이 이어졌다. 다음을 보라. Katy Kroll, "Twerk It Out: Miley and Robin's VMA Performance, One Year Later," ⟨*Rolling Stone*⟩, August 22, 2014, https://www.rollingstone.com/culture/culture-news/twerk-it-out-miley-and-robins-vma-performance-one-year-later-65286/.

28 2013년 비디오 뮤직 어워드에 대한 묘사는 온라인에서 찾을 수 있는 마일리 사이러스 공연 동영상을 출처로 한다. 예를 들어 다음을 보라. "Miley Cyrus VMA 2013 with Robin Thicke SHOCKED," YouTube video posted by Juan Manuel Cruz, 6:52, August 27, 2013, https://youtu.be/LfcvmABhmxs.

29 마빈 게이의 가족이 소송에서 이겼고, 티크와 패럴은 530만 달러를 지불하게 되었다.

30 마일리 사이러스의 2013년 다큐멘터리의 인용문과 묘사의 출처는 다음을 보라. 〈*Miley: The Movement*〉, directed by Paul Bozymowski, RadicalMedia, 2013.

31 비디오 뮤직 어워드가 끝난 뒤에 쏟아진 사이러스에 대한 비판은 다음을 보라. Kelly Clarkson (@kellyclarkson), "2 words . . . #pitchystrippers," Twitter, August 26, 2014; Patrick Kevin Day, "Miley Cyrus's VMA Performance: Media React in Shock," 〈*Los Angeles Times*〉, August 26, 2013, https://www.latimes.com/entertainment/tv/showtracker/la-et-st-miley-cyrus-vma-performance-media-reacts-in-shock-20130826-story.html; "Sherri Shepherd: Miley Cyrus 'Going to Hell in a Twerking Handbasket' (VIDEO)," 〈*Huffington Post*〉, August 27, 2013, https://www.huffpost.com/entry/sherri-shepherd-miley-cyrus-going-to-hell-video_n_3820742; Jane Timm, "Brzezinski: Miley Cyrus VMA Performance 'Really, Really Disturbing,'" 〈*MSNBC*〉, August 26, 2013, https://www.msnbc.com/morning-joe/brzezinski-miley-cyrus-vma-performance-msna154221; Alexander Abad-Santos, "Creator of the Foam Finger Is Deeply Upset with Miley Cyrus," 〈*Atlantic*〉, August 29, 2013, https://www.theatlantic.com/culture/archive/2013/08/creator-foam-finger-deeply-upset-miley-cyrus/311615/; Jessica Derschowitz, "Miley Cyrus' VMA performance Blasted by Parents Television Council," 〈*CBS News*〉, August 27, 2013, https://www.cbsnews.com/news/miley-cyrus-vma-performance-blasted-by-parents-television-council/.

32 Randee Dawn, "Brooke Shields on 'Hannah Montana' Co-star Miley Cyrus: 'It's a Bit Desperate,'" 〈*Today*〉, August 26, 2013, https://www.today.com/popculture/brooke-shields-hannah-montana-co-star-miley-cyrus-its-bit-8C10995696.

33 〈*Miley: The Movement*〉.

34 John Norris, "Miley Cyrus Breaks Silence on Rootsy New Music, Fiance Liam Hemsworth & America: 'Unity Is What We Need,'" 〈*Billboard*〉, May 5, 2017, https://www.billboard.com/articles/news/magazine-feature/7783997/miley-cyrus-cover-story-new-music-malibu.

35 Kristin T. Studeman, "Starting from the Bottom: Experts Weigh in on the Cultural Obsession with the Butt," 〈*Vogue*〉, August 27, 2014, https://www.vogue.com/article/butts-vma-doctors-weigh-in; Marisa Meltzer, "For Posterior's Sake," 〈*New York Times*〉, September 17, 2014, https://www.nytimes.com/2014/09/18/fashion/more-women-seeking-curvaceous-posteriors.html.

36 Allison P. Davis, "Vogue Has Just Discovered Big Butts," 〈*The Cut*〉, September 10, 2014, https://www.thecut.com/2014/09/vogue-has-just-discovered-big-butts.html.

37 "2013 Cosmetic Plastic Surgery Statistics," American Society of Plastic Surgeons, 2013, https://www.plasticsurgery.org/documents/News/Statistics/2013/cosmetic-procedure-trends-2013.pdf. 2012년 통계는 "Buttock augmentation with fat grafting" 항목을 보라.

38 "2014 Cosmetic Plastic Surgery Statistics," American Society of Plastic Surgeons, 2014, https://www.plasticsurgery.org/documents/News/Statistics/2014/plastic-surgery-statistics-full-report-2014.pdf. 2014년 통계는 7쪽의 "Buttock augmentation with fat grafting" 항목을 보라.

39 1960년대에 BBL의 한 유형을 개발한 이보 피탕기Ivo Pitanguy는 브라질에 세계 최초의 성형외과 수련 센터를 연 사람이자 BBL의 "선구자"로 불린다. 그러나 BBL의 초기 버전은 처짐을 개선하기 위해 잉여의 피부를 잘라내는 '리프트' 수술이었지, 확대술이 아니었다. 오늘날 BBL은 신체의 다른 부위에서 흡입한 지방을 엉덩이에 주입하는 수술이다.

40 "Plastic Surgery Societies Issue Urgent Warning About the Risks Associated with Brazilian Butt Lifts," American Society of Plastic Surgeons, August 6, 2018, https://www.plasticsurgery.org/news/press-releases/plastic-surgerysocieties-issue-urgent-warning-about-the-risks-associated-with-brazilian-butt-lifts.

41 2019년 보고서의 2쪽, 2018년 보고서의 7쪽에서 "Buttock augmentation with fat grafting" 항목을 보라. 2019년에는 엉덩이 확대 수술이 28,076건 보고되었으며 2018년에는 24,099건이었다. "2019 National Plastic Surgery Statistics," American Society of Plastic Surgeons, 2019, https://www.plasticsurgery.org/documents/News/Statistics/2019/plastic-surgery-statistics-report-2019.pdf; "2018 Plastic Surgery Statistics Report," American Society of Plastic Surgeons, 2018, https://www.plasticsurgery.org/documents/News/Statistics/2018/plasticsurgery-statistics-full-report-2018.pdf.

42 Ally Jones, "Instagram's Butt-lebrity: The Bar for Fame Hits Rock Bottom," 〈*Atlantic*〉, January 3, 2014, https://www.theatlantic.com/culture/archive/2014/01/instagrams-butt-lebrity-bar-fame-hits-rock-bottom/356677/.

43 〈*Keeping Up with the Kardashians*〉, advertisement, E! Network, 2007.

44 Claire Howorth, "The Posterior Economics of Motivation Mogul Jen Selter," 〈*Elle*〉, December 13, 2013, https://www.elle.com/beauty/health-fitness/news/a14992/jen-selter-interview/. 팔로워 5천 명이라는 수치는 다음에서도 찾을 수 있다. Hilary Sheinbaum, "On Instagram, 'Fitness Inspiration' Is Often an Eyeful," 〈*USA Today*〉, January 4, 2014, https://www.usatoday.com/story/news/nation/2014/01/04/fitness-inspiration-instagram/4295599/.

45 Jennifer Lopez, Iggy Azalea, "Booty," 2014, track 10 on A.K.A., Nuyorican/

Capitol, August 24, 2014.

46 Beyoncé, Beyoncé, Parkwood/Columbia, December 13, 2013.

47 Meghan Trainor, "All About That Bass," video, June 11, 2014, 3:10, https://www.youtube.com/watch?v=7PCkvCPvDXk.

48 Nicki Minaj, "Anaconda," video, August 19, 2014, 4:49, https://youtu.be/LDZX4ooRsWs.

49 케이티 레드의 음악 커리어와 최초의 뮤직 비디오에 관한 더 많은 정보를 다음에서 찾을 수 있다. Gaunt, "YouTube, Twerking, and You," 257.

50 〈*The Ellen DeGeneres Show*〉, "Julie Bowen, Nicki Minaj," season 11, episode 15, directed by Liz Patrick, aired September 27, 2013, on NBC.

선택적 글래머

51 켈레치 오카포(배우, 감독, 강연자, 트워킹 강사)의 모든 발언은 2020년 11월 27일 그와의 전화 인터뷰에서 발췌한 내용이다.

BUTTS:
A Backstory

엉덩이즘

1판 1쇄 인쇄 2024년 4월 19일
1판 1쇄 발행 2024년 4월 30일

지은이 헤더 라드케
옮긴이 박다솜

발행인 양원석 **책임편집** 이정미
디자인 신자용, 김미선 **영업마케팅** 양정길, 윤송, 김지현, 정다은, 유민경

펴낸 곳 ㈜알에이치코리아
주소 서울시 금천구 가산디지털2로 53, 20층(가산동, 한라시그마밸리)
편집문의 02-6443-8827 **도서문의** 02-6443-8800
홈페이지 http://rhk.co.kr
등록 2004년 1월 15일 제2-3726호

ISBN 978-89-255-7509-4 (03900)